HELMUT WLASAK

AF154423

FREISPRUCH

True Crime

braumüller

INHALT

Vorwort

Auch dieses Buch ist wie seine beiden Vorgänger („In allen Punkten" und „Nicht schuldig") kein Versuch der Darbietung erfundener Kriminalgeschichten. Es sind keine Geschichten, die von ausgedachten Verbrechen handeln. Vielmehr spiegeln die einzelnen Episoden Erlebtes wider, wie es sich über einen Zeitraum von 43 Dienstjahren in mehr als 7.700 Fällen für den Autor als Strafrichter zugetragen hat. Wenn man sich noch dazu äußerst intensiv mit Täterinnen und Tätern, Zeugen und Opfern beschäftigt, führt dies auch zumeist zu Hintergrundinformationen, die für gewöhnlich nicht in den Akten landen.

Der Inhalt dieser Erkenntnisse *lauert* aber auch gewissermaßen tagtäglich in unserem Umfeld, ergibt sich oftmals geradezu von selbst und muss somit nicht für Erzählungen ideenreich erfunden werden.

Das Verbrechen: in einer Vielzahl von Einzeltaten und Geschehnissen. Aus der Unvollkommenheit des Menschen, seinen Emotionen und Handlungsweisen, auch als Reaktion auf Situationen und Handlungen anderer. Gänzlich unbegreiflich manchmal, zum Teil menschlich nachvollziehbar, aber immer real.

Real Crime.

Markus
Das Laster der Leidenschaft

Staatsanwalt Pirchinger erhob sich langsam. Er hielt ein Blatt Papier in der Hand, auf das er durch seine Brille blickte. Nach seinem obligatorischen Räuspern begann er mit dem Anklagevortrag.

„Hohes Gericht! Ich bin nicht der zuständige Sachbearbeiter und kenne mich dabei auch nicht aus. Daher bin ich auch – ganz offen gesagt – sehr froh, dass der Herr Vorsitzende das heute hier und jetzt verhandelt, denn er gilt als einer, der sich da auskennen sollte. Möge das Hohe Gericht den Weg durch diesen Dschungel finden und entscheiden!"

Pirchinger war dafür bekannt, nicht lange um den heißen Brei herumzureden, er brachte die Dinge zumeist mit wenigen Worten auf den Punkt und war auch gefürchtet, so manch konstruiertes Lügengebirge von Angeklagten innerhalb kürzester Zeit mit nur wenigen Fragen zum Einsturz zu bringen.

Auch der Verteidiger streute dem Gericht schon im Eröffnungsplädoyer Rosen.

„Hohes Gericht, sehr verehrter Herr Vorsitzender! Ich kann mich da nur den Worten des Herrn Staatsanwaltes anschließen. Auch ich bin hier nicht vom Fach und kann da nicht mitreden, das sage ich ganz offen. Es wird aber schon jetzt darauf hingewiesen, dass sehr viel in der Anklage nicht stimmen kann und vor allem zahlreiche Fakten überhaupt nicht den Tatsachen entsprechen können, die Anklagebehörde hat sich da allerlei, um nicht zu sagen sehr vieles zusammengereimt. So finden sich im Ergebnis auch in

deren Begründung zur Anklage keinerlei logische und somit nach-vollziehbare Schlussfolgerungen. Das sei an dieser Stelle jedenfalls schon gesagt. Dazu kommt der Umstand, dass viele Anzeigen miteinbezogen und in die Anklage aufgenommen wurden, die in keinster Weise erhoben worden sind. Lange Rede, kurzer Sinn: Mein Mandant ist nicht schuldig und kommt eigentlich – wie die berühmte Jungfrau – zum Kind."

Damit war eigentlich schon alles gesagt. Man wusste, wohin die Reise ging, eindeutig Richtung Freispruch.

„Herr Angeklagter!", begann der Vorsitzende die Befragung, „Was sagen Sie zur Anklage? Schuldig oder nicht schuldig, teilweise schuldig? Bei der Polizei und beim Ermittlungsrichter waren Sie ja nicht gesprächig! Sie wissen aber auch, dass ein Geständnis ein Milderungspunkt ist, wenn es umfassend, reu-mütig oder der Wahrheitsfindung dienlich ist", ergänzte er. Wie immer. Gelegentlich half diese Belehrung, vor allem wenn sie eindringlich wirkte.

„Teilweise schuldig, Herr Vorsitzender!", antwortete der Ange-klagte. Er war von mittlerer Statur, mit ordentlichem Schulab-schluss und hatte bis zuletzt als Verkäufer gearbeitet. So stand es zumindest in den Akten. Die teilweise Verantwortungsübernahme und Schuldeinsicht überraschte offenkundig den Verteidiger. Dies konnte man zumindest aus seinem Blick schlussfolgern.

„Bei welchem Faktum?", wollte der Vorsitzende wissen, um allenfalls etwas abkürzen zu können.

„Das weiß ich jetzt nicht", antwortete der Angeklagte beinahe entschuldigend.

„Sie werden wohl wissen, was Sie sich geschnappt haben, oder? Vor allem wenn es nur eine gewesen ist!", entgegnete sofort der Vorsitzende, um sogleich fortzufahren.

„FLH, XLH oder XLCR oder doch eine FXS?"

„Nein."

„Sie wissen aber schon, wovon ich spreche, oder?"

„Ja, klar doch! HD!"

„Na also. Oder war es eine GS oder doch eine CB oder XL oder sogar eine CBX?"

„So eine hätte ich gerne gehabt."

„Sind Sie auch selber gefahren?"

„Schon, aber zunächst nicht so viel. Außerdem hatte ich nicht genug Geld."

„Das geht wohl jedem so. Wann haben Sie dann angefangen?"

„Eigentlich eh gleich, schon mit 18."

„Und vorher? Zwischen 16 und 18 sind Sie nicht gefahren?"

„Ja, schon. Halt die Kleinen!"

„Die Fünfzigerln. Original, aber auffrisiert?"

„Nicht wirklich."

„Na geh, das glaub ich Ihnen jetzt aber nicht. Es hat ja jeder was gemacht, der eine mehr, der andere weniger."

„Erst war es weniger, dann mehr!"

„Sag' ich doch. Zylindervergrößerung auch oder nur Standard mit Auspuff und so?"

„Schon. Vergaser auch verbessert."

„Vergrößert oder gleich ausgetauscht?"

„Zuletzt schon. Der Italiener musste es schon sein, ich weiß jetzt aber nicht mehr, wie der hieß!" In den Augen des Angeklagten war durchaus ein Aufleuchten zu sehen, es fiel dem Vorsitzenden sofort auf.

„Dellorto. So hieß er. Dellorto. Oder ein größerer Bing?", entgegnete der Vorsitzende und lag damit richtig.

„Dellorto! Ja genau, so hieß er!", die Begeisterung des Angeklagten war nicht mehr zu übersehen.

„Dann ist das Ding richtig gut gegangen, nur stieg auch der Durst anständig!", bekräftigte jetzt wieder wissend der Richter.

„Ja genau, aber beim Auspuff musste man aber auch was machen, sonst war es nichts Besonderes", erläuterte jetzt der Angeklagte.

„Dann werden Sie die innenliegenden fortgesetzten Eisenröhrln abgeschnitten haben, oder?"

„Ja sicher, sonst wäre der Motor ja nur zugestöpselt gewesen", antwortete der Angeklagte wohlwissend.

„Und bei der Übersetzung werden Sie dann auch etwas verändert haben, oder? Sonst drehte das Werkl ja sofort in den roten Bereich."

„Logisch. Ich habe sie viel länger übersetzt."

„Vorne größer und hinten kleiner, um einige Zähne. Bei mir war es 15 zu 38. 37 ging auch."

„Das weiß ich jetzt nicht mehr." Dennoch schien der Angeklagte nachzudenken.

„Macht ja nichts. Aber dann sind Sie auch etwas Größeres gefahren?"

„Schon, aber nicht gleich etwas Großes. Erst noch kleiner und dann langsam mehr. Es ist sich ja nicht mit dem Geld ausgegangen!"

„Was haben Sie dann gemacht?"

„Ziemlich viel gehackelt, ehrlich. Gelegentlich jede Menge an Überstunden. War eh okay, nicht immer lustig, aber …"

„Aber ein Ziel vor Augen. Dann geht es, oder?"

„Ja!", antwortete der Angeklagte und irgendwie merkte man, dass sich seine ursprünglich vielleicht verborgene, aber durchaus fühlbare Nervosität mit jedem Satz, den er sprach, reduzierte und sich bei diesem Thema zuletzt völlig auflöste.

„Was sind Sie dann gefahren?"

Diese nächste Frage des vorsitzenden Richters hatte so überhaupt nichts mit dem Prozessstoff zu tun, wie auch die meisten Fragen zuvor. War dies vielleicht für den Verteidiger zumindest

zu Beginn noch etwas irritierend, wusste der Staatsanwalt ganz genau, dass es jetzt keinen Sinn machen würde, diesen Richter darin jetzt zu unterbrechen und auf prozessrechtlich relevante Fragen hinzuweisen.

„CB 360 und dann CB 400.“

„Großer Gott“, entkam es dem Vorsitzenden, „der Viererreihenmotor mit einer Vier in Eins, vielleicht noch in Gelb?“

„Ja, meine war gelb.“ Das Leuchten in den Augen war unübersehbar.

„Und die CB 360 war unkaputtbar!“, brachte sich wieder der Richter ein, „Die hat es ja so schon Ende 1973 gegeben, wurde zuerst in den USA vorgestellt, soweit ich mich erinnern kann. Nach Europa kam sie dann erst 1974 und da bin ich das erste Mal hinten oben mitgefahren.“ Jetzt war auch das Leuchten in den Augen des Vorsitzenden zumindest für den Angeklagten eindeutig erkennbar, dessen Blick an seinem Gegenüber hing.

„Es war auch eine ganz eigene Farbe bei der 360er, so hell- und dunkelblau gemischt“, ergänzte der Mann auf der Anklagebank.

„Und drei weiße Linien dazwischen“, legte der Richter eins noch oben drauf, ohne aber auf eine Frage zu vergessen: „Wie stark war eigentlich die 400er?“

„37 PS“, kam es wie aus der Pistole geschossen.

„Die konnten was, oder?“

„Schon, aber das Fahrgestell war nicht über jeden Zweifel erhaben!“, ergänzte der Angeklagte wohlwissend, „wahrscheinlich die Dämpfer oder grundsätzlich ein zu laxes Federbein!“

„Die Bridgestone sollen aber auch nicht erste Sahne gewesen sein“, konterte der Vorsitzende.

„Die waren eine Katastrophe!“

Man verstand sich, man wusste, wovon man sprach. Es hätte eine Unterhaltung in einem Old- oder Youngtimerclub sein

können, der mit zunehmender Dauer nicht nur facettenreicher sondern auch fachspezifischer zu werden schien. Der Staatsanwalt folgte nach außen hin zwar diesem Dialog der offensichtlich Wissenden, im Innersten nervte es ihn, weshalb er schon seit geraumer Zeit in anderen Akten blätterte. Der Rechtspraktikant als eingeteilter Schriftführer hatte schon zu Beginn des Gespräches resigniert und wusste nicht mehr, was er mitschreiben sollte. Und seinen Ausbildungsrichter, der unentwegt mit dem Angeklagten sprach, konnte er auch nicht unterbrechen, ohne sich eine gehörige Portion Unverständnis einzuhandeln. Also hörte er still und leise den Ausführungen der beiden zu.

Wer weiß, wie lange dieser Smalltalk zwischen den beiden Motorradnarren noch weiter gegangen wäre, hätte der Vorsitzende nicht jäh eine besondere Frage gestellt.

„Und welche war Ihre Traummaschine?"

Das Gesicht des Angeklagten verzog sich, ein etwas gequältes Lächeln lief über sein Gesicht, seine Gedanken schienen im Innersten seines Kopfes zu explodieren, die Augenlider zuckten kurz nach links und dann nach rechts, als suchten sie das Objekt der denkbaren Begierde. Dann senkte er seinen Kopf.

„Eine 750 SS oder 750 SEI."

„Sind auch schön, aber da ist noch viel Luft nach oben, oder?"

Der Angeklagte schwieg diesmal.

„Haben Sie nicht etwas ganz Spezielles bei sich zu Hause stehen?", fragte jetzt der Vorsitzende.

„Nein, nicht dass ich wüsste!"

„Aus den Polizeiberichten entnehme ich aber, dass auch eine MV Agusta bei Ihnen gefunden wurde. Die gehört ganz offiziell Ihnen, dafür gibt es Papiere usw. Ich habe da nachgeschaut und mir auch die Fotos von der Hausdurchsuchung bei Ihnen angesehen. Das ist eine 1100er mit 1067 cm³ in rot-weiß-rot Lackierung."

„Ja, aber nichts Besonderes", entgegnete umgehend der Angeklagte.

„Nichts Besonderes? Sie scherzen! Da stehen noch ein paar Buchstaben dabei, Herr Angeklagter!"

Die Ausführungen des Richters klangen beinahe bedrohlich.

„Da steht Grand Prix dabei. Wollen Sie mir jetzt wirklich ein Gschichterl drücken?", die Worte wirkten nun bedrohlicher, vor allem aber waren sie lauter, erst die nächsten waren wieder im Plauderton.

„Wollen Sie mich testen, Herr Angeklagter? Ich werde es abkürzen. Die 1100 MV gehörte schon damals im Jahr 1973 zu den absoluten Traummaschinen und resultierte eigentlich aus dem Wettrüsten der japanischen Hersteller. Mit mehr als 236 km/h stellte sie alles in den Schatten, was es damals und auch noch Jahre danach gab. Der exorbitant hohe Preis war wahrscheinlich auch der Grund dafür, dass angeblich nur vier Stück gebaut wurden. Und eine davon steht bei Ihnen in der Garage. Und Sie meinen, Sie haben nichts Besonderes!"

Das saß. Nach diesem Kurzvortrag widmete sich der Vorsitzende wieder der Frage, die bis dato noch immer nicht geklärt war.

„Ist Ihnen in der Zwischenzeit eingefallen, welche Sie beim ersten Mal mitgenommen haben? Wenn Sie jeden Tag mehrere stehlen, dann weiß man vielleicht wirklich nicht mehr alles und jede Kleinigkeit. Aber wenn es eh nur eine gewesen ist, dann weiß man das! Und bei Motorrädern kennen Sie sich aus, definitiv."

Der Angeklagte blickte stumm den Vorsitzenden an.

„Ich helfe Ihnen. CB, Z, XJ, FZ, Zephyr, GSX, YZF? Oder machen wir es einfacher: japanisch, deutsch, italienisch? Oder soll ich bei den Marken aushelfen?", setzte der Richter fort.

Der Verteidiger sprang ein und legte dem Angeklagten die Anklageschrift auf das kleine Tischchen vor dem Stuhl. Nach wenigen Augenblicken war dieser bei jenem Punkt der Anklage angekommen, den er eingestehen wollte.

„Punkt 26 bei groß A. Das ist richtig."

„Und alle anderen bei A?"

„Nicht schuldig!"

„Und bei groß B?"

„Auch nicht schuldig!"

„Dann fangen wir beim Punkt 26 an. Warum stehlen Sie einem anderen etwas?"

„Weil ich dumm war!"

„Das ist weder eine Antwort noch ein Grund!", entgegnete der Vorsitzende mürrisch. Er kannte diese Art von Antwort. Der Begriff „dumm" fand oft An- und Verwendung: in Antworten der Angeklagten wie fallbezogen, aber oft schon in Eröffnungsplädoyers, wo so mancher Advokat als Verteidiger dies in den Mund nahm und damit die Fehlerhaftigkeit oder das wahre Motiv des Verhaltens des Mandanten umschiffen wollte.

„Also, warum haben Sie gestohlen, am Soundsovielten hier in Graz?", ergänzte der Fragende.

„Weil ich dumm war und mich verleiten habe lassen!", entgegnete endlich der Angeklagte.

„Wie verleiten?"

„Das ist da so einfach herumgestanden."

„Was heißt hier herumgestanden? Fahrzeuge stehen meist irgendwo abgestellt und stehen deshalb nicht irgendwie herum!", ließ der Vorsitzende nicht nach.

„Ich bin dahergekommen und habe sie da am Straßenrand stehen gesehen."

„Sie oder es?"

„Wie bitte?"

„Sie oder es? Wie sagen Sie dazu?"

„Ich verstehe nicht?", wiederholte der Angeklagte.

„Sagen Sie *die Maschine*, also sie, oder *es*, das Motorrad?"

Gelegentlich wirken Fragen intellektueller als sie tatsächlich sind. Nach einigen weiteren Augenblicken hatte der Angeklagte das geschlechtsspezifische Hinterfragen des Vorsitzenden verstanden. Der Staatsanwalt lächelte, wusste er doch, dass Motorräder das Steckenpferd des Vorsitzenden waren.

„Die Maschine würde ich sagen", entgegnete nunmehr etwas kleinlaut der Angeklagte.

„Okay, also die Maschine ist dagestanden?"

„Ja, am Straßenrand?"

„Am Straßenrand? Sie meinen wohl am Fahrbahnrand! Dort, wo der Diebstahl stattgefunden hat, genau genommen der Einbruchdiebstahl, gibt es keinen Straßenrand!"

Ob der Angeklagte auch diese Unterscheidung sofort erfasste, war nicht wirklich ersichtlich, er antwortete nur mit einem schlichten *Ja*.

„Sie haben also dieses Motorrad dort gestohlen, in dem Sie die Lenkschlosssperre aufgebrochen haben und dann?"

„Da war nichts abgesperrt, es ist unversperrt dort gestanden und dann habe ich es nach Hause geschoben!"

„Jetzt sagen Sie aber *es*, das Motorrad! Weil ich es gesagt habe, oder?"

„Bitte?" Der Angeklagte schien den Einwand des Vorsitzenden nicht zu verstehen.

„Es, das Motorrad, und nicht sie, die Maschine. Egal. Die gesamte Strecke? Zu Ihnen nach Hause?", setzte dieser nach.

„Ja!"

„Das sind vorsichtig geschätzt mindestens zehn Kilometer,

wenn es die Adresse ist, die im Akt steht und die Sie ja auch genannt haben!?"

„Könnte hinkommen", stimmte der Angeklagte mit dem Richter überein.

„Sie schieben das Motorradl zehn Kilometer weit? Ganz alleine, ohne Helfer?"

„Ja, dieses Motorrad hab' ich wirklich alleine geschoben", antwortete der Angeklagte wie aus der Pistole geschossen.

„Dieses? Aha! Und bei einem anderen hat Ihnen jemand geholfen?"

„Jaaa …, aber den möchte ich nicht nennen!"

Was sich in diesem Moment Verteidiger und Staatsanwalt dachten, kann man sich wohl zusammenreimen, unklarer vielleicht die Situation im Gedankengang des Angeklagten. Dazu kam der Umstand, den Moment zu nutzen, und eine sich auftuende Chance zur Aufklärung nicht zu zerstören. Es geht doch nichts über ein ungezwungenes Gespräch.

„Wann hatten Sie einen Helfer, den Sie nicht nennen wollen?", setzte das Gericht sofort nach.

„Am nächsten Tag, weil ich da regelrechte Spatzen hatte!", gab der Angeklagte unumwunden zu.

Der Vorsitzende blickte kurz in die Anklageschrift und suchte bei den aufgelisteten Fakten das jeweilige Datum, schon bald wurde er fündig.

„Das war dann am Soundsovielten. Das war aber eine leichtere Maschine!", konstatierte der Richter.

„Ja und zu zweit ist es auch viel besser gegangen!" In den Augen des Angeklagten spiegelte sich so etwas wie Erleichterung wider.

„Und die Maschin' haben Sie dann zu zweit geschoben? Da haben Sie dann nicht so viel zu schleppen oder – besser gesagt – zu schieben gehabt? Wieder zu Ihnen nach Hause?"

„Nein, die haben wir zum Joe geschoben, weil der eine bessere Garage hat."

Erst als der Satz bereits vollends beendet war, dürfte dem Angeklagten neuerlich erst wirklich bewusst geworden sein, was er da jetzt gerade gesagt hatte. Man konnte sein Erschrecken nicht nur vorne auf der Richterbank deutlich wahrnehmen, es schien, als ob dieses bis in die letzte Ecke des Verhandlungssaales gleichsam tobte, um dort abrupt gegen eine Wand zu prallen. Er saß mit leicht geöffnetem Mund da und blickte den Richter an, der sich überhaupt nichts anmerken ließ, vielmehr sogar seinen Blick vom Angeklagten nahm und auf einige Fakten der Anklage spähte.

„So eine GS 750 hat aber an die 250 bis 255 Kilogramm, oder?"

Jetzt blickte der Vorsitzende den Angeklagten an. Es war vielmehr Feststellung als Frage. Sicherlich hätte man vielleicht irgendwo in diesem Akt eine Stelle gefunden, wo dieser Umstand notiert gewesen war, oder auch nicht. Hatte man aber damit zu tun, in dem man schon einmal auf einer derartigen Maschine gesessen oder sie auch nur geschoben hatte, musste man wohl auch etwas dazu sagen können. Das Gericht wartete aber gar nicht auf eine Antwort.

„Die 500er hat gute 25 Kilogramm weniger. Stimmt's, Herr Angeklagter? Ich meine die GS 500 mit dem Vierzylindermotor, nicht mit dem Zweizylindermotor!", ergänzte der Vorsitzende.

Der Angeklagte nickte und senkte leicht den Kopf.

„Das heißt, dass Sie die GS 500 auch gestohlen haben, aber eben nicht alleine! Das war die Sache dann gleich am nächsten Tag!"

Auch das war keine Frage mehr, sondern eine Feststellung, die nicht bestritten wurde ...

„Es stellt sich jetzt nur die Frage, ob dieser Joe mitgeschoben hat oder ob er die Maschine nur in seine Garage bekommen hat und vielleicht wieder ein anderer mitgeschoben hat", ergänzte der Vorsitzende.

„Er hat mitgeschoben", gab der Angeklagte nunmehr etwas leiser, aber dennoch gut hörbar, von sich.

„Wie oft?", wollte das Gericht wissen. Es war still im Verhandlungssaal, mucksmäuschenstill. In keinem Grab hätte es stiller sein können. Die Sekunden wurden zu Minuten. Die absolute Stille wurde nur vom Summen der Halogenleuchten des Saales gestört.

„Eh immer!" Die Antwort klang resignierend.

„Nicht immer! Ein einziges Mal haben Sie ja alleine geschoben, haben Sie zumindest gesagt! Sie erinnern sich? Würde auch passen, weil es die einzige Örtlichkeit ist, die zumindest annähernd in der Nähe Ihres Wohnortes ist", entgegnete ihm der Richter.

Der Angeklagte schwieg. Sein Schweigen schien aber wohl unmissverständlich als Zustimmung interpretierbar.

„Also ein Mal alleine, sonst immer zu zweit?"

Das nunmehrige Schweigen schien aber etwas anderes sagen zu wollen.

„Sie waren nie alleine, stimmt's?", fragte der Vorsitzende nach langen Sekunden.

„Ja", kam leise die Antwort.

„Aber das waren keine Schiebeaktionen, sondern Transportfahrten von Ihnen und diesem Joe?"

„Ja!"

„Und diesem Joe haben Sie auch im Sommer des Vorjahres mitgeteilt, dass kein *Akra* da ist?"

Nach einigen Sekunden folgte auch auf diese Frage des Vorsitzenden ein leises Ja des Angeklagten.

„Wer soll das sein?", meinte nunmehr der Staatsanwalt.

„Das ist niemand, Herr Staatsanwalt!", erwiderte der Vorsitzende. Und zum Angeklagten gewandt: „Sie meinen damit, dass Sie keinen dazugehörigen Auspuff haben, keinen Akrapovic!"

„Ja."

Auch diese Antwort kam für den Vorsitzenden nicht überraschend.

„Der sichergestellte E-Mailschriftverkehr dokumentiert einige Abnehmer, oder?"

Auch jetzt folgte ein leises Ja.

„Aber eine ZX900 habe ich nicht gestohlen!", ergänzte der Angeklagte nach einigen Sekunden der wiederum eingetretenen absoluten Ruhe im Saal.

„ZX900, eigentlich mit B und ZX900C sind nur Typen- bzw. interne Modellbezeichnungen für die Typengenehmigung, Herr Angeklagter. Sonst heißt sie ZXR 900 und ein „Ninja" kommt hinten auch noch dazu. ZX900 steht in der Anzeige wohl nur deshalb, weil der die Anzeige aufnehmende Polizeibeamte die Daten vom Zulassungsschein abgeschrieben haben wird. Ein Foto dieser Maschine ist auch im Akt. Und genau so ein Bild von der Maschine – nur ohne Nummerntafel – gibt es auch auf Ihrem Laptop, Herr Angeklagter. Und *yellow ball* hat nichts mit einem gelben Ball zu tun, sondern ist die typische Lackierung einer Kawasaki. Soll ich Ihnen noch sagen, welchen Modells? Wo sie gestohlen wurde, wissen wir. Wollen Sie diskutieren oder beenden wir das Trauerspiel?"

Der Vorsitzende musste dem Angeklagten gar nicht erklären, dass er selbst diese Motorräder kannte oder gefahren war und daher über umfassendes Wissen verfügte, wie schon in den Eröffnungsplädoyers von anderer Seite angenommen wurde. Was auch die anderen in der Anklage genannten Motorräder betraf.

Man beendete das Trauerspiel.

DT, XJ, XT, XJR, ZX, ZRX, ZXR, CB, GS, GSXR, FJR, FJ, RD, MT, CBX, XLH, Z, TL und Co bedurften keiner näheren Erörterung mehr.

Der Angeklagte, der sich den Wunsch nach einem sündteuren Oldtimer über den Diebstahl zahlreicher moderner Bikes und Youngtimer finanziert hatte, wurde zu einer längeren unbedingten Freiheitsstrafe verurteilt. Seine umfassende Mitwirkung an der Ausforschung seiner Mittäter mit teilweiser Sicherstellung des Diebsgutes brachte ihm eine nachträgliche Strafmilderung. Sein sündteurer Traum von einem Zweirad wurde zugunsten der geschädigten Privatbeteiligten letztlich versteigert und steht heute in einem Museum in Norddeutschland.

Gesichert.

Noch mehr gesichert, nachdem Markus dort gesichtet worden sein soll …

Peppi
Seine kürzeste Show.

All jenen, die Peppi bereits im ersten Buch „In allen Punkten" kennengelernt haben, ist wahrscheinlich bekannt, dass er für gewöhnlich wortreich seine Verteidigungsstrategie aufgebaut hatte, um dem jeweiligen Schlamassel der Anklage zu entkommen. Diese zahlreichen erfolglosen Versuche führten über die Jahre hinweg jedoch immerhin zu einer gewissen Läuterung, wodurch sich seine letzten Auftritte zumeist kürzer hinzogen. Peppi war zu Beginn der Verhandlung somit persönlich überzeugt, dass es so etwas wie einen Freispruch gar nicht geben konnte.

Der mit Abstand kürzeste Prozess im Straflandesgericht sei dem werten Leser/der werten Leserin hiermit berichtet.

Diesmal ging es bei ihm um keinen Fall der Schwerkriminalität, dennoch ergab sich aufgrund besonderer Umstände und der Strafschärfung im Rückfall die Zuständigkeit des Gerichtshofes und nicht des Bezirksgerichtes.

Peppi befand sich in Untersuchungshaft und wurde zur Hauptverhandlung von den Justizwachebeamten vorgeführt. Da es um ihn auch in finanzieller Hinsicht nicht zum Besten bestellt war, sollte lediglich ein Verfahrenshilfeverteidiger als Fürsprecher des Angeklagten eingesetzt werden, mit dem Peppi allerdings zuvor noch kein Wort gewechselt hatte. Er nahm wie gewöhn-

lich seine Verteidigung selbst in die Hand und lehnte es auch ab, mit seinem Anwalt zuvor in der Justizanstalt „unnötig Zeit zu verplempern". Kurz nach Betreten des Verhandlungssaales und nach Abnahme der Handschellen durch den Justizwachebeamten erhob Peppi beide Arme und streckte sie Richtung Saaldecke.

Der Richter schob seine Brille nach vorne und blickte Peppi an, um ihn zu fragen – obwohl diese Gestik gerichtsintern natürlich bekannt war, aber eher selten praktiziert wurde: „Das bedeutet?"

Noch bevor Peppi dazu etwas sagen konnte, führte der Staatsanwalt, langgedient und somit ein alter Fuchs, schon aus: „Hohes Gericht, das ist nach meinem Verständnis ein umfassendes, reumütiges und der Wahrheitsfindung dienliches Geständnis!"

Peppi blickte zum Staatsanwalt: „Danke, Herr Staatsanwalt, schöner hätte ich es gar nicht sagen können. Ich hätte nur *Hände hoch* gesagt. *Volles Hände hoch* sogar."

„Na dann! Dann sind wir schon fertig, 18 Monate, verstanden, Herr Angeklagter?"

„Ja, danke."

Peppi wollte sich hierauf die Handschellen wieder anlegen lassen, indem er nunmehr seine Arme dem Justizwachebeamten hinhielt, drehte sich dann aber wieder dem Richter zu und meinte auf seine unverwechselbare Art, leicht vorwurfsvoll:

„Herr Rat, ich habe heute Geburtstag!"

Der Richter blickte nochmals kurz in den Akt, fand dort die Bestätigung dieses Umstands und korrigierte sich:

„15 Monate!"

„Danke!"

In der Justizanstalt erzählte Peppi später seinen Mithäftlingen wortreich, wie er mit dem Gericht gefeilscht habe, um zu einem günstigen „Tarif" zu kommen, sogar der Staatsanwalt sei auf seiner Seite gewesen.

„Und ein Geständnis bringt mindestens die Hälfte. Sogar noch weniger!"

Es braucht nicht immer ein Freispruch zu sein. Man kann auch mit einer Verurteilung zufrieden sein. Mehr oder minder.

Ursula und Berndt
Bis zum bitteren Ende.

Berndt wurde jäh aus seinem Schlaf gerissen. Das Schreien war unüberhörbar, zuerst unklar und missverständlich, wurde es jedoch mit jeder Sekunde deutlicher und klarer. War er sich anfangs noch nicht sicher gewesen, erkannte er nunmehr eindeutig diese Stimme. Und sie fuhr ihm in sein Innerstes. Wie hasste er diese Stimme, die kreischend um Aufmerksamkeit heischte, sich in seinen Gehörgang bohrte und ihn innerlich zusammenzucken ließ. Wie hasste er alles, was diese Stimme von sich gab. Vorwürfe über Vorwürfe. Nichts passte ihr, nichts konnte er ihr recht machen.

Das Geschrei artete in ein Gekreische aus, das er nicht mehr hören konnte, nicht mehr hören wollte. Das er nicht mehr gewillt war, zu ertragen. Er zog sich die Bettdecke über den Kopf, um zumindest etwas abgeschirmt zu sein. Herrliche, kuschelige Wärme und Ruhe in seinem Bett, in dem er nunmehr die letzten Jahre alleine gelegen war. Seine Gattin war aus diesem ausgezogen und nächtigte nunmehr im ehemaligen Kinderzimmer. Die Kinder waren längst groß und erwachsen geworden und gingen ihren eigenen Lebensweg, wodurch auch Ruhe eingekehrt war; oftmals sogar zu viel Ruhe. Er hatte sich nach und nach anderen Freuden und Freunden zugewandt. Das obligatorische Treffen mit Arbeitskollegen nach der Arbeit wurde Routine; liebgewordene Tradition, die ihm am Wochenende abging. Daher liebte er mittlerweile

die Wochentage mehr als die eintönigen Wochenenden, die nur deshalb auszuhalten waren, da er sich zu gewohnten Zeiten in der Küche seine Bierflaschen öffnete, deren Inhalt gierig leerte, wie genau diese Stimme ihm immer vorhielt. Wie er diese Stimme verabscheute! Und diese Stimme hatte ihn nun auch diesmal wieder unsanft aus seinen Träumen gerissen, die von wunderbaren Geschichten aus der Jugendzeit erzählten, als er noch jung und dynamisch war. Die Wirklichkeit sah anders aus.

Das Sprechorgan war mittlerweile am Höhepunkt seiner Lautstärke angekommen, als das Zuschlagen einer Türe alles beendete. Nunmehr war es ruhig, die Stimme war weg. Es gab nichts mehr zu hören. Berndt war froh und erleichtert, dass sie weg war, er sie nicht mehr hören musste. Diese Stimme, die zu seiner Frau gehörte, hatte sie endlich in die Arbeit mitgenommen. Sollte sie doch dort schreien und andere beflegeln. Aber das tat sie hinterlistigerweise nicht. Zu den anderen war sie ja immer freundlich und nett. Da gab es kein Geschrei. Die Ruhe tat ihm gut. Sein Puls bremste sich wieder ein, sodass er wieder einschlief. Als er Stunden später erwachte, fühlte er sich besser. Erst langsam kamen die Erinnerungen in ihm hoch, es fröstelte ihn beim Gedanken an seine Frau, der vergnügliche Nachmittag und Abend mit seinen Freunden zauberte jedoch ein Lächeln in sein Gesicht, das sich aber rasch neutralisierte, als sich der Kopfschmerz bemerkbar machte. Der war wohl seinen ständig wachsenden Konsumationen geschuldet; gelegentlich gab es kein Halten, was alkoholische Getränke und Zigaretten betraf. Doch er schob alle Zweifel zur Seite. „Ich will eh nicht g'sund sterben", war so sein Statement, wenn ihm die Stimme wieder einmal vorgehalten hatte, dass er zu spät und vor allem schon wieder angetrunken nach Hause gekommen war.

Nach dem Kaffee und einem Aspirin waren die Kopfschmerzen leichter zu ertragen. Er hatte sich endlich angezogen, als

ihm einfiel, dass es noch etwas zu tun gab. Es war höchste Zeit, sich um seinen „Nachwuchs" zu kümmern, wie er sie liebevoll nannte. Sein Nachwuchs war beinahe das Wichtigste in seinem aktuellen Leben geworden. Er liebte seinen Nachwuchs, konnte diesem stundenlang zusehen, baute ihm laufend neue Attraktionen, was die Stimme als unnötige Geldausgabe quittierte. Auch deshalb hasste er diese Stimme. Warum musste sie immer und überall ihren Senf dazu geben und machte nicht einmal vor seinem Nachwuchs halt? Es passte nichts, was er tat. Berndt ging zum Regal. Sein Nachwuchs benötigte Futter; Spezialfutter für seine Zierfische in seinem heißgeliebten Aquarium. Es stand als eine Art Raumteiler im riesigen Wohnzimmer, das mit seiner Größe wohl auch diese unsagbare Leere dokumentierte, die es zwischen den Eheleuten gab. Früher belebten die Kinder, Geburtstage und sonstige Festivitäten diesen Raum, nunmehr regierte die Leere. Die umherschwimmenden Fische in diesem Großaquarium verstärkten dies noch. Aber Berndt fühlte sich zu ihrer Bedächtigkeit mittlerweile hingezogen. Aber als der Mann mit der Futterdose in der Hand an sein topgepflegtes Aquarium trat, erstarrte er.

Richter Wasakovsky betrat sein Büro und blickte auf das Einlauffach, in dem sich schon wieder neue Akten türmten und auf eine Bearbeitung warteten.

„Es gibt keinen Tag, an dem nichts Neues daherkommt!", klagte seine Kanzleibeamtin und hatte damit keinesfalls unrecht. Es gab tatsächlich nur mehr äußerst selten einen Tag, an dem kein neuer Akt den Weg ins Untersuchungsrichterbüro fand. Und so ging es allen KollegInnen im Hause.

„Ich möchte einmal einen Tag erleben, an dem die Zeitungen schreiben, es sei nichts los und es wäre nichts geschehen", antwortete er seiner Mitarbeiterin.

„Werden wir nie erleben."

„Da könnten wir sogar Gift darauf nehmen!"

Man war sich einig und sollte auch bis dato damit recht behalten.

Nach Durchsicht der Akten verblieb zuletzt ein dünner Aktendeckel. Die Staatsanwaltschaft beantragte in diesem gerichtlichen Verfahren im Zuge gerichtlicher Vorerhebungen die „verantwortliche Abhörung" einer Frau, die das Vergehen der Tierquälerei oder Sachbeschädigung begangen haben könnte, wobei „insbesondere im Detail die subjektive Tatseite der mutmaßlichen Täterin abzuklären wäre", sowie die zeugenschaftliche Einvernahme ihres Ehegatten, der aber „auf das ihm zustehende Entschlagungsrecht als Angehöriger" belehrt werden möge, zumal das nicht eindeutig aus dem Polizeiprotokoll zu entnehmen wäre.

„Herr Schwarzacher!?", rief der Untersuchungsrichter, nachdem er die Kanzleitüre in den Gang des ersten Stockes geöffnet hatte.

„Ja!"

„Bitte, wenn Sie hereinkommen!"

Ein großer, schlaksiger Mann betrat den Raum der Geschäftsabteilung 18. Er trug einen schwarz-weiß karierten Mantel, dazu schwarzen Schal samt ebensolchem Hut, darunter einen schwarzen dreiteiligen Anzug. Der Krawattenknopf war perfekt gebunden und saß. Das weiße Hemd roch nach Lavendel – dem Duft der Provence. Sein suchender Blick verriet, dass er sich nach einer Garderobe umsah, die es versteckt hinter der Doppeltüre gab.

„Sie können Mantel und Hut gerne hier bei diesem Tischchen ablegen", meinte die Kanzleibeamtin, die den Eintretenden genau musterte. Derart elegant gekleidete Personen waren eher die Ausnahme. Der Lavendelgeruch nahm Besitz vom Raum, der gele-

gentlich nach Schweiß oder sonstigen körperlichen Sekretionen regelrecht dampfte, insbesondere, wenn vermeintliche Zeuginnen des kriminellen Rotlichtmilieus zwangsweise unmittelbar nach erbrachter Dienstleistung von der Polizei vorgeführt wurden. Da half dann auch kein Aufreißen der alten, unter Denkmalschutz stehenden Holzfenster; derartige Gerüche verflüchtigen sich niemals so schnell, wie sie zuvor gekommen waren. Sie waren sogar hartnäckiger als der schalste Verwesungsgeruch und toppten mitunter jene Geruchsvariationen, die im Zuge von Leichenöffnungen, insbesondere des Darmtraktes, den Weg zur Nase der Anwesenden suchten und fanden. Angstschweiß, den es durchaus gelegentlich auch in der Verhörzelle oder in der Gerichtskanzlei gab, begleitete meist den Verursacher in seine Zelle oder bis in die Gänge des Landesgerichtes zurück.

„Sie heißen Berndt Schwarzacher und sind der Ehegatte der Angezeigten." Es war keine Frage des Untersuchungsrichters, vielmehr eine Darlegung der angenommenen Umstände.

„Ja!"

„Sie haben einen Ausweis mit?"

„Selbstverständlich!"

Der Mann griff in die Innentasche seines Sakkos und brachte ein Lederetui zum Vorschein, in dem seine Dokumente zu sein schienen, war es doch prall gefüllt. Der Duft des Leders schien mit dem Lavendelaroma um die Gunst der Anerkennung zu feilschen. Man glaubte sich unmittelbar in ein kleines italienisches Lederwarengeschäft, wie man es etwa von der Oberadria kennt, versetzt. Erst jetzt fielen Ledergürtel und Lederschuhe beim Einzuvernehmenden auf, die wohl auch ihre Duftmarke in den Raum entließen. Wasakovsky musste unweigerlich an Caorle denken, wo er sich vor Jahren in einem genau solch duftenden Laden einen Lederschlüsselanhänger gekauft hatte. So roch auch nur italienisches Leder. Wasakovsky bemerkte,

gedankenverloren wie er war, nicht die ausgestreckte Hand, die ihm einen Führerschein entgegenhielt. Erst das deutliche *Bitte-schön* ließ ihn aus dem Verkaufsladen zurück in die Gerichtskanzlei treten. Er fasste sich schnell.

„Danke!" Sekunden später verschwand das Dokument wieder im Dunkel der Sakkoinnentasche. Auch die Kanzleibeamtin starrte den Zeugen an. Sie schien durch ihn hindurch zu blicken, was nicht verwunderte, war sie gedanklich doch auch an dem oberitalienischen Urlaubsort, wie sie später zugestand.

„Als Angehöriger müssen Sie keine Aussage machen, Sie haben ein gesetzliches Aussageverweigerungsrecht!", setzte Wasakovsky fort.

„Nein, nein. Ich möchte aussagen", antwortete Berndt, für die Anwesenden überraschend.

„Also, warum die Anzeige?"

„Ich habe die Anzeige gegen meine Frau gemacht, weil das, was sie gemacht hat, eine Riesensauerei ist. Und das lasse ich mir nicht gefallen."

„Was ist wirklich geschehen?", wollte der Untersuchungsrichter wissen.

„Das weiß ich nicht. Ich habe nur nach dem Aufstehen nach meinen Fischen gesehen und die waren tot. Alle. Alle waren hinüber und trieben oben an der Wasseroberfläche. Meine Frau hat das gemacht. Da bin ich mir sicher. Sie weiß, was die Fische mir bedeuten, sie sind meine Lieblinge, das Aquarium ist mehr als ein Hobby."

„Und woran sind die Fische gestorben? Wissen Sie das?"

„Ja. Die Fische sind vergiftet worden. Eindeutig. Alle vierzig. Das ganze Aquarium roch nach Chemie. Nach Putzmittel und Chlor. Hundertprozentig, ich habe es ja selbst gerochen."

„Wo sind die Fische jetzt?"

„Entsorgt."

„Die gibt es also nicht mehr! Keine Beweismittel mehr, keine tierärztliche oder toxische Untersuchung mehr möglich."

„Richtig!"

„Und worauf gründet sich Ihre Annahme, Ihre Frau habe dies vorsätzlich gemacht? Wäre ein Fehler oder Missgeschick nicht auch möglich?"

„Das glaube ich nicht!"

„Der Glaube an sich oder an etwas mag ja schön sein, nur in unserem Fall und in meinem Job ist dies nicht des Pudels Kern, Sie verstehen?"

„Ja, schon."

„Hatte Ihre Frau einen Grund, Ihnen das anzutun?"

„Sie ist auf mich nicht gut zu sprechen. Es kriselt in unserer Beziehung."

„Aber das ist ja kein Grund, dem anderen vierzig Fische zu killen, oder? Wenn jede oder jeder dem anderen die Viecher umbringt, die der mag, nur weil es in der Beziehung Probleme gibt, dann gibt's bald keine Haustiere mehr ", warf Wasakovsky dem Zeugen vor.

„Es war meine Frau, eindeutig!", der Zeuge blieb dabei.

„Der Satz kommt nicht ins Protokoll, weil es keine Wahrnehmung von Ihnen als Zeuge, sondern lediglich ihre Vermutung oder Annahme ist. Wer putzt das Aquarium?"

„Ich. Nur ich. Wasserwechsel, Filter etc.", betonte der Zeuge.

„Und das Umfeld? Die Möbel? Das Zimmer?", fragte Wasakovsky.

„Macht alles meine Frau. Sie putzt die gesamte Wohnung. Ich rühre da nichts an", bekräftigte der Zeuge.

„Nicht fifty-fifty also?", meinte der Untersuchungsrichter.

„Wie bitte?"

„Ich meine nur. Sie helfen im Haushalt also nicht mit?"

„Nein. Wozu? Das muss sie machen!"

„Haben Sie mit Ihrer Frau darüber eigentlich gesprochen?"

„Nein, wir reden nicht mehr viel miteinander. Sie hat nur geschrien, dass es mir recht geschehe, wenn die Fische krepieren."

Nachdem der Zeuge das aufgenommene Protokoll unterfertigt und die Kanzlei verlassen hatte, blickte die Kanzleibeamtin den Untersuchungsrichter fragend an.

„Keine Ahnung, was da passiert ist. Frag mich nicht! Morgen kommt die beschuldigte Frau zur Einvernahme, ich bin gespannt, was sie erzählen wird", meinte Wasakovsky zur Beamtin und verließ sein Büro.

Als Wasakovsky sich am nächsten Morgen am Gang seiner Kanzlei näherte, saß vor dieser bereits eine Dame auf der Bank.

„Wenigstens ist sie gekommen", dachte sich Wasakovsky und war froh, keine sonstigen Zwangsmaßnahmen anwenden zu müssen.

„Frau Schwarzacher? Kommen Sie bitte gleich mit", meinte Wasakovsky im Vorübergehen zur Wartenden, die sogleich aufstand und mit in die Kanzlei ging.

„Nehmen Sie Platz. Sie wissen, worum es geht? Ich muss Sie als Beschuldigte zur Anzeige Ihres Gatten einvernehmen. Sie können eine Aussage machen, müssen aber nicht, Sie brauchen sich auch nicht selbst zu belasten. Haben Sie das verstanden?"

„Ja sicherlich, ich weiß, dass es um die Fische meines Mannes geht. Ich fühle mich da auch voll schuldig. Es stimmt, dass ich diese Tiere meines Mannes getötet habe", antwortete die Frau, die von zierlicher Gestalt war und sehr gepflegt wirkte. Sie trug ein beiges Kostüm, hatte ein leichtes Tuch um ihre Schultern und wirkte nicht nervös, eher vorbereitet und gefasst, antwortete umgehend auf die ihr gestellten Fragen und blickte den Untersuchungsrichter mit großen Augen an.

„Wie kam es dazu?", wollte der Untersuchungsrichter wissen.

„Ich stand in der Früh – wie immer – auf, weil ich ja zur Arbeit musste. Ich war zunächst in der Küche und richtete das Frühstück. Als ich dann ins Bad ging, kam ich natürlich am Aquarium meines Mannes vorbei, das zwischen dem Flur und dem Wohnzimmer steht. Und ich sah seine Fische, wie sie da herumgeschwommen sind. Am Boden vor dem Aquarium lagen die Socken und die Hose meines Mannes und ein schmutziges Schnoitztüchl kugelte auf der Kommode herum. Ich nahm dieses weg und habe dann die Oberfläche desinfiziert."

„Womit?"

„Mit einem Flächendesinfektionsmittel!"

„Und dann?"

„Dann habe ich den Rest aus dieser Flasche ins Aquarium gekippt."

„Warum?"

„Warum? Damit die Fische … sterben!"

„Warum? Was haben Ihnen die Fische getan?"

„Nichts, aber sie gehören meinem Mann!"

„Das verstehe ich nicht. Was gibt es da für einen Zusammenhang?"

„Gar keinen, ich wollte die Fische meines Mannes umbringen!"

„Und das ist gelungen!"

„Nein, überhaupt nicht. Ich habe das Mittel reingekippt gehabt, aber nichts ist passiert. Die sind weitergeschwommen, als ob nichts gewesen sei."

„Und dann?"

„Dann bin ich ins Bad gegangen, wollte mir schon die Zähne putzen und mich herrichten. Aus dem Augenwinkel habe ich die Fische beobachtet."

„Und weiter?"

„Werden noch immer weiter herumgeschwommen sein", entgegnete die Beschuldigte ziemlich energisch. Der Untersuchungsrichter wollte schon nachhaken, wie sie zu dieser Annahme käme und wie denn dann doch die Fische noch zu Tode gekommen seien und überhaupt. Zahllose Fragen taten sich da auf. Bevor Wasakovsky noch mit der nächsten Frage starten konnte, setzte die Beschuldigte schon selbstständig fort. „Zunächst habe ich sie nicht genau gesehen, aber dann. Die sind herumgeschwommen, und wie. Also bin ich zum Aquarium hin und schau mir das genauer an. Und die schwimmen wie immer. Ich bin dann zurück ins Bad und habe dort ein anderes Putzmittel geholt. Das habe ich dann auch begonnen hineinzukippen. Zuerst wenig, dann immer mehr."

„Warum?"

„Weil ich sehen wollte, wann das Mittel endlich anfängt zu wirken!"

„Warum?"

„Damit ich sehe, wie die Fische vielleicht zappeln!"

„Warum? Sie sagten zuvor, Sie wollten die Fische umbringen!"

„Ja schon, aber zuvor sollten sie zappeln. So richtig."

„Die Tiere sollten zappeln? Also mit dem Tod sozusagen kämpfen? Leiden?", fragte Wasakovsky mehr als überrascht jetzt nach.

„Ja. Und das haben sie dann auch", entgegnete die Beschuldigte.

„Und als sie gezappelt haben, was haben Sie dann gemacht? Weiteres Putzmittel dazugegeben?"

„Nein, dann wären sie ja wahrscheinlich gleich tot gewesen. Sie sollten weiter zappeln und das taten sie, und wie!"

„Wie lange haben die Fische gezappelt, wie muss ich mir das vorstellen?"

„Als sie dann gezappelt haben, bin ich Zähneputzen gegan-

gen, habe mich hergerichtet und bin wieder zurück in die Küche, mir meinen Kaffee holen."

„Und die Fische?"

„Haben gezappelt, sind an die Wasseroberfläche und haben sich gebeutelt!"

„Und Sie schauen da zu? Die Tiere leiden, das ist Ihnen schon klar?"

„Ja, ich wollte, dass sie sterben, aber dass sie zuvor zappeln, also leiden!", entgegnete die Beschuldigte ziemlich gefasst und beinahe seelenruhig.

„Wir reden da nicht von Sachbeschädigung, sondern von echter Tierquälerei, das ist Ihnen schon klar?", fasste Wasakovsky zusammen. „Sie haben diesen Tieren unnötige Qualen zugefügt. Sie wollten das sogar!"

„Ja, ja und wieder ja!", antwortete die Beschuldigte nunmehr etwas aufgeregter. „Die Tiere sollten leiden, richtig leiden!", bestätigte sie sogleich nochmals.

„Sie fühlen sich daher der Tierquälerei schuldig?"

„Ja. Die haben gezappelt."

„Wie lange haben die armen Tiere da gezappelt?"

„Weiß ich nicht?"

„Warum?"

„Weil ich meinen Kaffee fertiggetrunken habe und dann gegangen bin."

„Und da waren die Fische noch nicht tot, sondern haben noch immer gezappelt?"

„Die haben immer noch gezappelt und ich bin gegangen!"

Die Kanzleibeamtin hatte alles mitgeschrieben, jedes Wort, jeden Vorhalt. Sie war Meisterin auf ihrer Schreibmaschine, dennoch fiel Wasakovsky auf, dass es gelegentlich ganz kurze Pausen gegeben hatte.

„Und jetzt müssen Sie mir noch sagen: warum? Warum, Frau Beschuldigte? Macht es Ihnen Spaß, Tiere leiden zu sehen? Gefällt Ihnen das?", die Fragen waren unangenehm. Zugegeben.

Hatte die Beschuldigte bis dahin immer Blickkontakt mit dem Untersuchungsrichter gehalten, senkte sich jetzt ihr Blick.

„Das passt doch gar nicht zu Ihnen, Frau Schwarzacher!" Die Worte des Richters klangen beinahe versöhnlich. Schwarzachers Blick blieb am Boden der Kanzlei kleben. An diesem alten, im Fischgrätmuster verlegten Eichenboden, der nie richtig sauber wirkte, auch wenn er beinahe täglich gekehrt und auch immer wieder gewachst wurde.

„Da unten gibt's nichts zu sehen", ergänzte der Richter. „Schauen Sie mich an, bitte!" Und nach einer kurzen Pause: „Warum? Warum wollten Sie die Fische Ihres Mannes töten und zuvor quälen? Man macht nichts ohne Grund, Frau Schwarzacher, oder?"

Schien die Person, die dem Untersuchungsrichter gegenübergesessen war, zuvor noch stabil, gefestigt und durchaus redegewandt, schwand nunmehr diese anmutende Komplexität und leichte Risse machten sich bemerkbar.

„Mein Mann ist ein Schwein. Er hat zwei Gesichter. Nach außen hin mimt er den harmlosen, netten und zuvorkommenden Mitmenschen von nebenan. Der in die Kirche rennt und dort mittlerweile die Kommunion austeilt und sogar als Trauerredner bei Begräbnissen auftritt. Mit salbungsvollen Worten. Ha! Dass ich nicht lache! Er und Gott! Ein Widerspruch, wie es ihn nicht besser geben könnte. Innerlich hasst er all diese Angepasstheiten und Zwänge. Aber nach außen hin ein freundliches Gesicht machen. Und mir gegenüber kennt er sowieso keine Grenzen. Ich bin die Nörglerin, der Trottel vom Dienst, seine

Privathure. Die Verschwenderin, die alles immer besser weiß, aber dennoch alles falsch macht. In seinen Augen bin ich wertlos und einfach nur Dreck. Zum Wegwerfen. Und so geht er auch mit mir um, seit Jahren."

„Und da haben Sie nie an Scheidung gedacht, wenn es so furchtbar ist?"

„Ich schon. Aber für ihn gibt es so etwas nicht. Schon aus finanziellen Gründen. Wenn ich eine Scheidungsklage einreichen würde, bin ich am nächsten Tag tot!"

Der Blick der Zeugin war nun ein fester. Er schien sich in seinem Gegenüber zu verbeißen. Es war kein hilfesuchender Blick, sondern wissend und abgeklärt. Wasakovsky glaubte dies zumindest so interpretieren zu können.

„Was war vor dem Quälen der Fische?"

Er blickte ihr tief in die Augen. Sekundenlang. Sie hielt dem Gegenüber stand, ohne jede Regung und ohne Tränen. Nicht das geringste Zucken, kein Wimpernschlag.

„Ich hasse ihn. Vor meinem Anschlag auf die Fische kam er spät nachts nach Hause. Ich hatte schon geschlafen und habe ihn zunächst gar nicht gehört, wir schlafen getrennt in verschiedenen Zimmern. Ich wache auf, weil er schreit. Dann sehe ich ihn im Finstern, er steht ohne Hosen über mir im Bett und schreit, dass ich eine verfluchte Drecksau sei. Und dann hat er mich angepinkelt. Er hat mich von oben bis unten angepinkelt und dabei gelacht, hämisch gelacht. Ich habe noch versucht, mich abzuwenden, aber chancenlos, er klemmte mich mit seinen Füßen ein."

„Und deshalb dann …?"

„Ja, ich wollte ihm wirklich wehtun. Ihn treffen. So richtig. Und ich weiß, wie er an seinen Fischen hängt. Die sollten zappeln, so lange, dass er sie noch sieht, wenn er sie vormittags dann füttert, ich fühle mich daher auch der Tierquälerei schuldig, obwohl ich dadurch meinen Mann quälen wollte."

„Weil er sie so erniedrigt, ja gedemütigt hat!", ergänzte der Untersuchungsrichter.

„Das Anpinkeln von oben bis unten wäre es ja gar nicht einmal gewesen, Herr Rat!", ergänzte nunmehr die Beschuldigte.

„Sondern?" Untersuchungsrichter und Kanzleibeamtin blickten sich fragend an.

„Herr Rat, ich getraue es mich ja fast nicht zu sagen", zögerte die Beschuldigte.

„Bei uns gibt es keine Geheimnisse und wir sind Einiges gewohnt", beruhigte der Untersuchungsrichter die Zeugin, die sodann fortsetzte:

„Er schrie noch, er würde mich am liebsten ansch…, wenn er jetzt könnte."

Leichte Fassungslosigkeit machte sich in der Gerichtskanzlei breit, die nicht vom Lavendelduft getragen wurde.

Das Delikt der Tierquälerei wurde somit hinsichtlich aller Tatbestandsmerkmale sowohl in objektiver als auch subjektiver Hinsicht „herausgearbeitet".

„Sie tut mir leid! Und jetzt kriegt sie dann auch noch eine Anklage", meinte die Gerichtsbeamtin, nachdem die Beschuldigte die Kanzlei verlassen hatte.

Dem war nicht so. Der zuständige Staatsanwalt stellte das Verfahren ein.

Aleksander und Co
Lauf, wer kann!

Abhauen – das war der einzige Gedanke, der jetzt in ihm schrie.
Abhauen, so rasch und unauffällig wie möglich, war angesagt.
Unauffällig konnte es schon mal nicht sein. Laufen fällt auf.
Eigentlich immer und überall. Daher gibt es in den Vereinigten
Staaten von Amerika gelegentlich Vorschriften, die ein Lau-
fen ausdrücklich bei Strafe verbieten. Hier und jetzt lief alles.
Niemand hatte ein Kommando gegeben und doch waren alle
gleichzeitig losgestürmt. Er lief und mit ihm auch alle anderen.
Der Bubenhaufen stob in jede Richtung auseinander.

Was war geschehen?

Die Bubenbande hatte gespielt und war wieder einmal
vertrieben worden. Von der Hausmeisterin, die die Haus-
ordnung zu exekutieren hatte. Es war untersagt, im Hof der
Siedlungsanlage Fußball zu spielen. Und bei den Klopfstangen,
wo man für gewöhnlich Teppiche ausklopfte, gab es kein
Votaleimatscher – „Vater, leih'mir die Schere"-Spiel. Und zwischen den Mülltonnen kein Versteckspiel. Schon gar nicht
zwischen den abgestellten Autos am Parkplatz. Man hatte den
Eindruck, dass sowieso alles verboten war für diese Kinder in
jener Siedlung. Aber auch für die der Nachbarsiedlung.

Das war auch der Grund dafür, dass man sich zusammen-
gerottet hatte. Nicht einmal geplant, einfach so. Man traf sich
täglich, wenn es die Schulaufgaben und die Eltern zuließen. Ein

großer Haufen unterschiedlich alter Kinder. Der jüngste Bub war keine sechs Jahre alt, der Älteste, und somit Bandenchef, zwölf. Er war der Boss, der Häuptling; der Chef, der anschuf. Derjenige, der Befehle gab und dem gehorcht wurde. Er hatte das Sagen, bedingungslos. Den meisten war die Bedeutung dieses Wortes gar nicht bewusst; wie auch in diesem Alter. Manfred, der Boss, war eigentlich jemand, den man heute als Influencer bezeichnen würde. Er agierte wohl auch populistisch.

„Wer ist schuld, dass wir hier nicht spielen dürfen?", rief er in die Gruppe der Dreikäsehochs.

Die Ratlosigkeit war den Kindern ins Gesicht geschrieben.

Ein riesengroßes Fragezeichen. Weil es keine Antwort gab, wurde die Frage gleich vom Fragenden selbst beantwortet.

„Von der Hausmeisterin, dieser blöden Hausmeisterin. Ist sie blöd?"

„Ja!", rief der Haufen.

„Lassen wir uns das gefallen?", war die nächste Frage.

Vereinzelt hörte man was von einem Nein, sodass die Frage wiederholt wurde.

„Nein!!!"

Jetzt war es laut genug. Und man wurde sich rasch einig, dass es so nicht weitergehen konnte, und diese „blöde Hausmeisterin" als Feindbild Nummer eins zu bestrafen sei. Der Boss und sein Vize beschlossen daher, dass nicht nur etwas zu geschehen hatte, sondern genau jetzt etwas geschehen musste. Der Befehl zu diesem Geschehen beinhaltete das Ergreifen eines Steines, je größer umso besser, verbunden mit dem gemeinsamen Werfen mit allen anderen, die jeweils ihren Stein auch aufgenommen hatten. Ziel dieser Steinwurfaktion war das große Wohnzimmerfenster der Hausmeisterin im Erdgeschoß. Also nahm die gesamte Truppe Aufstellung und bei drei galt es, den jeweils gehaltenen faustgroßen Stein mit aller Kraft gegen dieses Fens-

ter der Wohnung der verhassten Hausmeisterin zu schleudern. Es wurde geworfen, aber nur von einem, dem Jüngsten. Alle anderen, selbst der Anführer und sein Vize, warfen nicht. Dennoch zersplitterte das Glas und das wiederum war der Grund dafür, dass die Truppe nunmehr floh. Lediglich der tatsächliche Verursacher dürfte vom Erfolg seiner Aktion oder von den Nichtwürfen seiner Spielkameraden so überrascht gewesen sein, dass er für Augenblicke noch verharrte, bevor auch er Fersengeld gab. Flucht.

Es war bereits finster geworden, stockdunkle Nacht hatte sich über das Einkaufszentrum gelegt. Langsam kehrte hier Ruhe ein. Die letzten Kunden hatten ihre Einkäufe finalisiert, alles wurde in die Fahrzeuge geräumt und die Parkplätze leerten sich. Nach einer guten Stunde verließen auch die letzten Verkäufer und Shopverantwortlichen ihre Arbeitsbereiche und konnten nach dem Versperren der zumeist gläsernen Geschäftstüren endlich den verdienten Feierabend in Anspruch nehmen. Noch lange verblieb die Beleuchtung mit ganzer Intensität, als wollte sie nicht wahrhaben, dass niemand mehr in die Auslagen der Geschäfte blickte, um das eine oder andere Schnäppchen zu erhaschen. Zu mitternächtlicher Stunde gab aber auch sie endgültig auf, nur vereinzelt leuchteten Neonröhren oder Stromsparlampen, wohl aber alle Notausgangshinweise.

Dunkle Gestalten huschten durch diese Finsternis, die nicht nur das Gebäude, sondern alles einzuhüllen, ja regelrecht zu verschlucken schien. So überraschend sie gekommen waren, so rasch waren sie auch wieder verschwunden. Aleksander war einer aus dieser Gruppe, die am liebsten in dieser Dunkelheit ihrer unheilvollen Tätigkeit nachging.

Johann, ein Securitymitarbeiter einer größeren Firma, hatte diesmal den Nachtdienst von einem Kollegen übernommen und versuchte verbissen, mit einer Hand das Lenkrad zu führen, um mit seiner zweiten endlich in den Genuss zu kommen, auf den er sich schon seit Minuten gefreut hatte: seine heiß geliebte Leberkäsesemmel. Zwar war die schon lange nicht mehr warm, aber immerhin gut geschützt in Alufolie, die das Aroma samt Senf und Ketchup konservierte. Der Zeitpunkt war gekommen, um genüsslich in diese Komposition aus Fett, Kalorien und Kohlehydraten beißen zu können. Aber gerade Gier und Heißhunger auf diesen ersten Biss führten – wie so oft – dazu, dass Senf und Ketchup nicht nur im Mund des Genusssuchenden, sondern auch auf seinem Hemd landeten.

„Verflucht", stieß Johann aus und zog seine rechte Hand mit der Semmel zurück. Instinktiv aber auch seine linke, wodurch das Kraftfahrzeug, unweigerlich diesem Lenkimpuls folgend, abrupt nach rechts ausscherte. Johann erschrak und trat ordentlich auf die Bremse. Wäre ihm ein Fahrzeug gefolgt, hätte es wohl eine Kollision gegeben. Hier am leeren Parkplatz blieb dieses Fahrmanöver jedoch folgenlos. Johann schaltete die Innenbeleuchtung an, um das Schlamassel näher besichtigen zu können. Er hatte ganze Arbeit geleistet. Der von seiner Frau zuvor liebevoll aufgetragene Senf war nicht das Problem, aber das Ketchup hatte sich vollkommen auf seinem hellblauen, noch dazu frisch gebügelten Hemd verteilt.

„Verflucht", kommentierte Johann diese leidige Lebensmittelverschwendung und ebensolche Kleidungsdevastation, liebte er doch Ketchup und gebügelte Hemden über alles. Im Fond des Wagens hörte er schon die Stimme seiner Ehegattin, die mit ihm hart ins Gericht gehen würde ob der verursachten Sauereien am frischen Hemd. Ohne diese rote Sauce war die Semmel samt Leberkäse geschmacklich nur noch die Hälfte wert. Auch

das ärgerte Johann. Er öffnete die Autotür und stieg aus, um sich die Reste des schon verlorenen Genussmittels vom Hemd zu putzen, als er plötzlich Geräusche vernahm, die mit Sicherheit nicht vom laufenden Motor des Fahrzeuges stammten. Er bückte sich und schlich unter Verrenkungen wieder zurück in seinen Wagen, um den Motor abzustellen. Jetzt war es still am Parkplatz. Beinahe gespenstische Ruhe herrschte hier, die ihm aber diesmal ungewöhnlich vorkam. Seit Jahren kannte er dieses Einkaufszentrum, fuhr er doch immer im Nachtdienst als Wachmann diese Örtlichkeit an. Er schaltete das Licht am Fahrzeug aus und lauschte in die Nacht. Da war es wieder, dieses Geräusch, das irgendwie metallisch klang. Johann hielt den Atem an, seine Anspannung wurde ihm bewusst. Er entschloss sich, seine große Stablampe zu ergreifen und dorthin zu gehen, wo er das Geräusch vermutete. Er gelangte zum Haupteingang, konnte dort aber nichts Ungewöhnliches feststellen, sodass er sich zum nächstgelegenen Seiteneingang aufmachte. Er sollte dort nie ankommen.

„Die haben sich sicher ein Gefecht mit der Polizei geliefert und liegen deshalb jetzt im Krankenhaus!", meinte die Beamtin zum Untersuchungsrichter, ohne aber den gegenständlichen Akt zu kennen. Und setzte fort: „Es wird wirklich immer ärger!"

Also gingen Untersuchungsrichter und Kanzleikraft nicht in die angrenzende Justizanstalt, sondern fuhren zur zuständigen Abteilung des Landeskrankenhauses, um die mutmaßlichen Täter zum Antrag der Anklagebehörde auf Verhängung der Untersuchungshaft zu befragen.

„Zimmer 222 im zweiten Stock", war die knappe Information des Krankenanstaltsbeschäftigten, der in einem Kämmerlein im Erdgeschoss seinen Dienst verrichtete. Vor dem besagten Patientenzimmer saßen zwei Beamte der Justizwache auf ihren

unbequemen Holzstühlen und schlossen sofort die versperrte Zimmertür auf. Untersuchungsrichter und Kanzleibeamtin traten ein und blickten auf die drei Beschuldigten.

Was war geschehen? Die drei mutmaßlichen Beschuldigten übten sich als Einbrecher und wollten gerade mittels Leiter auf das Dach des ausgewählten Einkaufszentrums klettern, als sie von einem Mitarbeiter der Wachfirma beinahe entdeckt worden wären. Einer von ihnen beschloss spontan, den Wachmann durch Schläge mit einer mitgebrachten Taschenlampe kurzerhand niederzustrecken. Blutüberströmt brach dieser neben seinem Dienstfahrzeug zusammen, sodass das Trio seinen Weg fortsetzen und tatsächlich auf das Dach gelangen konnte. Plangemäß wollte man sich durch eine vorhandene Glaskuppel mittels mitgebrachten Seiles in die Tiefe hinablassen, um dann von dort in die Geschäfte und Büros eindringen zu können. Werkzeug und Glasschneider sollten Verwendung finden, alleine die Glasdachkonstruktion hielt dem Gewicht der Täter nicht stand, weshalb diese durchs Glas brachen und abstürzten. Bewegungsmelder hatten Alarm ausgelöst, die eintreffenden Sicherheitskräfte stellten die Täter und nahmen sie fest.

Dem Untersuchungsrichter und seiner Beamtin bot sich ein Bild menschlicher Tragik.

Die Festgenommenen lagen in ihren Betten, Arme und Beine waren jeweils zur Gänze in Gips, sonderbar gestreckt und in die Höhe gezogen. Sie trugen dazu Schanzkrawatten, einem war zusätzlich die Nase verbunden, einem anderen ein Ohr. So fixiert lagen alle drei regungslos in ihren Betten. Ihre Augen starrten auf die Eintretenden. Auch die zuvor kontaktierte Dolmetscherin war gerade gekommen und begann die Belehrungen und Fragen des Richters zu übersetzen. Zuletzt musste der

Untersuchungsrichter jene Frage stellen, die auf den Antrag des Staatsanwaltes abzielte.

„Was sagen Sie zum Haftgrund der Fluchtgefahr? Würden sie fliehen und sich der Strafverfolgung entziehen?"

Die Dolmetscherin blickte den fragenden Untersuchungsrichter mit großen Augen an.

„Ich weiß, es klinkt dämlich. Aber bitte, fragen Sie sie!", meinte dieser. Auch in den Augen der Eingegipsten zeigte sich eine gewisse Verständnis- oder Fassungslosigkeit.

„Er beantwortet die Frage mit einer Gegenfrage", übersetzte die Dolmetscherin die Aussage des Erstbeschuldigten dem Richter.

„Die da lautet?"

„Er meint, dass er gar nicht wisse, wie er überhaupt flüchten könnte und ob Sie sich das etwa vorstellen und ihm verraten könnten."

Was sollte man darauf antworten? Die Untersuchungshaft wurde verhängt. Die Polizei teilte nämlich über Anfrage des Gerichtes mit, dass die Beschuldigten nicht im, sondern außerhalb des Einkaufszentrums verhaftet wurden, als sie sich am Boden kriechend zum bereitstehenden Fluchtfahrzeug schleppten.

Der Wachmann war übrigens – Gott sei Dank – auch schon lange wieder bei Bewusstsein. Nur etwas Blut war an einem Cut am Kopf. Der Rest war Ketchup, Leberkäsesemmerl sei Dank.

Konrad
Zu viel versprochen?

Das Hotel lag etwas außerhalb, dennoch gelangte man in nur wenigen Minuten ins Stadtzentrum. Deshalb war diese Unterkunft auch speziell bei Geschäftsleuten sehr beliebt. Ausreichend Parkmöglichkeit gab es auch; da auch das kredenzte Essen gute und vor allem durchaus üppige Hausmannskost beinhaltete, gab es viele Stammgäste. Konrad gehörte dazu. Hatte er beruflich in der zweitgrößten Stadt des Landes zu tun, kehrte er hier ein. Heute saß er wieder an der Bar der großzügig dimensionierten Lobby des Hotels und trank seinen Whiskey. Nicht *Whisky*, sondern einen *Whiskey* mit Eis. Er blickte auf die Uhr und war gespannt, ob sein Bekannter mit dem künftigen Geschäftspartner kommen würde, hatte es bis dato doch nur spärlichen Telefonkontakt gegeben. Konrad war vorsichtig geworden, zu viel hatte er im Zuge seiner Polizeiausbildung erfahren und dann auch als Kriminalbeamter kennen gelernt. Diese Vorsicht war es auch, die ihn nunmehr schon seit Jahren davor bewahrte, einen Fehler zu machen oder sich Hals über Kopf in ein Projekt zu stürzen. Gut Ding braucht Weile und gelegentlich wirklich Zeit, viel Zeit. Er blickte nochmals auf seine Uhr, es war Minuten vor dem vereinbarten Termin. Für Augenblicke schwelgten seine Gedanken weg vom Geschäftlichen. Er musste daran denken, wie lange er sich überlegt hatte, sich diese Armbanduhr zu kaufen. Sie war ein Sondermodell gewesen, es gab sie nur in einer Auflage von eintausend Stück, weltweit. Da ihn das Ziffernblatt sofort fasziniert

hatte, als er es zum ersten Mal auf diesem Werbeplakat gesehen hatte, wusste er zeitgleich, dass er sich dieses Schweizer Qualitätsprodukt kaufen werde, egal was es kosten sollte. Er strich über das doppelt entspiegelte Saphirglas, als der Typ hinter der Bar ihn fragte, ob er noch einen Wunsch hätte. Konrad bestellte sich einen weiteren Whiskey und just als dieser Kerl mit dem viel zu großen Anzug ihn auf den Tresen stellte, betraten zwei Männer die Hotellobby, blickten sich um und kamen direkt auf Konrad zu. Das mussten sie sein, dachte Konrad und wandte ihnen wieder den Rücken zu. Die beiden setzten sich zu ihm an die Bar und bestellten jeweils ein Bier. Nachdem der Barkeeper zwei frisch Gezapfte abgestellt hatte, blickte Konrad zum neben ihm Sitzenden. Dieser hob sein Bierglas und prostete ihm zu: „Cheers!" Da war es. Das vereinbarte Zeichen.

Konrad begann, wie er auch schon zuvor oftmals begonnen hatte.

„Wie laufen die Geschäfte?"

„Danke der Nachfrage. Ganz gut, es könnte aber besser sein!", antwortete der andere. Er sprach ohne Akzent und setzte sogleich fort: „Mein Freund hätte auch großes Interesse!"

Jetzt blickte der andere zu Konrad, grinste ihn an und hob ebenfalls das Bierglas und prostete ihm zu. Der Kerl wirkte auf Konrad irgendwie anders als alle bis dato bekannten Geschäftspartner. Das Sakko war topaktuell, seine Jeans passten zu den picobello geputzten Lederhalbschuhen. Jetzt bemerkte Konrad die Uhr am Handgelenk des Fremden, die vom straff sitzenden Sakko nur ganz wenig abgedeckt wurde. Ohne lange auf Smalltalk zu machen, sprach Konrad die Dinge an, weshalb er gekommen war. Er hatte keine Zeit zu verschenken, außerdem war der Ablauf immer so getaktet. Ware hatte er auch nicht dabei. Es konnte also nichts schiefgehen, denn wo nichts ist, kann auch nichts vorgefunden werden, sollte es eine Falle sein.

„An wieviel hätten Sie gedacht?", fragte Konrad und blickte die beiden an.

„Das Geschäftliche müsst ihr ausmachen!", meinte nunmehr der ihm am nächsten Sitzende und verabschiedete sich. Der Zweite rückte auf und saß nun am Hocker neben Konrad. Er grinste ihn wieder an.

„So viel du liefern kannst! Alles klar?" Das Grinsen war immer noch im Gesicht des Fremden zu sehen. Plötzlich hielt er Konrad seine Rechte hin.

„Ich heiße Josef. Für meine Freunde und Geschäftspartner: Sepp!"

Konrad war etwas überrascht. Damit hatte er nicht gerechnet. Er zögerte. Dann erwiderte er den Gruß und hielt dem Fremden auch seine Hand entgegen. Man schüttelte die Hände eigentlich ungewöhnlich lange, Konrad wusste nicht warum. Er hatte noch nie in diesem Business seinem vermeintlichen Vertragspartner so intensiv die Hand geschüttelt, für gewöhnlich war es nur ein kurzer Moment, wenn überhaupt. Dieser Sepp blickte Konrad aber tief in die Augen, sein Lächeln war vergangen, irgendwie fröstelte es Konrad. Er fühlte sich insgeheim beinahe ertappt, hatte er doch vor, diesem Kerl einen wesentlich höheren Preis zu verrechnen und ihn über den Tisch zu ziehen, keine Rede von den zuvor dem Mittelsmann genannten Preisen. Schien der andere dies aber zu ahnen? Sein Blick wirkte mit jeder Sekunde ernster, hinterfragender und bedrohlicher, ja – beinahe wissend. Merkte der Fremde etwas von Konrads Gedanken? Seine Blicke hatten etwas Röntgenhaftes, dem sich Konrad nicht entziehen konnte. Er wollte sich soeben abwenden, als der Fremde plötzlich wieder lächelte und ein fast kindliches Grinsen aufsetzte, das ihn so wieder harmlos und unbefangen wirken ließ. Mit einem Mal war das Bedrohliche weg und Konrad wurde innerlich sicherer und ruhiger auch.

„Ich sehe schon, wir werden uns einig, stimmt's?", meinte jener Sepp und bestellte zwei Whiskey beim Barkeeper, der auf der anderen Tresenseite Gläser geputzt hatte. Eigentlich hatte keine Vitrinentüre und auch keines der Trinkgläser eine Putzaktion nötig, dennoch polierte Philipp, so der Vorname des Kellners, der auch als Barkeeper agierte, fleißig mit seinem weißen Tuch. Man mache dies, hatte ihm die Chefin des Hotels eingebläut, damit es niemals so aussehe, als ob nichts zu tun wäre. Also putzte Philipp gewissenhaft die makellosen Gläser und war durchaus erleichtert, als die Order kam. Er befüllte großzügig die beiden Gläser, zumal er sich dadurch ein besseres Trinkgeld erwartete. So fein waren Stoff der getragenen Kleidung, so exklusiv die Zeitmesser an den Handgelenken dieser Typen. Philipps Erfahrung lehrte ihn, dass derartige Kundschaft für gewöhnlich spendabler war als die einfachen Geschäftsleute, die kaum über die Runden kamen. Er sollte recht behalten. Sepp legte einen Hundert-Euroschein auf die Theke und meinte grinsend, dass zwei weitere Gläser in zehn Minuten folgen sollten.

Nachdem Philipp sich wieder den Gläsern widmete und somit aus Hörweite verschwunden war, setzte Sepp fort.

„Wie viel kannst du liefern?", Sepps Blick wurde wieder ernster.

„50.000", so Konrads knappe Antwort.

„Wann?"

„Nächsten Monat."

„Okay. Kann ich aber jede Woche gebrauchen. Macht dann 200 (200.000 Euro!). Pro Lieferung."

„Nein. 250 (250.000 Euro; wird folgend der Realität entsprechend nur mehr verkürzt verwendet)."

„Milos sprach von 180 bis maximal 200."

„Das war vor zwei Wochen. Die Nebenkosten steigen!"

„Und die Qualität?"

„Super. Das Beste, was du derzeit bekommen kannst. Kommt direkt vom Hersteller, der arbeitet nur für uns."

„Hast du was dabei?"

„10 zur Probe, aber um 100!", antwortete Konrad und blickte Sepp an. Der begann wieder zu grinsen.

„Hey, Mann. Da krieg ich was Flüssiges hier und brauch' mir keine Sorgen um die Qualität zu machen!"

„10 um 100 und die 50.000 um 250.000. Aber in kleinen Scheinen. Wenn wir dann im Geschäft sind, können wir über 240 reden. Aber erst nach der dritten Lieferung!" Konrad versuchte locker zu bleiben, wenngleich er innerlich bebte. Das konnte ein guter Abschluss werden. Mindestens 40.000 über dem Preis, da konnte auch für ihn einiges abfallen.

Sepp trank in einem Zug seinen Whiskey aus und schob Konrad einen Hunderter hin.

„Okay, wir sind im Geschäft, wenn die Qualität passt!"

Konrad griff in seine Hosentasche, holte ein Päckchen Zigaretten raus und schob es wortlos auf der Theke Sepp hinüber. Der nahm es an sich und verschwand in der Toilette, zuvor bestellte er aber nochmals eine Runde bei Philipp, der diesmal etwas weniger in die Gläser goss.

Die Trauerweiden waren das Einzige, das sich am Horizont abhob. Ihr Schwarz signalisierte wenigstens Erkennbares in diesem Grau in Grau eines Novembertages. Tief eingebettet und beinahe unkenntlich in Nebelschwaden gehüllt lag das Schloss in einer Senke, die von kleinen Hügeln umschlossen war. Raben flatterten auf, als sich einige Fahrzeuge näherten und durch das Befahren des Schotterweges Unruhe in diese Lethargie der Natur brachten. Umso eifriger ging es in den Räumlichkeiten des Schlosses zu, musste doch alles gerichtet sein. Schwere Limousinen parkten vor dem Burggraben, der die Örtlichkeit seit Hunderten Jahren vor

feindlichen Angriffen geschützt hatte. Nun überwand man ihn mit einigen wenigen Schritten und fand sich in exklusiven Räumlichkeiten wieder, die für Seminar- und Hotelgäste gleichermaßen adaptiert worden waren. Die feudalen Luster verstrahlten ihr Licht in sanftem Ton, schwer lagen die Holzböden auf altem Stein. Gelegentlich ächzten sie ihr Alter demjenigen zu, der sie betrat.

„Ist das nicht ein Ambiente, Herr Rat?", rief jemand mit ausnehmend gutgelaunter Stimme. Die gute Laune und sein Grinsen waren typisch für diese Person. Chefinspektor Krausmann begrüßte die Teilnehmer an diesem Seminar, das auch anlassbedingt zu einer erweiterten Dienstbesprechung umfunktioniert worden war. Vertreter von Justiz und Innenministerium waren zugegen, um Gesetzesänderungen auf ihre Praxistauglichkeit zu diskutieren und zu überprüfen. Organisierte Kriminalität gab es damals offiziell in Österreich genauso wenig wie staatsfeindliche Verbindungen oder Korruption. Diese Begriffe spielten möglicherweise in anderen Staaten dieser Erde eine Rolle, aber sicher nicht in der vielgerühmten Republik Österreich. So wurde es oftmals kolportiert, hin und wieder sogar felsenfest behauptet. Als Praktiker vor Ort kann man sich diesbezüglich eines müden Lächelns nicht erwehren.

„Blödes Reden wird jetzt auch strafbar, oder?", formulierte sodann der Träger des grinsenden Gesichtes seine Frage an die Justizvertreter und hatte dabei – wie schon so oft zuvor – nicht ganz unrecht.

„Ich weiß nicht, unter welchem Aspekt das alles wieder einmal zu verstehen ist", setzte er fort, „aber fällt dies etwa in die Behauptung der Politik, wonach es zu einer Verbesserung des Zuganges zum Recht kommen soll oder reden wir wieder von unbedingt notwendiger Anpassung und Regelung aufgrund fehlender Normen und somit Lücken nach Fallbetrachtungen?"

Krausmanns Frage war nicht unberechtigt.

Chefinspektor Krausmann kannte diverse Erläuterungen zur beabsichtigten Gesetzesänderung im Suchtmittelrecht offenbar bereits, weshalb seine Frage an die Justizvertreter, „ob nunmehr blöd reden auch schon strafbar wäre", Berechtigung nicht abgesprochen werden konnte.

Doch kehren wir wieder zurück zum Ort des Geschehens:

Es war ein strahlender Tag, das intensive Blau des Vormittags verhieß ein ebensolches für den Abend. Einige Fahrzeuge standen vor dem Hotel, aufgefädelt in Reih und Glied der Parkkojen. Nur ein Wagen stand quer, im Inneren telefonierte der Lenker.

„Wo ist er? Er sollte doch schon längst da sein?", rief er in sein Mobiltelefon, „Ich sitze mir hier den Hintern wund!"

„Er hat mich gerade angerufen und meinte, es habe Verzögerungen an der Grenze gegeben!", antworte der andere am Ende der Leitung.

„An welcher Grenze? Wo ist er?", meinte der im Auto und wurde merklich lauter. „Ich habe keine Zeit zu verschenken!"

„Er sagt, es werde noch dauern, er ist jetzt erst vor München!"

„Vor München? Dann können wir das heute absagen. Sag ihm, wir sehen uns morgen am Abend. Ich bin dahin!"

Damit war das Gespräch auch schon beendet.

„Hey, verdammt, wo bist du? Unser Mann ist jetzt weg, der hat es nicht so gerne verarscht zu werden. Morgen Abend, letzte Chance!"

Der Typ klang am Telefon wirklich angepisst. Konrad versuchte die Situation zu retten.

„Es hat Probleme gegeben, manchmal läuft nicht alles so wie geplant!"

„Aber dass schon beim ersten großen Programm alles schief-
geht, ist nicht gut fürs Geschäft!"

„Gar nichts geht schief, es läuft. Dann halt morgen, wann?"

„Weiß ich noch nicht, ich gebe dir Bescheid, okay?"

„Okay, ich checke dann im Hotel ein. Und warte auf Infos
von dir!"

Sepp saß wieder an der Bar, als Konrad sich zu ihm gesellte.

„Spät geworden!", begrüßte ihn Sepp. Von einem Lächeln
war nichts zu sehen.

„Ich weiß, lag aber nicht an mir", antwortete Konrad und
blickte den erschienenen Barmann an.

„Ein Bier!"

„Ich nehm' auch noch eines", meinte Sepp und schob dem
Mann hinter der Bar sein leeres Glas hin. Dieser verschwand zum
Zapfhahn.

„Was ist jetzt?", fragte Sepp.

„Alles klar, wo ist das Geld?"

„Draußen in meinem Wagen. Ich will aber erst die Ware
sehen!", entgegnete Sepp.

„Erst das Geld, dann die Ware!", entgegnete Konrad.

„Nervös?"

Jetzt wieder dieses Grinsen in Sepps Gesicht, das alles
beherrschte.

Konrad wusste nicht so recht, was er sagen sollte. Obwohl
er schon öfters kleinere Deals durchgeführt hatte, musste er
sich eingestehen, dass er nervös war, ging es heute doch um eine
bedeutend höhere Summe. Er versuchte sich nichts anmerken
zu lassen. Sein Gegenüber durchbohrte ihn mit einem durch-
dringenden Blick, grinste ihn aber sofort wieder unverhohlen
an. Der Barkeeper brachte das Bier.

„Dann komm mit raus", meinte Sepp und ergriff Konrad bei

der Schulter. Gemeinsam gingen sie vor das Hotel, wo am Parkplatz die Fahrzeuge wie aufgefädelt standen. Sepp ging direkt auf seinen schwarzen BMW zu und ließ mit der Fernbedienung die Kofferraumklappe hochfahren. Sekunden später waren beide am Heck des Fahrzeuges.

„Da!"

Sepp zeigte auf den braunen Aktenkoffer, der am Boden des Kofferraumes lag und öffnete diesen. Konrads Blick fiel auf die gebündelten Banknoten, die alles ausfüllten. Er griff in den Koffer und entnahm ein Geldscheinbündel, um es oberflächlich durchzuschnippen. Ans Durchzählen war jetzt nicht zu denken, obwohl er dies gerne gemacht hätte. Beide blickten sich an. Gespenstische Ruhe schien am Parkplatz zu herrschen, als plötzlich ein Pkw mit quietschenden Reifen von der benachbarten Straße kam und auf sie zufuhr. Konrad zuckte, Sepp blickte zum Wagen, der sich keine fünf Meter von ihnen entfernt einbremste. Zwei Typen sprangen heraus und johlten. Sie wirkten betrunken und eilten ins Hotel. Konrad atmete durch, ohne es sich anmerken zu lassen. Sepp schloss den Koffer, hob ihn heraus und übergab ihn Konrad. Sein Blick war fragend.

„Komm mit", meinte Konrad. Gemeinsam kehrten sie ins Hotel zurück und nahmen wieder an der Bar Platz. Konrad nahm einen großen Schluck von seinem Bier, der Schaum war schon lange zusammengefallen.

„Was ist jetzt?", wollte Sepp wissen, „Ich habe meinen Teil der Vereinbarung eingehalten!"

„Mein Partner kommt gleich!", antwortete Konrad.

„Was? Willst du mich verarschen? Die Ware ist noch gar nicht da?"

„Ist schon da, aber es ist unser erstes echtes Geschäft und ich kenne dich noch nicht gut genug", antwortete Konrad.

Seine Worte klangen bestimmt, keine Unsicherheit war seiner Stimme zu entnehmen. Sepp begann zu grinsen.

„Okay! Willst du das Geld zählen?"

„Ja, ich bin gleich wieder da."

Konrad verschwand mit dem Koffer in der Herrentoilette. Es dauerte einige Minuten, bis er wieder neben Sepp an der Bar saß.

Jetzt grinste Konrad, innerlich. Äußerlich verzog er keinen Muskel seines Gesichtes.

Ein kurzes *Passt* kam über seine Lippen, als er Sepp plötzlich einen Schlüssel hinschob.

„Zimmer 320."

Sepp betrachtete den Schlüssel.

„Dort?"

„Ja, im Kasten!"

„Dann gehen wir es holen!", meinte Sepp und blickte Konrad an.

„Ich nicht. Du!"

„Und ich soll dich hier sitzen lassen? Und wenn ich nichts finde und du dann weg bist?"

„Vertraust du mir?", fragte Konrad und blickte nunmehr Sepp tief in die Augen.

„Ich vertraue nicht einmal meiner Großmutter!", antwortete Sepp. Plötzlich begann sich sein Gesicht zu erhellen, sein ernster Blick wich wieder diesem Grinsen, das immer mehr Besitz von ihm zu nehmen schien.

„Sicher vertraue ich dir, sicher!" Sein Grinsen überzog nunmehr das gesamte Gesicht. Er klopfte Konrad auf die Schulter und erhob sich vom Barhocker.

„Ich vertraue dir. Pass in der Zwischenzeit aber schön auf mein Geld auf. Dass es noch da ist, wenn ich wieder komm'!"

Sepp wandte sich ab und ging mit dem Schlüssel in der Hand zum Lift, um in den dritten Stock zu fahren. Nach eini-

gen Schritten blieb er jedoch plötzlich vor der Lifttüre stehen, drehte sich um und kehrte zu Konrad zurück, klopfte ihm nochmals auf die Schulter und sah ihn an.

„Ich vertraue dir."

Diesen Satz schmetterte er ihm mitten ins Gesicht. Deutlich und unüberhörbar. Dann hauchte Sepp ihm noch etwas ins Ohr, ziemlich leise, doch Konrad konnte auch dies deutlich vernehmen. „Verarsch' mich nicht, sonst verarsche ich dich, und dann bist du im Arsch!"

Nach diesem Satz trank Sepp sein Bier aus und kehrte zum Lift zurück. Im genannten Zimmer angekommen, fand Sepp aber nichts im Kasten. Gähnende Leere, wohin er auch blickte. Einen Augenblick hielt er inne. Sollte dieser Konrad ihn tatsächlich gelinkt haben? Langsamen Schrittes kehrte er zur Bar zurück, an der wider Erwarten Konrad immer noch saß.

„Hohes Gericht", begann der Verteidiger sein Schlußplädoyer.

„Wir haben jetzt alles gehört und der Sachverhalt ist klar. Mein Mandant hat sich im Ergebnis wichtig gemacht und hat Dinge erzählt und behauptet, die gar nicht stimmen.

Er war nicht nur nicht in der Lage, Tausende Ecstasytabletten zu verkaufen, er war gar nicht im Stande, diese überhaupt zu organisieren. Er war auch nie im Besitz dieser Drogen. Er hat sie auch niemals im Ausland besessen und er hat sie auch nie hierhergebracht. Er hat nur behauptet, dass er dies machen werde oder könnte. Er hat großspurig mit einem vermeintlichen Käufer verhandelt. Aber das ist noch nicht verboten. Das waren keine konkreten Vorbereitungshandlungen und auch sicherlich kein Versuch einer Inverkehrsetzung oder Inverkehrbringung. Wie hätte er überhaupt in den Besitz von 50.000 Stück Ecstasytabletten kommen sollen? Da ist es mit einfachen Kontakten nicht getan. Da benötigt man direkte Ansprechpartner ohne

Zwischenhändler. Aber gibt es einen Beweis dafür, dass er diese hatte? Nein! Gibt es einen Beweis, dass er diese Drogen beschafft und hier nach Graz gebracht hat? Nein! Es gibt auch keinen Beweis dafür, dass er sie hier überhaupt hatte! Es gibt keinerlei Beweise dafür. Ich möchte dies unbedingt nochmals betonen. Wir haben keinen Beweis, dass der Angeklagte auch nur irgendwann im Besitz dieser 50.000 Stück Ecstasytabletten gewesen sein könnte. Was bedeuten und sagen uns die Telefonkontaktauswertungen und Telefonüberwachungen? Nichts. Sie sagen gar nichts zu etwaigem Drogenbesitz. Der Angeklagte hatte diverse Kontakte, ja schön. Er rief diesen Frederic zig Male an, das ist nicht verboten. Er war dreimal in der Nähe von Amsterdam und viermal in Antwerpen, laut niederländischer Polizei im Hafenbereich, wo sein Mobiltelefon eingeloggt war. Aber was bedeutet das denn schon? Nichts! Im Ergebnis nichts! Es gibt keinen Beweis, dass er sich dort mit jemandem getroffen hätte, der im Suchtgiftgeschäft gewesen wäre, dieser in den Niederlanden verhaftete Maurice belastet meinen Mandanten nicht im Geringsten. Dieser konnte sich nicht daran erinnern, mit meinem Mandanten telefoniert zu haben, erinnern Sie sich an jemanden, mit dem Sie dreimal telefoniert haben, und das vor einigen Monaten? Also ich nicht. Daher muss dies auch überhaupt nichts bedeuten, dass es diesen Kontakt gegeben hat. Mein Mandant kann sich an diesen Herrn auch nicht erinnern und daher wissen wir über diese vermutliche Verbindung nichts. Es kann ja auch ein zufälliger Anruf gewesen sein, wie oft wird man von jemanden kontaktiert, der einem etwas verkaufen will oder ein neues Abo offeriert? Wir wissen nur, dass es sehr kurze Kontakte gewesen sind. Außerdem hat mein Mandant niemals von Ecstasytabletten gesprochen. Das hat der verdeckte Ermittler auch bestätigt, da wurden immer nur Zahlen genannt, worum es wirklich gegangen ist, wissen

wir auch nicht. Ich verstehe durchaus den Herrn Staatsanwalt, der sich da vielleicht eins und eins zusammenträumt, auch die Polizei. Aber zu guter Letzt heißt dies überhaupt nichts. Mein Mandant hat da vielleicht über etwas verhandelt, hat sich wichtig gemacht und wollte möglicherweise den großen Zampano heraushängen lassen. Aber schauen Sie sich ihn an. Sieht so der große Drogendealer aus? Ich beantrage daher zusammengefasst einen Freispruch im Hauptanklagepunkt und ein mildes Urteil hinsichtlich der geringen Menge an überlassenem Suchtgift."

Der Verteidiger setzte sich, der Angeklagte erhob sich von der Anklagebank.

„Ich schließe mich den Ausführungen meines Verteidigers an, habe sonst auch nichts mehr zu sagen."

Freispruch? Oder doch nicht?

Das Schöffengericht erkannte nach seiner Beratung auf schuldig, wonach der Angeklagte konkret eine zumindest das fünfzehnfache – nicht aber im Zweifel das fünfundzwanzigfache – der Grenzmenge übersteigende Menge an Suchtgift angeboten habe. Einen Bezug zu Suchtgift habe er deshalb gehabt, weil er Ecstasytabletten mit Topqualität zuvor schon als Probe tatsächlich einem verdeckten Ermittler geliefert und somit gegen Bezahlung verkauft und übergeben, aber auch weiteres Suchtgift angeboten habe, die den glaubhaften weiteren Erhebungen nach aus den Niederlanden stammten. Wie die langjährige Erfahrung zeigt und was auch vom verdeckten Ermittler bestätigt wurde: Die Proben bei derartigen Deals wären zumeist von höherer und somit deutlich besserer Suchtgiftqualität als die später gelieferte Ware.

„Blöd reden ist strafbar – ja, unter gewissen Umständen!"

Krausmann hatte also recht gehabt. Als dieser in der Coronapandemie infolge vorgeschädigter Lunge verstarb, verloren die

Strafverfolgungsbehörden nicht nur nach Meinung des Autors einen der besten Fahnder des Landes. Danke, Sepp!

Die Ecstasytabletten waren übrigens wirklich geliefert worden, wurden aber irrtümlich in einem anderen Hotelzimmer deponiert. Ein Hotelgast fand sie und glaubte, einen Lotterietreffer damit gemacht zu haben. Beim Verkauf geriet er allerdings an einen verdeckten Ermittler der Drogenpolizei. Niemand glaubte seinen Beteuerungen, das Suchtgift nicht nach Österreich geschmuggelt, sondern in einem Hotelzimmer gefunden zu haben. Bis Krausmann und Wasakovsky mit dem Akt zu tun bekamen. Aber das ist eine andere Geschichte.

Freispruch
Was ist eigentlich ein Freispruch?

Herkömmlich versteht man darunter, dass das Strafgericht den Angeklagten/die Angeklagte von der wider ihn/sie erhobenen Anklage durch einen berechtigten Ankläger bezüglich eines historischen Geschehens, sohin Sachverhaltes, in dem eine Straftat begangen worden sein soll, frei spricht, wobei dies natürlich aus den verschiedensten Gründen geschehen kann. Zumeist erfolgt ein solcher Freispruch, wenn dem angeklagten (mutmaßlichen oder dringend verdächtigen) Täter die Tat nicht nachgewiesen werden kann, weil zum Beispiel Zweifel an der Täterschaft oder an der Schuld bestehen. Der Beweis ist also letztlich nicht (vollständig ohne letzte Restzweifel) erbracht worden, sodass das Gericht den Angeklagten freizusprechen hat. Es muss ihn sogar freisprechen, weil jeder erhebliche Zweifel sich nur zugunsten des mutmaßlichen Täters auswirken darf. Dieser Zweifelsfreispruch gründet sich somit auf dem Zweifelsgrundsatz („In dubio pro reo!").

Ironisch betrachtet könnte man sagen, es wird gezweifelt. Grundsätzlich ist der Zweifel da.

In heutigen Zeiten wird sowieso sehr oft und vor allem sehr viel gezweifelt. Speziell wohl deshalb, weil sich unsere Gesellschaft in eine Informationsgesellschaft und nicht in eine wahrliche Wissensgesellschaft entwickelt (hat). Jeder/jede hat Informationen über dies und jenes und muss dann natürlich bei Informationen durch andere zumeist auch den sprichwörtlichen „eigenen Senf" dazuzu-

geben. Unabhängig davon, ob Senf überhaupt notwendig ist oder dazu gehört. Wir informieren gegen- und wechselseitig, schreiben, posten, telefonieren, kommentieren und nehmen zumeist auch Information sehr oft zumindest für bare Münze, um nicht besser zu sagen: wahre Münze. Weil aber nicht immer richtig ist, was umhergeistert, gemailt, gepostet und geliked wird, tummeln sich Fake News in einer Quantität durch Netz und Köpfe der Konsumenten, wie Sand am Meer. Und weil dies im Laufe der Zeit immer mehr User dann doch „checken", wird zurecht gezweifelt; man zweifelt an jedem und an allem, der Zweifel arbeitet sich quasi langsam und beständig, sodass zuletzt der Zweifel sehr oft fest verankert Teil unseres Lebens wird.

Die wichtigste Schlussfolgerung ist somit – neben der Tatsache, dass das Böse immer und überall ist – das Vorhandensein des „Generalzweifels".

Man zweifelt, um nicht zu sagen: man verzweifelt, und zwar an allem.

Und daher ist auch die Schlussfolgerung, dass man eben nichts genau wisse, die Basis für jeden Grundzweifel. Es muss überhaupt nichts eindeutig und klar sein, ein Fünkchen Fragezeichen, Unwahrheit oder Unwahrscheinlichkeit findet sich in jedem Geschehen, in jeder Information und somit wohl auch in jeder Behauptung.

Zwar hat die Juristerei auch allgemeine Leitlinien, Kriterien und somit Umstände erarbeitet, die wie folgt zweckdienlich beschrieben werden:

Tatsachen, die allgemein oder doch in sehr weiten Kreisen bekannt sind und eigentlich auch für jedermann erreichbar sind, gelten als „notorisch" und bedürfen daher auch keines Beweises (Notorität). Die Erde ist keine Scheibe, sondern rund – logisch und bekannt. Darüber bedarf es keiner Beweisaufnahme. Nur hilft dies nichts, wenn das zwar die Berufs-, nicht aber die Laienrichter (wie

im Schöffen- oder Geschworenenverfahren) wissen, da als gerichtsnotorisch nur Tatsachen gelten können, die allen Mitgliedern des Spruchkörpers (der also Recht sprechen soll und auch muss) bekannt sind. Lediglich im Falle anerkannten Erfahrungswissens genügt die Instruktion der Laienrichter durch den Vorsitzenden. Im Zweifelsfall ist allerdings Gerichtskundigkeit nicht anzunehmen und somit der diesbezügliche Beweis zu erheben.

Wie verhält sich dies nun in der Realität?

Im Zuge eines Schöffenverfahrens, in dem der Autor als beisitzender Richter eines Schöffengerichtes fungierte, das sich seinerzeit noch aus zwei Berufs- und zwei Laienrichtern zusammensetzte, verantwortete sich der Angeklagte dermaßen spektakulär, dass es eigentlich allen Beteiligten klar sein musste, das dies nicht richtig sein konnte, alleine die Frage der Notorität wurde auf eine harte Probe gestellt.

Die Frage in diesem Zusammenhang lautete lediglich, ob es Außerirdische gäbe bzw. gibt.

Als Strafrichter ist einem nichts fremd.

Der vorsitzende Richter blickte den Angeklagten an.

„Können Sie das bitte wiederholen?", war die damit verbundene Frage.

Der Angeklagte räusperte sich.

„Ich war schon da, ich habe das aber nicht gemacht. Plötzlich gab es ein Licht am Himmel und neben mir stand eine leuchtende Person, die dann in das Haus hinein ist."

„Und die hat dann dort drinnen auch alles geklaut?", hielt Richter Hechter dem Angeklagten mit etwas lauterer Stimme ungläubig vor.

„Wahrscheinlich. Gesehen habe ich nichts. Es hat nur geleuchtet."

„Und dann?", wollte der Vorsitzende wissen.

„Dann ist diese leuchtende Figur wieder aus dem Haus herausgekommen und ist mit einem Lichtstrahl irgendwie weg."

„Wie weg?", brachte sich der Beisitzer ein.

„Der ist weggerauscht wie mit einer Rakete!"

„Und Sie sind stehen geblieben?"

„Ja, ich war ja selbst überrascht!"

„Weggelaufen sind Sie nicht?"

„Nein, wieso?"

„Aber die Polizeibeamten sind Ihnen ja nachgelaufen und konnten Sie dann verhaften!", warf der Vorsitzende wieder einmal einen Umstand aus dem Akt dem Angeklagten vor.

„Ja schon, das war aber erst später!"

„Herr Vorsitzender!", unterbrach der Verteidiger, „Es gibt im Haus keine Spuren von meinem Mandanten!"

„Stimmt!", entgegnete der Vorsitzende, „Aber bei Ihrem Mandanten wurde eine Unzahl von Handschuhen gefunden. Deshalb wird es keine Fingerabdrücke geben!" Und zum Angeklagten gerichtet: "Warum haben Sie so viele Handschuhe bei sich im Haus?"

„Mir ist immer schnell kalt in den Fingern!", antwortete dieser.

Irgendwie klang dies nach „Pflanzerei", der Vorsitzende wollte diesen Satz alleine so nicht stehen lassen und atmete einmal tief durch.

„Viele Handschuhe zu Hause zu haben ist aber nichts Verwerfliches, Herr Vorsitzender!", brachte sich der Verteidiger überraschend ein.

„Aber der hatte dreißig Paar Handschuhe!", entrüstete sich der vorsitzende Richter, „Ich habe höchsten zwei oder drei Paar. Wer braucht denn schon so viel? Und aus Gummi noch dazu!"

Der Satz klang nun wirklich vorwurfsvoll.

Der Beisitzer blickte seinen Vorsitzenden an.

„Wenn der Herr Vorsitzende so fragt, muss ich sagen, dass ich auch jede Menge an Handschuhen zu Hause habe!"

„Wofür?"

Der Vorsitzende starrte seinen Beisitzer fragend und gleichzeitig überrascht an.

Dieser begann: „Na für jede Angelegenheit. Fürs Radfahren, fürs Motorradfahren, wenn es warm oder kalt ist, Skihandschuhe, Regenhandschuhe, Leder, Gummi, Goretex, Wanderhandschuhe, Winterhandschuhe, Fingerlinge, Fäustlinge, Wolle, Loden oder feinstes Leder, Gummi sicher auch, für Reinigungsarbeiten und so. Arbeitshandschuhe für den Garten, Wegwerfhandschuhe fürs Tanken. Es gibt auch welche für Autofahrer, in feinstem Leder mit Luftöffnungen, für die sogenannten Herrenfahrer …"

Der Vorsitzende schien kurz in sich gekehrt.

„Hast recht, hab' ich auch."

Und wieder zum Angeklagten: „Aber es spricht viel dafür, dass Sie das mit Handschuhen waren!"

„Ich war nicht im Haus!", ergänzte nochmals der Angeklagte.

„Und wer hat dann alles gestohlen?", der Vorsitzende wurde etwas lauter.

„Der Leuchtende!"

„Und wer soll das sein?", fragte der Vorsitzende mehr als genervt.

„Das war sicher ein Außerirdischer, wie der geleuchtet hat und dann weggeflogen ist!"

Der Vorsitzende blickte seinen Beisitzer an.

„Beratung!"

Was Inhalt und somit Gegenstand dieser Beratung war, ist nicht kundzutun, braucht aber fallbezogen wohl auch keiner sonstigen

Erörterung. Ist es also gerichtsnotorisch bekannt, dass es keine Außerirdischen gibt? Oder doch? Zweifel? Es wird kein Geheimnis verraten, wenn ausgeführt wird, dass die Berufsrichter sich eher dazu entschlossen, diesen Umstand zu verneinen. Die Laienrichter hingegen vertraten einen gänzlich anderen Standpunkt. Es wäre schon möglich, dass unbekannte Flugobjekte die Erde heimsuchen und somit auch Außerirdische als Gäste vorbeischauen könnten.

Diese Meinungsdivergenz entlockte dem Vorsitzenden sein obligates *„Mein lieber Jolly!"*, womit er zumeist, aber besonders hier, den Irrsinn der Meinungsvielfalt umriss.

Das anstehende Problem wurde letztlich anders gelöst. Die Spurensicherungsbeamten mussten alle als Zeugen erscheinen und wurden mit außergewöhnlichen Fragen bezüglich sonderbarer Spuren oder Materialien konfrontiert. Auch ein Zeuge wurde genauer befragt, ob es am Rande des Geschehens allenfalls ein Leuchten oder eine Art Flugmanöver gegeben haben könnte. Die Gedanken des Befragten zur Motivation der diesbezüglich getätigten Fragen des Gerichtes wären sicherlich interessant gewesen. Man kann nur hoffen, dass er an der Seriosität des Schöffengerichtes keine Zweifel hatte.

„Haben Sie da etwas gesehen, was vielleicht wie ein Außerirdischer ausgesehen hat?", war nur eine fachspezifisch interessante Frage. Viel interessanter war in diesem Zusammenhang wohl die Antwort des befragten Zeugen:

„Wie schaut denn ein Außerirdischer aus?"

Hier war das Schöffengericht jedoch selbst überfragt.

Ein Gutachten bezüglich des Geisteszustandes des Angeklagten wurde eingeholt und brachte Interessantes zutage, es bedurfte keiner Wissenschaftler oder Fachleute von NASA und Co. Die Frage nach Außerirdischen fand keinen Niederschlag im Urteil, sodass über die „Notorität" in diesem Fall auch nichts zu berichten wäre.

Amalia
„Geht vielleicht ein Freispruch?"

Das Alter von StraftäterInnen kann grundsätzlich nicht unterschiedlicher sein. Was aber die Erfahrung zeigt: Ältere Damen kommen eher nur in Ausnahmefällen in die Fänge der Strafjustiz. Jedoch die Behauptung, wonach in uns allen mögliche TäterInnen schlummern, stimmt, denn es bedarf oft nur einer gewissen Initialzündung, um aktiv zu werden. Aus unterschiedlichsten Überlegungen.

Gewisse Dinge wiederholen sich aber eindringlich und frappant. Kein Wunder, wenn man als Richter des Landesgerichtes mehr als dreißig Jahre an der identen Dienststelle und Abteilung verbracht hat …

„Schon wieder so etwas!", meinte die Kanzleibeamtin und schob dem Richter den gerade eben eingelangten Akt zu. Drogenschmuggel im großen Stil aus dem Ausland nach Österreich. Schöffengerichtszuständigkeit mit einem Strafrahmen von ein bis zehn Jahren Freiheitsstrafe.

Als die Strafverhandlung aufgerufen wurde, fand etwas statt, was in derartig gelagerten Fällen nur äußerst selten vorkommt. Die Angeklagte trat auf freiem Fuße in den Verhandlungssaal und wurde nicht in Handfesseln durch die JustizwachebeamtInnen vorgeführt. Bald würde diese ein Dreivierteljahrhundert an Lebensalter erreicht haben, es erschien eine äußerst gepflegte Dame mit

glänzend weißem Haar. Nur Sekunden später flog die Türe zum Verhandlungssaal auf und insgesamt vier Justizwachebeamte führten den Zweitangeklagten mit Handfesselung in den mittelgroßen Saal, in dem auch einige Zuschauer Platz genommen hatten.

„Entschuldigen Sie, Herr Rat!", begann einer der Vorführenden, „Es gibt schon wieder Stress mit dem Burschen hier. Er zuckt regelmäßig aus und attackiert auch beim Spaziergang im Innenhof Mithäftlinge. Und heute wollte er sich partout nicht vorführen lassen!"

Endlich waren alle auf ihren Plätzen. Der Zweitangeklagte drehte sich aber mehrfach zum Publikum um, was natürlich sofort auffiel. Dennoch konfrontierte ihn der Vorsitzende noch nicht mit diesem Umstand.

Nach der Überprüfung der Personalien und dem Anklagevortrag des Staatsanwaltes, dem die Gegenplädoyers der Verteidiger folgten, wandte sich der Vorsitzende zunächst an die Erstangeklagte.

„Wissen Sie überhaupt, was Sie da geschmuggelt haben? Es waren 6.000 Stück Ecstasy!", lautete der Vorhalt.

„Ja", nickte Amalia, „eine Modeerscheinung!" Ihre Antwort klang irgendwie naiv.

„Ich bin oft hinunter nach Slowenien gefahren, hauptsächlich um zu tanken. Das Benzin ist dort viel billiger", wollte sie offenbar den Versuch einer Erklärung zu tätigen.

„Drogen aber auch!", konterte sofort der Staatsanwalt.

„Das weiß ich nicht so genau. Darum hat sich ja mein Sohn gekümmert. Er war es dann ja auch, der mich gebeten hat, dass ich mich dort mit seinem Dealer treffe. Ich bin mit meinem Hund in den Park gegangen und habe beim vereinbarten Bankerl gewartet. Dann ist ein Mann gekommen und hat mich angesprochen."

„Was hat er zu Ihnen gesagt?", wollte der Vorsitzende wissen.

„Er hat mich nur gefragt – er sagte so was wie *Mutti, du*? Ich habe einfach ja gesagt und dann hat er plötzlich ein Päckchen in seinen Händen gehalten. Ich habe ihm das mitgebrachte Kuvert mit dem Geld gegeben und das war es dann auch schon."

„Wo haben Sie die Ecstasytabletten versteckt gehabt?", bohrte das Gericht nach.

„Das habe ich noch nicht bei der Polizei angegeben, weil ich mich geniert habe!", entgegnete Amalia.

„Bei uns gibt's nichts zum Genieren!", bemerkte der Vorsitzende und der beisitzende Richter ergänzte noch: „Wir sind einiges gewöhnt, gnädige Frau, Sie brauchen sich da also nicht genieren. Es sind auch nur Erwachsene im Saal."

„Ich hab' mich so geniert, darum habe ich davon nichts erzählt. Aber gut. Mein Herr Verteidiger hat schon zuvor zu mir gesagt, ich soll alles erzählen, es mache nur so ein besseres Bild", setzte Amalia fort.

„Da hat der Herr Verteidiger auch recht!", bekräftigte der beisitzende Richter Wulfinger mit einem Lächeln im Gesicht, um aber erwartungsgemäß nachzuhaken. „Immer haben die Herrn Verteidiger ja nicht recht, eher seltener sogar, aber diesmal stimmt's."

Amalia blickte ihren Verteidiger an und setzte nach einem kurzen Moment fort: „Ich habe diese Tabletten immer in meinen BH gepackt und schön gleichmäßig verteilt."

„Bei allen Fahrten?", wollte das Gericht wissen.

„Ja, immer gleich. Ich habe sogar immer den gleichen BH verwendet. Nein stopp, stimmt nicht, bei der letzten Fahrt hatte ich diesen in der Wäsche, da habe ich meinen schwarzen Büstenhalter genommen, der war aber zu eng, darum hat es mich auch so gedrückt, richtig unangenehm. Außerdem hat dann der Bügel eingeschnitten. Nach der Grenze habe ich die Ecstasys dann gleich wieder aus dem BH geholt und in meine Handtasche geworfen."

„Mit dieser wurden Sie dann ja in der Wohnung Ihres Sohnes verhaftet." Es war keine Frage, sondern eine aktenmäßig bestätigte Feststellung. Auch wenn die Betonung des Satzes mit keinem Fragezeichen endete, antwortete Amalia mit einem glasklaren Blick.

„Ja, ich bin gerade hinein, weil ich ja den Wohnungsschlüssel hatte, als sich plötzlich schwarze Figuren auf mich stürzen wollten und herumschrien, dass mir angst und bange wurde. Sie haben mich dann aber nicht zu Boden gerissen, sondern nur gepackt. Gott sei Dank."

„Sagen Sie bitte noch, Frau Angeklagte, was Sie dem Gericht auch noch sagen wollten!", unterbrach der Verteidiger.

Amalia blickte diesen wieder kurz an und wandte sich sofort wieder dem Richtersenat zu.

„Es stimmt nicht, dass ich nur zwischen 20 und 30 Euro pro Fahrt von meinem Sohn bekommen habe. Es waren 60 bis 80 Euro, einmal sogar 100 Euro. Ich bin nämlich Mindestrentnerin, Herr Rat, ich brauche das Geld, wirklich!"

Amalia blickte das Gericht an. Dieses blickte zurück. Beide Berufsrichter waren kurz sprachlos.

„Ist Ihnen klar, dass Ihre Taten mit ein bis zehn Jahren Haft bestraft werden?", entgegnete nach einigen Sekunden des Schweigens der Vorsitzende.

„Was? Ich bin entsetzt!", rutschte es Amalia heraus.

„Und der Herr neben Ihnen auf der Anklagebank? Den kennen Sie?"

„Ja freilich, das ist der nette Herr vom Park, der mir immer die Packerln für meinen Buben gegeben hat, der war immer sehr freundlich. Und gut Deutsch hat er auch gesprochen, einen Akzent hat er aber meiner Meinung schon gehabt", antwortete Amalia wie aus der Pistole geschossen.

„Apropos Bub. Wo ist er denn, Ihr Herr Sohn? Die Polizei hat ihn noch nicht gefunden?"

„Mein Bub? Der ist eh in Graz. Er hat mir auch gesagt, dass er zur Verhandlung kommen will."

Amalia lächelte den Richter an und drehte sich um.

„Da hinten, in der letzten Reihe sitzt er. Hallo, grüß dich!"

Voller Begeisterung winkte Amalia einem Burschen zu, der einen grauen Sweater trug und sich langsam erhob.

„Ich bin da, Hohes Gericht. Verschonen Sie bitte meine Mutter, ich bin an allem schuld! Ginge bei Ihr ein Freispruch?"

Es kam, was kommen musste. Amalias Bub wurde noch im Verhandlungssaal von den vor dem Saal wartenden Suchtgiftbeamten verhaftet und abgeführt.

Amalia kommentierte diese Aktion auf ihre Art und Weise: „Dass das alles so schlimm ist, hätt' ich mir nicht gedacht!" Ihr Gesicht schien plötzlich weißer als ihr Haar zu sein.

Dann kam auch der Zweitangeklagte endlich zu Wort. Obwohl er slowenischer Staatsangehöriger war, sprach er perfekt Deutsch, sodass die Dolmetscherin nur aus Sicherheitsüberlegungen anwesend blieb.

„Ich habe in Graz studiert, deshalb", begann er bei seiner Einvernahme.

„Und warum haben Sie sich zu Beginn umgedreht und ins Publikum geblickt? Haben Sie etwa gewusst, dass der Sohn der Erstangeklagten anwesend sein wird?"

„Ja auch, er hat es mir ja geschrieben!", war die ernüchternde Antwort.

„Was auch?", setzte der Vorsitzende nach, dem das *Auch* sofort aufgefallen war. Außerdem erzürnte es ihn innerlich, dass die Briefzensur für Häftlinge offensichtlich wieder einmal nicht funktioniert hatte, wie die Aussage zuvor unmissverständlich erklärte.

„Ich habe geglaubt, dass vielleicht auch die andere Oma da ist, die ich zuerst beliefert habe."

Und damit schloss sich der Kreis zu Anna, der Oma mit dem Suchtgift und den Maschinengewehren, deren Geschichte bereits im ersten Buch „In allen Punkten" abgehandelt wurde. Dem Zweitangeklagten war man bereits damals aufgrund der Telefonkontakte zu Jürgen auf die Schliche gekommen, weshalb auch seinerzeit schon ein internationaler Haftbefehl ausgestellt worden war, der den damaligen Staatsanwalt schon optimistisch gestimmt hatte. Er sollte somit recht behalten.

Dass Anna sodann bereits bei der Polizei ebenfalls den Zweitangeklagten einwandfrei und unumwunden als ihren Dealer identifizierte, vermag somit nicht zu überraschen. Auf ihre Einvernahme konnte sogar einvernehmlich verzichtet werden, zumal sie beim Hauptverhandlungstermin mit ihrer Bastelrunde in Italien weilte. Überrascht hingegen war der Zweitangeklagte, wie er ebenfalls uneingeschränkt deponierte, als er zum ersten Mal Oma Anna sah.

„Ich war ziemlich perfekt, nein, falsch – wie heißt das? Nicht perfekt … perplex, so sagt man, richtig? Ich war beim ersten Mal perplex, dass da jetzt eine Oma kommt und nicht Jürgen. Sie hat aber gesagt, dass sie für ihn gekommen ist, da habe ich ihr die Drogen gegeben.

Als dann später wieder eine Frau gekommen ist, habe ich gleich *Hallo, Mutti* gesagt."

„Und warum gibt es immer Wirbel mit Ihnen in der Justizanstalt?", wollte der Vorsitzende abschließend noch wissen.

Der Zweitangeklagte blickte den Richter an und tat so, als ob er nicht verstanden hätte. Die Dolmetscherin sprang ein, musste aber die Frage ebenfalls nochmals wiederholen, wie auch der Vorsitzende nachbohrte.

„Na los, warum?"

„Meine Zellengenossen verspotten mich. Sie haben auch herumerzählt, dass ich der Mutti- und Omalieferant sei. Und

der, den ich beim Spaziergang niedergeschlagen habe, nannte mich einen Omaficker."

Somit wäre auch das geklärt. Ungeklärt, aber auch nicht von wesentlicher Bedeutung für den gegenständlichen Fall, blieb, wer im Hintergrund die Waffen für Anna organisierte …
   Der Zweitangeklagte hielt sich bedeckt. „Wenn ich das sage, ficken sie mich!"
   Na dann!

Auch für Amalia ging die Angelegenheit glimpflich aus, gab es doch frappierend ähnliche Milderungs- und Hintergründe wie im Fall Anna. Sogar die Tageszeitungen titelten ähnlich. Einem „Busserl" durch die Angeklagte konnte der Vorsitzende nur knapp entkommen.

Hildegard
Eine Omi anderen Kalibers

Hildegards Alltag hatte sich seit Jahren beruhigt, es gab nicht mehr viel Lärm und Wirbel in den eigenen vier Wänden, es sei denn, die heiß geliebten Enkelkinder waren zu Besuch. Hildegards Mann Erwin war schon vor Jahren gestorben. Er war ein leidenschaftlicher Polizist gewesen und hatte sich Zeit seines Lebens für Recht und Ordnung eingesetzt. Für höhere Weihen im Polizeidienst hatte es aber nie gereicht, weil er sich um politische Gruppierungen innerhalb der Personalvertretung, geschweige denn um Parteien, niemals gekümmert hatte, diversen Veranstaltungen schon aus Prinzip aus dem Weg gegangen war. Aber den Kontakt zur Bevölkerung hatte er durchaus gesucht. Auf diese Weise gelangte er oftmals zu wertvollen Informationen. Daher konnte etwa eine langjährig gesuchte Einbrecherbande vor Erwins Pensionierung endlich dingfest gemacht werden, die im Norden der Stadt ihr Unwesen getrieben hatte, aber immer den Fahndern knapp durch die Finger geschlüpft war. Kannte man Erwin an seiner Dienststelle eher als ruhigen und introvertierten Kollegen und Zeitgenossen, berichtete er hingegen seiner geliebten Frau Hildegard zu Hause immer alles Dienstliche ausführlich und in präzisen Einzelheiten. Sie hatte seine Berichte und regelrechten „Polizeireporte" genossen und wusste gut Bescheid über polizeiliche Ermittlungsarbeit, der Erwin aus Leidenschaft und vor allem der Gerechtigkeit wegen nachgegangen war.

Das Telefon klingelte.

„Ja, hallo?"

„Hallo Oma, ich bin es!"

„Alexander?"

„Ja, ich bin es. Wie geht es dir?"

„Danke, eh gut. Ich kann dich ganz schlecht verstehen. Deine Stimme klingt auch so fremd!"

„Wir haben hier einen ganz schlechten Empfang."

„Ach so. Deine Nummer habe ich auch nicht gesehen!", antwortete Hildegard vorwurfsvoll.

„Wie?"

„Deine Nummer war nicht auf meinem Display, mein Schatz."

„Macht nichts. Wir sind ja unterwegs, weißt eh!"

„Nein, ich weiß nichts."

„Wir sind ja weggefahren, Mama hat dir sicherlich davon erzählt."

„Nein, nicht dass ich wüsste!"

„Dann hast du das schon wieder vergessen, Oma."

„Ja, mag schon sein. Du weißt doch, dass ich oft etwas vergesse."

„Macht nichts Oma, du hast ja uns!"

„Ja, Gott sei Dank!", antwortete Hildegard und blickte hilfesuchend auf ihr Telefon.

Dieses hielt sie auch in ihrer rechten Hand, als sie den Verhandlungssaal betrat. Wenngleich sie zuvor in ihrem Leben noch niemals in einem solchen gewesen war, steuerte sie schnurstracks auf den Sessel vor der Richterbank zu, nahm dort Platz und deponierte ihr Handy vor sich auf dem kleinen Tischchen.

„Grüß Gott, Herr Rat, mein Telefon ist lautlos geschaltet", berichtete sie dem Richter, noch bevor dieser etwas sagen konnte.

„Passt schon, danke!", meinte dieser.

„Man muss ja heutzutage immer erreichbar sein. Es kann auch etwas geschehen und dann ist es gut, wenn man jemanden erreichen kann. Also ich bin schon froh, dass ich das Telefon habe. Meine Tochter hat mir dieses gegeben und mir auch gleich alles ganz genau erklärt", setzte Hildegard fort.

„Wem sagen Sie das!", meinte der Staatsanwalt.

„Es geschehen heutzutage Dinge, die sich die meisten ja gar nicht vorstellen können, Herr Staatsanwalt!", meinte Hildegard, nachdem sie sich ihm zugewandt hatte.

„Wem sagen Sie das!", wiederholte sich der Staatsanwalt.

„Na Ihnen, aber Sie wissen das wohl!", ergänzte die Zeugin, wobei ihre Worte aufhorchen ließen, das roch nach mehr und bestätigte sich umgehend. „Wobei es nicht immer so ist, dass die Herren und Damen Staatsanwälte alles wissen oder verstehen."

Hildegards Worte klangen jetzt sehr vorwurfsvoll.

„Ach so?", meinte ein etwas irritierter Anklagevertreter.

„Also mein Erwin hat mir schon oft berichtet, dass die Herren und Damen Staatsanwälte nicht immer wissen, was Sache ist. Er hat zwar gemeint, dass er sich da nicht einmischen darf und er ja nur ein kleiner erhebender Beamter ist, aber gelegentlich seien die Herren und Damen …"

„Ja, haben wir schon gehört!", unterbrach ein zunehmend gereizter Vertreter der Anklagebehörde.

„Ich muss das sagen!", ließ sich Hildegard nicht unterbrechen.

„Meinem Erwin hat einmal ein Staatsanwalt gesagt, er soll den Distriktsarzt anrufen, dabei gibt's den schon seit bald mehr als zehn Jahren nicht mehr. Also, alles wisst ihr auch nicht, Herr Staatsanwalt!"

„Da haben Sie recht!", bestätigte der Richter und setzte gleich fort: „Alles wissen wir nicht und können das auch gar nicht, aber deshalb fragen wir, um alles zu erfahren!"

„Ja, bitte, fragen Sie mich!", meinte Hildegard und beruhigte sich in dieser Sekunde.

„Ich werde Ihnen nicht extra erklären müssen, dass Sie als Zeugin zur Wahrheit verpflichtet sind?"

„Ich bitte Sie, das weiß ich. Was gäbe es denn da auch zu lügen?", Hildegards Worte klangen wieder etwas vorwurfsvoll.

„Na dann erzählen Sie uns bitte einmal die Geschichte. Ihre Geschichte!", meinte der Richter.

Hildegard atmete tief durch.

„Eigentlich ist es ja gar keine Geschichte, sondern ein Sachverhalt, den ich wahrgenommen und erlebt habe. Und Sie werden ihn dann beurteilen. So hat es mein Erwin mir immer erklärt!"

„Stimmt!", meinte wohlwollend das Gericht.

„Also, wie ich schon sagte. So ein Mobiltelefon ist ja eine segensreiche Erfindung. Meine Kinder haben eines und natürlich auch meine Enkelkinder, also die älteren, die kleinen klarerweise noch nicht. Da läutete es bei mir und mein Enkel Alexander meldete sich. Aber in Wirklichkeit war das nicht der Alex. Die Stimme war etwas anders. Er erzählte mir was von einer Reise meiner Tochter und dass es dabei ein Problem gegeben hätte. Und dann übergibt der Alex an einen anderen Herren, der mir sagte, dass meine Tochter einen Unfall gehabt hätte und in Haft sei. Ich könnte ihr helfen. 5.000 Euro Kaution. Im ersten Moment habe ich mich richtig erschrocken, aber dann ist mir das spanisch vorgekommen."

„Sie haben also daran gezweifelt?"

„Am Anfang war ich mir nicht sicher, da habe ich noch geglaubt, dass es doch der Alexander sein könnte. Aber als der andere dann das Geld wollte, war ich mir ziemlich sicher, dass das eine Linke ist, Sie verstehen? Noch dazu, wo ich an dem Display meines Handys keine Nummer sehen konnte. Warum sollte mein Enkel seine Nummer unterdrücken?"

„Und dann haben Sie sich darauf eingelassen?"

„Ja. Man hört ja immer wieder von solchen Betrügereien. Mein verstorbener Erwin hat mir davon andauernd erzählt, auch davon, dass sehr viele Menschen aus reiner Hilfsbereitschaft da reinfallen."

„Sie haben die Polizei verständigt?"

„Ja, das war aber gar nicht so leicht. Telefonisch ist das gar nicht gscheit gegangen. Ich bin dann zu dem Posten, heute heißt es ja Inspektion – auch nicht mehr Wachzimmer, hingefahren, wo mein verstorbener Mann seinerzeit gearbeitet hat. Da kenne ich noch einige seiner ehemaligen Kollegen und die – Gott sei Dank – auch mich. Der Inspektor, Entschuldigung, Abteilungsinspektor Emmerich hat sich dann um mich gekümmert. Der hat aber auch ganz schön geschaut, als ich ihm sagte, dass ich mich gleich mit einem Gauner treffen würde."

„Sie waren aber ganz schön cool!", meinte der Richter, was Hildegard als großes Lob empfand, in Jugendsprache dazu.

„Meine Enkel sagen das auch: *cool*. Oma, du bist eine coole Oma!", das Leuchten in den Augen der Zeugin war deutlich wahrzunehmen.

„Aber auch nicht ganz ungefährlich", ergänzte der Staatsanwalt.

„Das ganze Leben ist gefährlich, Herr Staatsanwalt! Das hat mir mein Erwin schon immer gesagt. Soll ich mich deshalb zu Tode fürchten?", erklärte Hildegard selbstbewusst, um nachzulegen: „Was hätte denn schon passieren sollen, die Polizei war mit dabei, obwohl ich sie gar nicht gesehen habe."

„Aber Sie haben dem anderen die 5.000 Euro in die Hand gedrückt!", ergänzte der Richter.

„Ja. Ich war zuvor bei der Bank Geld abheben und habe es dem Kerl dann im Stadtpark übergeben. Ich habe ihn noch an der Schulter erwischt und zu ihm gesagt: *Heda, Bestätigung unterschreiben,*

sonst kriegst kein Geld. Den Zettel hab' ich noch. Mein Gott, den habe ich komplett vergessen und auch nicht der Polizei gezeigt!"

Hildegard kramte in ihrer Handtasche. Nach einigen endlos wirkenden Tiefengrabungen hatte sie endlich ihre Geldbörse gefunden, öffnete diese und hielt triumphierend einen weißen, zusammengefalteten Zettel in der Hand.

„Man findet nix in diesen blöden Taschen!", schimpfte sie vor sich hin, „Deshalb habe ich das Telefon auch immer griffbereit heraußen."

Hildegard übergab das Papier dem Richter, der laut vorlas: „5.000 Euro als Kaution für Evelyne Windisch übernommen. Graz, am 24. März 2019, gezeichnet: Alexander Meier."

„Das habe ich geschrieben und er hat es mir unterschrieben. Der Name war nicht sehr einfallsreich. Außerdem hatte er immer eine ganz dunkle Sonnenbrille auf, obwohl es gar nicht sonnig war."

„Wenn Sie sich bitte umdrehen, Frau Zeugin, ist einer auf der Anklagebank dieser Herr Alexander Meier?", wollte das Gericht abschließend wissen.

„Ja, der ganz links neben dem Justizwachebeamten, das ist er!", bestätigte sofort die Zeugin, „Beim Unterschreiben des Wischs hatte er kurz die Sonnenbrille abgenommen!"

„Und den zweiten Angeklagten?"

„Kenne ich nicht, nie gesehen!"

„Was sagen Sie zur Aussage der Zeugin, Herr Zweitangeklagter?", wollte das Gericht wissen.

„Was soll ich dazu schon sagen, die Zeugin kennt mich nicht!", entgegnete dieser sofort.

Hildegard drehte sich nach diesem Satz nochmals um.

„Herr Rat, diese Stimme kenne ich. Das war dieser Alex, der mich angerufen hat und sich als mein Enkelsohn ausgegeben hat, da bin ich mir absolut sicher!"

„Und daher macht es auch Sinn, dass Sie, Herr Zweitangeklagter, im Wagen des Erstangeklagten gewartet haben, als dieser das Geld bei der Zeugin holte", resümierte das Gericht.

„Womit wir wieder einmal alles wissen!", ergänzte süffisant der Staatsanwalt.

Mit dem Freispruch für den „völlig zu Unrecht verhafteten" Zweitangeklagten wurde es somit nichts.

Roswitha
Wenn es kompliziert wird.

Roswitha freute sich auf das bevorstehende Wochenende. Endlich war es 16 Uhr und sie konnte ihr Büro in der Innenstadt verlassen. Wie auch in den letzten Wochen dieses wunderbaren Herbstes wollte sie gemeinsam mit ihrem Mann Kurt Samstag und Sonntag im Süden der Steiermark verbringen, wo die beiden in den Weinbergen der steirischen Toskana vor Jahren ein entzückendes Kellerstöckl samt dazugehörendem kleinen Winzerhaus erworben und nach und nach ausgebaut hatten. Mittlerweile war es ein regelrechtes Schmuckkästchen geworden. Kurt war schon tags zuvor angereist, um alles zu putzen und vorzubereiten, er machte dies gerne. Es war für ihn eine willkommene Aufgabe, die sich von den Tätigkeiten im Grazer Alltag deutlich unterschied. Alleine das Holzhacken, Einheizen und Rasenmähen unterstützten sein Bestreben, sportlich und vor allem beweglich zu bleiben, war er doch – im Gegensatz zu seiner Ehegattin – schon geraume Zeit im wohlverdienten Ruhestand. Gewöhnlich luden sich die beiden dann auch liebe Freunde oder Bekannte ein, um gemeinsame Stunden bei gutem Essen und einem gemütlichen Glas Wein zu verbringen. Kurt, als begeisterter Hobbykoch, war zumeist für das kredenzte Menü zuständig, Roswithas Aufgabe war, die notwendigen Besorgungen dafür zu tätigen. Sie hatte es sich bereits zur Gewohnheit gemacht, freitagnachmittags auf dem Weg vom Büro ins Wochenenddomizil in der letztgrößeren

Ortschaft alle Lebensmittel in einem Supermarkt zu besorgen, wo es auch einen Parkplatz ohne Zeitbegrenzung gab, um bei der Produktauswahl ausgiebig schmökern zu können. Sie schätzte dies mittlerweile sehr, entdeckte immer wieder Neues und Interessantes und daher war es auch kein Wunder, dass sie dafür beinahe eine gute Stunde vor Ort verbrachte. Die VerkäuferInnen der zahlreichen Läden kannten mittlerweile auch ihre Stammkundschaft, man unterhielt sich und trank sogar schon mal eine Tasse Kaffee gemeinsam, um sozusagen genussvoll ins Wochenende hinüberzukommen. Eben steirische Gemütlichkeit und Gastlichkeit, wofür dieser Teil des grünen Bundeslandes durchaus bekannt war und geschätzt wurde.

Heute war es aber etwas anders, als die Wochen zuvor. Roswitha parkte ihren heiß geliebten Flitzer wie immer unter der alten Trauerweide am Parkplatz und machte sich schnurstracks auf den Weg zum Fleischhauer, um die bestellten Koteletts und Würste abzuholen. Rasch war das erledigt und sie kehrte zu ihrem Fahrzeug zurück. Es war eine besonders anstrengende Arbeitswoche gewesen, sodass sie eigentlich froh war, dass Kurt tags zuvor schon alles andere besorgt hatte. Keine fünfzehn Minuten später stellte sie ihren Wagen vor der Garage ihres Wochenendhauses ab.

Der Samstag zeigte sich von seiner besten Seite, die Sonne hatte schon seit dem Morgen ihre Strahlen auf das herbstliche Laub geschickt, das in den herrlichsten Farben leuchtete, jedoch auch den nahenden Winter ankündigte. Bald würden sämtliche Blätter loslassen und den Boden bedecken. Aber sogar um die Gartenarbeit hatte sich Kurt gekümmert: altes Laub war schon auf dem Komposthaufen verfrachtet worden, als bereits die ersten Gäste eintrafen. Sie stellten ihre Fahrzeuge am Zufahrts-

streifen zur Garage ab und wurden sogleich mit einem Begrü-
ßungsschluck willkommen geheißen.

„Ihr habt da schon ein schönes Platzerl, die Lage ist eigentlich ein Wahnsinn", meinte Helmut, der schon zum zweiten Mal
die Gastfreundschaft in Anspruch nehmen durfte und seiner
Begeisterung Ausdruck verleihen wollte, die auch von den weiteren Gästen uneingeschränkt geteilt wurde. „Die Sonne hat
noch eine anständige Kraft, ich hole mir meine Sonnenbrille
aus dem Auto!", meinte er zu seiner Gattin, die ihn auch gleich
bat, die ihre ebenfalls mitzubringen.

Mittlerweile waren auch die letzten Gäste angekommen,
die Gesellschaft setzte sich auf die Terrasse, im Schatten der
Bäume, wo schon fürs Mittagessen gedeckt worden war. Kleinere Gastgeschenke wurden gereicht, man machte sich gegen-
seitig bekannt, da sich noch nicht alle Gäste untereinander
kannten. Gesellige Stunden: Kurt hatte sich bei der Kocherei
wieder einmal selbst übertroffen und Roswitha servierte ihre
selbstgemachte Mehlspeise, auf die sich alle mit Begeisterung
stürzten.

„Ausgezeichnet und so gesund!", lobte Alexander, der ein
Mehlspeisfanatiker war und schon aus diesem Grund hier
immer wieder gerne auftauchte, obwohl er auch sonst beruflich
sehr viel unterwegs war und viel Zeit im Auto verbrachte.

„Was machen die Geschäfte?", fragte Toni, der einen metall-
verarbeitenden Betrieb sein Eigen nannte.

„Danke der Nachfrage, wir expandieren aktuell nach Slowenien, der Markt ist ausbaufähig, ich bin dort in letzter Zeit
viel unterwegs, außerdem haben wir jetzt eine kleine Filiale in
Laibach", erklärte Alexander.

„Die kleine Filiale kenne ich schon. Das wird ein Riesenbüro
mit allem Drum und Dran sein", lachte Renate und blickte zu
Alexander.

„Also wirklich klein ist sie nicht, aber auch nicht riesengroß."

„Und jetzt hast du auch schon ein slowenisches Dienstauto!", ergänzte Helmut.

„Ich? Nein!", antwortete Alexander.

„Aber du fährst doch noch deinen Golf?"

„Nein, ich habe ihn vor Kurzem gegen einen Passat getauscht."

„Wem gehört dann der Golf mit der slowenischen Kennzeichentafel?", fragte Helmut.

„Welcher Golf?"

„Der vor der Garage steht?"

„Das ist doch der von Roswitha!", antwortete jetzt Renate, die zugehört hatte.

„Das ist Roswithas Golf, der vor der Garage steht. Sie ist sehr zufrieden und fährt wirklich gerne mit dem Wagen", ergänzte Kurt, der gerade eine Flasche Wein geholt und sich wieder zur Runde gesellt hatte.

„Seit wann hat Roswitha denn slowenische Kennzeichen?", fragte nun nochmals Helmut und blickte Kurt an.

„Was? Wie kommst du darauf? Wir haben beide ein Grazer Kennzeichen, später vielleicht, wenn wir fix hierherziehen, melden wir uns vielleicht um", ergänzte Kurt.

„Also mir ist vorgekommen, dass auf dem Golf ein slowenisches Kennzeichen war, als ich mein Auto eingeparkt habe. Oder spinne ich schon total", meinte Helmut.

„Du siehst auch schon schlecht und Lesen ohne Brille geht auch nicht mehr richtig", mahnte Maria, die ihren Helmut kennen musste.

„Ich bin doch nicht deppert!", Helmuts Worte klangen vorwurfsvoll.

„Deppert bist sicher nicht, aber *schaßaugert* halt", stänkerte Toni und prostete ihm zu.

Helmut prostete zurück und nahm einen kräftigen Schluck aus dem Weinglas, dann erhob er sich und posaunte in die Runde. „Also ich geh' jetzt gleich nachschauen und dann werden wir ja sehen, ob ich nur deppert oder schaßaugert oder beides bin." Die Runde lachte auf.

„Ich komm mit", meinte auch Kurt lachend und folgte ihm.

„Was machen wir jetzt?", fragte Kurt und blickte Helmut an. Die beiden saßen in der Küche des kleinen Winzerhauses. Roswitha kam dazu.

„Gehts ihr nicht zu den anderen? Was ist denn los, dass ihr beide euch da so geheimnisvoll unterhaltet?"

„Roswitha", meinte Kurt und zog diese zu sich herunter, „wir müssen uns etwas überlegen und Helmut hätte einige Fragen an dich!"

„Ja? Worum geht's?", meinte diese und nahm neben Kurt Platz.

Der Verteidiger erhob sich nach dem Eröffnungsplädoyer des Staatsanwaltes und blickte zum Verhandlungsrichter.

„Herr Rat, auf eine Gegenausführung zum Strafantragsvortrag wird verzichtet, mein Mandant hat mir signalisiert, dass er im Zuge der Verhandlung eine Aussage machen will und nicht mehr schweigt, wie bei der Polizei. Mehr kann ich zum jetzigen Zeitpunkt leider nicht sagen."

Der Richter blickte den Angeklagten fragend an.

„Also? Sie sind am Wort!"

Die Dolmetscherin übersetzte alles in die Muttersprache des Angeklagten, der sodann aber auf Deutsch antwortete.

„Ich haben gestohlen diese Nummerntafel bei diesem Auto. Richtig."

„Sie fühlen sich also im Sinne des Strafantrages schuldig?", fragte das Gericht nach.

„Ja!"

„Herr Rat, mein Mandant wird das mit der rechtlichen Beurteilung des Deliktes ja gar nicht verstehen. Ich konnte mit ihm darüber gar nicht sprechen, weil er das nicht wollte. Er hat es abgelehnt, mit mir darüber zu sprechen und ich bin kein Zauberer, wie Sie einmal sagten, sondern Rechtsanwalt. Ich sage es so, wie es ist. Urkundenunterdrückung oder Kennzeichendiebstahl, von mir aus auch dauernde Sachentziehung oder was weiß ich, es ist ja fast egal, wie man das nennt – da streiten wir auch gar nicht darüber. Liebscher und Kienapfel, um zwei Große zu nennen, meinen das dazu; andere wieder etwas anderes, sind Kfz-Kennzeichentafeln jetzt Objekt des Diebstahles oder wegen des geringen Sachwertes auch Gegenstand einer Sachentziehung, weil mein Mandant ohne Zueignungs- und vor allem Bereicherungsvorsatz agiert hat, oder doch Urkunden? Er gibt das zu – und fertig. Er unterwirft sich auch der Meinung des Hohen Gerichtes, sei diese jetzt auf ZVR 1981 oder JBl mit der Nummer irgendwas oder auf vielleicht neueste Judikatur des OLG XY oder OGH begründet. Ich beantrage schon jetzt ein mildes Urteil und die Enthaftung meines Mandanten, es geht in Wirklichkeit um nichts, die Tafel wurde ja auch sichergestellt, ich verstehe gar nicht, warum mein Mandant überhaupt in Haft ist. Danke dafür, dass mit der Einlieferung des Angeklagten gleich Strafantrag erhoben und auch sofort die Hauptverhandlung angesetzt wurde", ergänzte der Verteidiger.

Der Richter blickte über seinen Brillenrand den Staatsanwalt an.

„Brauchen wir da noch die Zeugen?"

„Ich brauche keine!", meinte der Staatsanwalt.

„Ich verzichte ausdrücklich darauf", ergänzte der Verteidiger.

Der Richter blätterte im Akt.

„Mein Vertretungskollege hat die Verhandlung so kurzfristig ausgeschrieben und dazu auch zwei Zeugen geladen. Schauen wir einmal, ob die da sind."

So wurde die Zeugin Roswitha in den Verhandlungssaal gerufen, die ebenso wie Gruppeninspektor Zeiner vor dem Saal gewartet hatte.

„Frau Zeugin, sie werden wahrscheinlich keinen finanziellen Schaden bezüglich der Kennzeichentafel erlitten haben?"

„Oh doch, schon!", entgegnete Roswitha.

„Aber die Kennzeichentafel ist ja wieder zurückgekommen?", präzisierte der Richter seine Frage.

„Nein", antwortete die Zeugin.

Der Richter blätterte im Akt.

„Aber hier steht, dass die Kennzeichentafel sichergestellt werden konnte und auch an Sie retourniert wurde, Frau Zeugin!"

„Ja, eine Kennzeichentafel. Aber die zweite nicht!"

„Wie, die zweite nicht? Was für eine zweite Kennzeichentafel?"

„Die vordere Kennzeichentafel habe ich sofort wieder zurückbekommen, aber die hintere nicht", führte die Zeugin unmissverständlich aus.

„Aber von der hinteren Kennzeichentafel steht da nichts im Akt."

„Die ist ja auch nicht gestohlen worden an diesem Tag!", erklärte die Zeugin.

„Ja genau, sehen Sie. Warum hätte man sie Ihnen dann zurückgeben sollen?"

„Weil sie weg war", versuchte die Zeugin zu erklären.

„Wie weg?", meinte der Richter, „die wurde ja nicht gestohlen oder unterdrückt, haben Sie sie verloren?"

„Nein, die wurde ja auch gestohlen", versuchte die Zeugin zu erklären.

„Das verstehe ich nicht", gab der Richter unumwunden zu und blätterte wieder im Akt.

Die Zeugin blickte den Richter fragend an. Nach einer gefühlten Ewigkeit wandte sich der Richter wieder der Zeugin zu.

„Erzählen Sie mir, was da los war. In dem Akt fehlt offenbar eine Ordnungsnummer, dann gibt es ein Verweisungsblatt, ich werde aus dem nicht schlau!", erklärte der Richter nunmehr der Zeugin.

„Also mein guter Bekannter hat schon gesagt, dass das alles nicht so leicht sein wird", begann Roswitha und zog sich damit offenbar den Unwillen des Staatsanwaltes zu, der zu ihr sagte: „Frau Zeugin, uns interessiert nicht Ihr Bekannter, sondern der Vorfall mit der Nummerntafel! Aber von mir aus brauchen Sie gar nichts erzählen, weil ich sowieso auf Sie schon verzichtet habe."

„Aber wenn die Zeugin schon da ist, dann kann Sie uns das auch gleich alles erzählen", erkannte das Gericht.

„Also ich brauche die Zeugin nicht, habe darauf ja auch schon verzichtet", ergänzte nunmehr auch der Verteidiger.

„Frau Zeugin", meinte der Richter freundlich, „erzählen Sie mir von der Nummerntafel!"

„Aber genau das will ich ja erklären. So war es auch schon bei der Polizei. Das hat auch einiges an Überzeugungsarbeit erfordert, wie mein Bekannter schon gesagt hat. Der hat von Anfang an recht gehabt."

„Bitte kommen Sie zur Nummerntafel!"

„Ja. Also. Wir haben ein Haus in der Südsteiermark …"

„Aber das hat ja mit der Nummerntafel nichts zu tun", unterbrach der Staatsanwalt sofort wieder die Zeugin.

„Lassen wir Sie bitte einmal ausreden, wir werden dann ja sehen, was wichtig ist", lenkte der Richter ein.

„Darf ich?" Roswitha blickte den Richter fragend an.

„Ja bitte, wenn Sie fortsetzen!"

„Also, wir haben – wie gesagt – ein Haus in der Südsteiermark und jetzt wird es spannend. Wir fahren dort seit einem guten halben Jahr immer hin."

„Was soll daran spannend sein", warf nunmehr der Verteidiger ein.

„Bitte! Lassen wir die Zeugin erzählen!", monierte der Richter.

„Mein Mann Kurt fährt am Donnerstagnachmittag und ich freitags."

„Und was soll daran so spannend sein", ergänzte nunmehr ein Staatsanwalt, der wahrscheinlich schon lieber bei einem Kaffee im Sozialraum gesessen wäre, als im Verhandlungssaal.

„Das ist es ja eben. Ich fahre immer zur gleichen Zeit. Ich verlasse mein Büro freitags um 16 Uhr und fahre dann über die Autobahn Richtung Süden und bin gegen 17 Uhr am Parkplatz vor dem Einkaufszentrum und dem Markt, wo ich dann einkaufen gehe. Mir war das gar nicht bewusst, aber mein Bekannter hat mich sofort darauf gebracht, als ich ihm alles erzählt habe."

„Was hat das alles mit dem Kennzeichentaferl zu tun?"

„Weil ich dort immer ziemlich genau eine Stunde lang einkaufe, steht natürlich auch mein Auto diese Zeit über am Parkplatz. Und eines Tages war dann mein Kennzeichentaferl verschwunden."

„Frau Zeugin, könnten Sie bitte auf den Punkt kommen. Wir wissen ja eh, dass Ihr Kennzeichentaferl da gestohlen bzw. unterschlagen, was sage ich, unterdrückt wurde!", versuchte der Richter die Aussage etwas zu beschleunigen.

„Herr Rat, so sagt man, oder? Ja. Herr Rat, mein Bekannter hat mir gesagt, ich muss das so ausführlich erklären, weil es sonst nichts wird. Also, ich bin da die Woche zuvor an diesem Freitag einkaufen und benötigte aber nichtwie sonst eine

Stunde, sondern nur zwei oder drei Minuten, weil ich lediglich das vorbestellte Fleisch und die Würsteln abgeholt habe, sonst nichts. Der Kurtl hatte zuvor schon alles besorgt. Dann bin ich nach Hause gekommen und habe auch nichts gemerkt. Auch nicht am nächsten Tag, da hatten wir aber Freunde und Bekannte eingeladen und einer von ihnen hat es dann bemerkt, eben mein guter Bekannter, wobei es aber ein Zufall war, wie er selbst sagte. Wenn wir alle anders gestanden wären …"

„Wie bitte?"

„Also, wenn nicht der Kurt, sondern ich in der Garage gestanden wäre, dann hätte dies auch niemand bemerkt."

„Was denn, bitte schön?"

„Das mit der Nummerntafel!"

„Was?"

„Die war weg!"

„Ich bitte Sie, dass wissen wir doch!" Auch der Staatsanwalt gab wieder ein Lebenszeichen von sich.

„Das wissen Sie? Und warum fragen Sie mich dann?", wandte sich Roswitha nunmehr etwas brüskiert zum Staatsanwalt.

„Ich brauch' Sie gar nichts fragen, ich habe auf Sie verzichtet", erklärte der Ankläger leicht gereizt.

„Dann brauche ich eh nichts mehr zu sagen", eine gewisse Resignation, um nicht zu sagen Frustration, war nun bei der Zeugin fühlbar.

„Jetzt erzählen'S doch weiter, wenn wir schon so weit sind", die Worte des Richters klangen versöhnlich.

„Die Nummerntafel vorne war da."

„Bitte?"

„Ja, vorne war sie, wo sie hingehört, aber hinten hat sie gefehlt."

„Und was ist das Besondere jetzt an diesem Umstand? Das wissen wir ja schon!"

„Die Tafel hinten war weg, dafür war aber eine andere da."

„Bitte?"

„Eine andere war montiert."

„Noch einmal!"

„Auf der Rückseite meines Wagens fehlte meine Nummern-tafel, dafür war eine andere montiert, eine Tafel mit Laibacher Kennzeichen, ein slowenisches Kennzeichen."

„Bitte? Das habe ich nicht gelesen", konstatierte der Richter.

„Ich habe dies ganz ausführlich mit meinem Bekannten besprochen, nachdem dies zufällig entdeckt worden war und er mir erklärte, dass er davon überzeugt wäre, dass mein Fahrzeug für einen Diebstahl vorbereitet worden sei, noch dazu, wo es sich um einen Volkswagen Golf handle. Der sei sehr beliebt und die Software leicht zu hacken."

„Wie Diebstahl?"

„Er meinte, ich wäre sicherlich schon längere Zeit beobachtet worden, weil ich regelmäßig immer am selben Ort war. Mir fiel erst durch seinen Hinweis auf, dass ich tatsächlich jedes Mal am selben Wochentag wirklich beinahe eine Stunde im Markt und im Einkaufszentrum bin. Außerdem fragte mich mein Bekann-ter, ob ich das Fahrzeug mit einer Fernbedienung absperren würde und diese über weitere Strecken, also zehn bis fünfzig Meter vom Fahrzeug entfernt, auslöse bzw. betätige. Da ich dies bejahte, meinte er, dass dann sicherlich mein Signal gescannt worden sei, wodurch der Mechanismus und Code kopiert und die Alarmanlage deaktiviert werden könnten."

„Und dann?"

„Wir haben das besprochen und über sein Anraten habe ich das der Polizei angezeigt. Zunächst war das so ähnlich wie hier, ich hätte eine Kennzeichenverlustmeldung machen sollen, sonst wollten die gar nichts machen. Das hat gedauert, bis dann jemand von der Polizei sich die Zeit nahm, mir genauer zuzuhören und sich

später, also die Woche danach, am Parkplatz auf die Lauer legte, als ich freitags dort wieder zu selben Zeit parkte. Wenn ich nicht die Grüße von meinem Bekannten ausgerichtet gehabt hätte, wäre da meiner bescheidenen Meinung nach nichts geschehen. Das hat mir mein Bekannter aber auch schon zuvor so erklärt."

„Der muss dann vom Fach sein, oder?"

„Ja, der ist vom Fach, der kennt sich wirklich aus. Der ist auch ein Herr Rat, Herr Rat!"

Wie in einer Synchronschaltung blickten plötzlich auch Verteidiger und Staatsanwalt die Zeugin an.

„Wie war das dann genau an diesem Freitag?", wollte der eine Herr Rat dann weiter wissen.

„Ich ging wieder in das Einkaufszentrum und sollte dort eine Stunde warten."

„Der Angeklagte kam wann ins Spiel?"

„Der wollte das Kennzeichen vorne stehlen und wurde verhaftet, so berichtete es mir die Polizei. Die hat mich schon nach 30 Minuten aus dem Einkaufsmarkt geholt und mir zur Anzeige beinahe gratuliert. Die hat das offenbar selbst nicht geglaubt, dass der Fisch da anbeißt."

„Das war am 25. Oktober, steht zumindest im Akt!?"

„Genau, am Tag vor dem Nationalfeiertag. Da wurde versucht, das Kennzeichen vorne zu stehlen!"

„Woher wissen Sie, dass das Auto gestohlen werden hätte sollen?"

„Das hat mir zunächst mein Bekannter ausführlich erklärt, die Polizei hat das zunächst auch nicht für möglich gehalten und nicht geglaubt. Aber es war genau so, der Polizist hat es mir letztlich auch bestätigt."

„Welcher Polizist?"

„Der vor dem Verhandlungssaal wartet. Der hat auch ein ganzes Aktenkonvolut mit, das er Ihnen zeigen will. Nach

dem Auto des Kennzeichentafeldiebes haben sie lange suchen müssen, aber mittlerweile haben sie es gefunden. Darin waren auch so ein Scanner und alles mögliche, auch weitere Nummerntafeln. Der Dieb soll zu einer internationalen Autoschieberbande gehören. Der Polizist erklärte mir, dass sie da jetzt in ein Wespennest gestochen hätten."

Alle blickten auf die Zeugin. Wirkte der Angeklagte zu Beginn der Zeugenaussage noch irgendwie teilnahmslos, hörte er währenddessen immer aufmerksamer zu und dürfte schon vor der Übersetzung durch die Dolmetscherin alles verstanden haben, weil er gelegentlich verneinend den Kopf schüttelte. Nach den letzten Sätzen der Zeugin hatte er seinen Kopf zwischen den Armen, seinen Blick auf den alten Holzboden des Saales 162 geheftet, in dem ein Prozess wieder einmal etwas länger andauerte, als ursprünglich geplant gewesen war.

Da der nächste Zeuge, auf den man beinahe ebenfalls verzichtet hätte, mit umfangreichen Erhebungsergebnissen alles belegen und somit hieb- und stichfest machen konnte, erfuhr der ursprüngliche Strafantrag eine umfassende Abänderung, der erst Wochen später finalisiert werden konnte.

Es wurde auch nichts aus der beantragten milden, bedingt nachgesehenen Freiheitsstrafe und Enthaftung.

Einen sogenannten Qualifikationsfreispruch gibt es übrigens nicht, Kennzeichentaferl(n) hin oder her.

Franz und Anna
Auf der Suche nach Konsens.

Der Gerichtsvorsteher hatte die heutigen Verhandlungsakten von Martin, seinem zuständigen Beamten erhalten und eilte ins Erdgeschoss, wo sich der Verhandlungssaal gleich neben dem Eingang des altehrwürdigen Bezirksgerichtes befand. Das gesamte Haus war erst vor Kurzem einer Generalsanierung unterworfen worden.

Als der Richter im Saal Platz genommen hatte, musste er die zivilgerichtliche Rechtssache erst gar nicht aufrufen, zumal sich die Verhandlungssaaltüre schon vorher öffnete, ein älterer Mann hereinlugte und den Anwesenden fragte:

„Bin ich da richtig?"

„Herr Franz?"

„Ja!"

„Dann sind Sie richtig. Kommen Sie bitte herein und nehmen Sie Platz!"

Der Mann betrat vorsichtig den Raum und blickte sich zaghaft um.

„Sie sind der Richter?"

„Ja!"

„Sie sind aber sehr jung, wenn ich das so sagen darf!"

„Ich bin ja auch noch nicht so lange hier. Ist Ihre Gattin auch mitgekommen?"

„Ja. Anna, komm rein!"

Seine Stimme hallte laut und deutlich durch den Saal und

wurde auch im Vorraum gehört, sodass Sekunden später seine Frau Anna erschien. Auch sie war, wie der Rufende selbst, reich an Lebensjahren. Gemeinsam hatten sie sicher mehr als eineinhalb Jahrhunderte bereits erfolgreich (weil gesund) auf den leicht gekrümmten Rücken. Was brachte die beiden jetzt vor das Bezirksgericht?

„Ich möchte sagen, Herr Richter", begann sofort ungefragt Herr Franz, „dass alles außer einem Freispruch ziemlich ungerecht wäre!"

Ein klares Statement, doch scheinbar mangelte es dem Mann an Wissen. Er wurde umgehend aufgeklärt.

„Herr Franz", begann der Richter, „das ist heute hier kein Strafverfahren, nur in dem gibt es einen Freispruch. Das ist heute ein Zivilprozess. Da gibt es so etwas nicht. Sie sind der Beklagte und Ihre Frau, die Frau Anna, ist die Klägerin. Sie will ja was von Ihnen, nur deshalb treffen wir uns alle heute hier!"

„Ach so. Da fällt mir ein, das hat mir mein Bekannter auch gesagt. Der ist Rechtsanwalt. Glaube ich. Oder arbeitet bei einem und wird einmal einer, wenn er seine Prüfungen gemacht hat. Der ist aber schon viel älter als Sie", antwortete Franz und wollte sich auf einen Sessel im Zuschauerraum setzen.

„Sie müssen da nach vorne zu mir. Von mir aus gesehen auf die linke Seite kommen, dort dürfen Sie sich hinsetzen!", erklärte der Richter.

Franz kam dieser Aufforderung brav nach und setzte sich auf die (zivilrechtliche) Beklagten- (und strafgerichtliche Verteidiger-)Seite, Anna nahm auf der vom Richter rechts gesehenen (zivilrechtlichen) Kläger- (und strafgerichtlichen Ankläger-) Seite Platz. Nachdem auch die Identitäten der beiden nunmehr anwesenden und auf den richtigen Plätzen gelandeten „Parteien" mittels Ausweiskontrolle abgeschlossen war – was zumeist in der Praxis nicht selten übergangen wird und durch-

aus zu unvorstellbaren Fehlern und Missverständnissen führen kann (belegt durch die über vierzigjährige Berufserfahrung des Autors), begann das Prozedere der Verhandlung, wobei seitens des Gerichtes und im Sinne der Zivilprozessordnung zunächst durch Ab- und Aufklärung, Intervention und Information versucht wird, allenfalls eine Lösung des Problems ohne Notwendigkeit eines wirklichen Prozesses mit Beweisbeschluss und folgender Beweisaufnahme zweckdienlicherseits herbeizuführen. Diese (im Fachjargon) Manuduktionspflicht hat das Gericht – gesetzlich angeordnet – vorzunehmen, insbesondere und vor allem auch dann umso umfassender und intensiver, wenn die Parteien über keinen Rechtsbeistand verfügen. Diese Belehrungen und Informationen haben somit überhaupt nichts mit der sogenannten „negativen Vergleichsmeierei" zu tun, die gelegentlich Gerichten unterstellt wird, wonach Akten mit raschen Vergleichen der Verfahrensparteien beendet werden wollen.

„Frau Klägerin, zu Ihrem Klagebegehren. Gibt es gar keine Möglichkeit zu einer einvernehmlichen Regelung? Sie klagen immerhin Ihren Ehegatten!", versuchte der Gerichtsvorsteher eine Annäherung zwischen den Streitteilen.

„Da gibt's nichts. Er ist unmöglich", die Tonlage von Anna war deutlich erhöht.

„Wie – unmöglich?"

„Das ist nicht nur unmöglich, das ist Missbrauch", wetterte die Klägerin.

„Missbrauch?", hackte das Gericht nach.

„Ja, eindeutig. Sie wird missbraucht. Eigentlich jeden Tag!", bekräftigte neuerlich die Klägerin und blickte vorwurfsvoll auf die andere Seite zum Beklagten.

Die Rechtspraktikantin, die heute ihren Dienst beim Oberlandesgericht nach Absolvierung ihres Hochschulstu-

diums angetreten und dem Bezirksgericht zugeteilt worden war und beim Prozess als Auszubildende neben dem Richter saß, blickte diesen mit großen Augen an. Sie kannte natürlich nicht den Akt, weil sie erst Minuten zuvor beim Bezirksgericht infolge Verspätung der öffentlichen Verkehrsmittel eingetroffen war, sich nur noch kurz ihrem Ausbildungsrichter vorstellen konnte und dann schon mit diesem in den Verhandlungssaal gegangen war. Es war ihre Erstzuteilung im Zuge des sogenannten „Gerichtsjahres", das später dann auf einige wenige Monate gekürzt werden sollte, weil sich die Republik die diesbezüglichen Zahlungen für ein mehr als schäbiges und somit mickriges Einkommen für eine adäquate Ausbildung von JuristInnen verbunden mit Folgekosten nicht mehr leisten konnte oder wollte.

„Jeden Tag?", fragte ungläubig der Richter die Klägerin.

„Sicher, jeden Tag. Gelegentlich missbraucht er sie auch zweimal am Tag. Außerdem dauert es jedes Mal sehr lang und es wird immer länger. Ich muss Ihnen das wirklich sagen, mein Mann ist da ein echtes Ferkel. Wenn wir jetzt nicht da wären, würde ich sagen, er ist ein Schwein, eine richtige Sau. Mir graust wirklich vor ihm."

Anna blickte sodann nochmals auf die Beklagtenseite.

„Hast g'hört, mir graust vor dir!"

„Jaja, ich hab's verstanden, hast mir eh schon tausendmal gesagt", reagierte Franz beinahe teilnahmslos für das, was ihm da vorgeworfen wurde.

„Eine einvernehmliche Lösung ist da nicht möglich?"

Der Gerichtsvorsteher blickte nach links und dann nach rechts. Beide Parteien senkten ihre Köpfe. Die Rechtspraktikantin starrte mit großen Augen ihren Ausbildungsrichter an. Wie sollte es bei derartigen gravierenden Missbrauchsvorwürfen

überhaupt eine Art von einvernehmlicher Lösung geben? Sie verstand die Welt nicht mehr. Ihr begann es langsam beim Anblick des Beklagten zu grausen. Ja, es wurde ihr beinahe schlecht vor diesem eingeschätzt gut Siebzigjährigen, den seine Frau mit Missbrauchsvorwürfen bombardierte.

Plötzlich räusperte sich Anna.

„Also, wenn er sich jetzt benimmt und diesen Missbrauch abstellt, dann soll es mir recht sein. Aber ich komm als Erste dran, wenn ich fertig bin, also von vorne und auch von hinten, dann kann er von mir aus machen, was er will. Dann will ich auch davon gar nichts mehr wissen. Dann soll er seine Freude haben und tun und lassen, wie er es will."

„Und dann ist es kein Missbrauch mehr?", fragte der Richter vorsichtshalber nach.

„Nein, weil hinter mir die Sintflut", antwortete Anna beinahe wie aus der Pistole geschossen.

„Herr Beklagter, was meinen Sie dazu?" Das Gericht war auf die Sicht der Dinge durch den Angeklagten gespannt. Konnte man so einen Missbrauch hintanhalten?

„Also sie will als Erste?", grummelte der Beklagte.

„Ja, ich will die Erste sein, jeden Tag!", rief Anna und ihre Stimme war fordernd. Sie war noch nie bei Gericht gewesen und erstmals zitterten ihre Knie. Sie stützte sich mit einer Hand am Pult ab.

„Jeden Tag?", Franzens Worte klangen irgendwie zynisch. So hatte es zumindest den Eindruck. Für Unbeteiligte wahrscheinlich mehr, als für Aktenkundige.

„Und wenn du donnerstags zum Friseur gehst?", fragte Franz nach.

„Dann kannst du sie zuerst nehmen, von mir aus, aber du machst keine Schweinereien. Und wenn ich vom Friseur komm, bin ich dran. Aber unaufgeforderterweise und ohne Theater",

antwortete die Klägerin und es roch nach Kompromiss und nach möglicher Einigkeit.

„Aber ich zahl schließlich ja immer alles. Du kriegst alles gratis, du zahlst nichts!", wendete jetzt der Beklagte ein.

Sollte die zuvor so nahe Konsenslösung plötzlich doch wieder in weite Ferne rücken?

„Sie zahlen immer dafür?", fragte jetzt der Richter ergänzend den Beklagten.

„Ja freilich, ich zahl alles, schon seit … eh immer. Mein Bekannter, der Rechtsanwalt oder Fast-Rechtsanwalt, weil die Abschlussprüfung hat er ja noch nicht, hat mir gesagt, ich soll Ihnen, Herr Richter, das unbedingt sagen. Ich zahl immer dafür, was meine Frau einen Missbrauch nennt. Wenn ich dafür zahl, dann kann ich doch machen, was ich will, oder?

„Na ja", meinte der Richter und war sich ehrlicherweise für Sekundenbruchteile nicht absolut sicher, doch dann ergänzte er prompt: „also wenn Sie dafür zahlen, dann ist sie ja Ihre, auf jeden Fall, dann sind ja Sie auch der Vertragspartner. Und wenn sie Ihnen gehört, dann können Sie im Grunde genommen auch alles machen, was Sie wollen. Frau Klägerin, Sie zahlen nichts?", wandte sich der Richter wieder an die Klägerin.

„Nein, ich zahl nichts!", empörte sich Anna.

„Aber wenn Sie nichts zahlen, dann haben Sie aber auch nicht das Recht, als Erste dranzukommen. Sie kommen dran, wenn und wann der Beklagte es will. Missbrauch hin, Missbrauch her, egal wie Sie es nennen. Wie kommen Sie überhaupt auf diesen Begriff? Wissen Sie, was dies bedeutet?", wandte sich jetzt der Gerichtsvorsteher wieder an Anna.

Diese wirkte nach den letzten Sätzen nicht mehr so resolut wie zu Beginn des Gerichtstermins.

„Herr Richter, ich glaub Ihnen das ja. Aber er begeht einen Missbrauch nach dem anderen, ich sag es Ihnen. Das habe ich nicht

alles in diese Klage hineingeschrieben, zu der mich unser Bekannter bestärkt hat. Er hat eigentliches alles aufgeschrieben und gemacht. Er macht so Rechtsberatungen und riet mir unbedingt, meinen alten Deppen, Entschuldigung, meinen Franzl zu klagen. Weil es kein Aushalten mehr gab. Daher habe ich meinem Bekannten das auch gerne bezahlt, was er dafür verlangt hat."

„Du hast diesem Supergscheitling etwas bezahlt?", rief der Beklagte zu seiner Frau.

„Ja sicher, oder glaubst du, ich hätte diese Klage alleine machen können?", entrüstete sich Anna.

„Wieviel, ich will wissen, wieviel du diesem Deppen gezahlt hast?" Jetzt wurde Franz noch lauter.

„250 Euro", antwortete die Klägerin.

„Bist deppert, Anna? Da hättest schon längst ein eigenes Abonnement abschließen können, noch besser mit einer anderen", führte jetzt beinahe fassungslos der Beklagte aus, um noch eines draufzusetzen: „Dann hätten wir auch nach dem Gebrauch tauschen können! Nach dem Missbrauch, wie du sagst. Von mir aus hättest du dann deine auch missbrauchen können!"

„Sicherlich nicht", empörte sich Anna und ihr Blutdruck schien zu steigen, „dann krieg ich wieder deine missbrauchte, ich sag es jetzt: verstunkene Zeitung von der Häuslsitzerei. Ich lese keine Zeitung, die stundenlang am Scheißhäusl war!!! Sehens, Herr Richter, das ist der Missbrauch, den ich meine!"

Damit wussten nunmehr wohl alle Anwesenden definitiv Bescheid. Ein gewisses Aufatmen vernahm der Ausbildungsrichter bei seiner Rechtspraktikantin, die sich als Übernahmswerberin für den Richterberuf vormerken hatte lassen.

Studium und Ausbildungen, die ein gewisser Herr Giovanni niemals in Anspruch genommen hatte und deshalb als soge-

nannter „Winkelschreiber" in der Südsteiermark sein Unwesen trieb. Seiner Idee entstammte auch Annas Zivilrechtsklage, wonach sie die Feststellung begehrte, dass ihr das Recht auf erste uneingeschränkte Lesung und Betrachtung der Tageszeitung zustünde, zumal ihr Ehegatte diese in unzumutbarer Art und Weise beeinträchtige und dadurch eine Informationsaufnahme unzumutbar machen würde.

Schöne Worte für eine „Häuslgeschichte" im wahrsten Sinne des Wortes.

Anna und Franz versöhnten sich in dieser Tagsatzung bezüglich ihrer Tageszeitung.

Wer, wann und wo die Zeitung lesen darf, wurde außergerichtlich niedergeschrieben. Am Diensttisch des Gerichtsvorstehers bei einer Tasse Kaffee.

Service is our success.

Für das Gerichtsverfahren wurde „Ewiges Ruhen" vereinbart. Aus Kostengründen.

Giovanni wurde verwaltungsrechtlich das Handwerk gelegt.

In einem Schreiben an das Gericht beklagte er sich bitterlich, warum man ihm sein Kunsthandwerk verbiete.

Unter diesem Aspekt wird zumindest Rechtsprechung wohl eher selten gesehen.

Obwohl: Kunst kommt von Können. Und sein Handwerk sollte man verstehen, egal in welchem Job man seine Brötchen verdient.

„Es sind die Begegnungen mit Menschen, die das Leben so lebenswert machen."

(Guy de Maupassant)

Kevin
Aus dem Rhythmus.

Noch keine 16 Jahre alt, eigentlich dünn wie der sprichwörtliche Spargel, aber dennoch irgendwie drahtig und muskulös. Kein Gramm Fett zu viel. Durch und durch sportlich und trainiert. Das war Kevin, der in seinem jungen Leben noch keine einzige Zigarette geraucht und keinen Rausch gehabt hatte – weder mit Alkohol oder sonstigen Drogen. Mit seinen lockigen, blonden Haaren wirkte er wie der sprichwörtliche Sonnyboy, der auch in der unmittelbaren Nachbarschaft aufgrund seines freundlichen Wesens gern gesehen war.

„Wo gehst du hin?", fragte ihn seine Mutter, obwohl sie eigentlich die Antwort auf diese Frage schon kannte.

„Trainieren, weißt eh. Ich laufe eine Runde!", antwortete Kevin und band sich seine neuen Sportschuhe zu. Keine zwanzig Sekunden später war er aus dem Flur des geräumigen Hauses verschwunden. Die Worte seiner Mutter, er möge nicht zu spät zum Abendessen kommen, hörte er schon nicht mehr.

Kevins Herz- und Pulsschlag arbeiteten auf sportlicher Frequenz. Eins, zwei, drei, vier, fünf, sechs, sieben, acht. Eins, zwei, drei, vier, fünf, sechs, sieben, acht. Kevins Gedanken zählten im Rhythmus jeden zweiten Schritt mit, um so in sein perfektes Maß zu finden. Endlich passte die Schrittlänge, sodass das Durchzählen von eins bis acht vollkommen synchron zum Kontakt der Sohlen seiner Sportschuhe zum Asphalt verlief. Eins, zwei, drei, vier, um sofort ins fünf, sechs, sieben, acht zu verfal-

len. Die Schritte erfolgten immer runder, harmonischer und auf den Zentimeter genau passend. Eine gewisse Monotonie trat ein, die ihn beinahe in einen schwerelosen Gesamtzustand transformierte. Genau so fühlte er sich frei und uneingeschränkt. Befreit von der Last des Alltags, was für ihn vor allem Schule bedeutete, dem er sich bei seinem Training, wie er es nannte, vollkommen entziehen konnte. Seine Schritte folgten der Straße mit einer Leichtigkeit, sodass er das Aufprallen seiner Fußsohlen auf die extra ausgeformten Luft- und Dämpfungskissen seiner neuen Schuhe gar nicht bemerkte. Junge und sportlich durchtrainierte Gelenke, keine Schmerzen, keine Abnützungen. Er fühlte sich wohl in seinem Körper, obwohl er dies so noch nie in Worte gekleidet hatte. Zwar war er mittlerweile dazu übergegangen, in ruhigen Momenten Gedanken, die ihn beschäftigten, niederzuschreiben. Er hatte als kleiner Bub eine Art Tagebuch erhalten, ein kleines Büchlein, das er nun eifrig mit Inhalten füllte, die ihm wichtig erschienen, festgehalten zu werden. Gelegentlich überraschte es ihn selbst, was er da alles notiert hatte. Eins, zwei, drei, … Die Monotonie dieser Zahlen beruhigte ihn. Zu zerfahren und aufgewühlt war sein Innerstes zuletzt gewesen. Er musste sich auf die Zahlen konzentrieren, nicht wieder abdriften in diese anderen Gedanken, die sich nicht gut anfühlten, seit einigen Wochen schon. Sein inneres Bild zeigte ihm etwas anderes und für diesen Moment war er nicht bei der Sache. Beinahe wäre er aus dieser monotonen, aber unheimlich entspannenden Schrittfolge geraten. „Konzentriere dich", hatte er sich selbst befohlen. „Keine Gedanken an etwas anderes!" Er sehnte sich nach diesem Zustand, weil dieser ihm mehr gab, als alles andere, was er bisher so kennengelernt hatte. Gut – beim Fußballspielen, wenn ein Tor gelungen war, oder auch der Jubel und die Freude dort, machten ihn stolz und glücklich zugleich. Das waren aber im Vergleich zum Laufen lediglich kurze Momente dieser inneren Zufrieden-

heit. Es machte ihm auch überhaupt nichts aus, dass rund um das Haus seiner Mutter keine Wege mehr aus Lehm oder Erde bestanden. Auch gab es schon lange nicht mehr diese Wiesen, Felder und dschungelartigen Räumlichkeiten, die so herrlich zum Spielen und Austoben taugten, sodass man beinahe auf alles andere vergaß. Wie oft wurde er als Kind von seiner Mutter zum Essen gerufen, was er beinahe als störend empfunden hatte, bedeutete es doch eine Spielunterbrechung mit den heiß geliebten Freunden. Mittlerweile hielten sich die Jugendlichen auf extra gebauten Spiel- und Kontaktplätzen auf, an denen alles geplant und durchkonstruiert worden war. Betonbänke und Aluminiumgerüste als Freizeit-Hotspots. Dies war nicht Kevins Welt. Er fühlte sich in der seinen besser aufgehoben, wo er in seinem eigenen Rhythmus unterwegs war. Eins, zwei, drei …

„Kommst du mit?", fragte Kevin und blickte mit hoffnungsvollen Augen auf Nicole.

„Nein, ich bleibe hier!", betonte diese sehr eindringlich und lehnte sich an Jasin.

Kevin konnte und wollte nicht verstehen, was Nicole an diesem Typen fand, der sie ihm eigentlich schon ausgespannt hatte. Er hasste dieses Wort. Ausspannen. Nicole war ja noch nicht mal richtig … war das eine Freundschaft oder doch eine Beziehung? Kevin war sich da nicht so sicher. Er hatte von diesen Dingen noch keine richtige Ahnung. Seine Eltern hatten sich getrennt, der Grund dafür war ihm aber völlig unerklärlich, denn gestritten hatten diese nie. Aber was wusste er schon von der großen Welt der Gefühle von Erwachsenen und der daraus resultierenden Emotionen? Mittlerweile vermutlich doch so einiges. Nicole hatte sich zu seiner Flamme entwickelt, aber zu Zärtlichkeiten oder mehr war es noch nie gekommen. Gefühlsmäßig fühlte er sich zu ihr hingezogen, an manchen Tagen mehr, dann weniger, immer

wieder unsicher, zuletzt aber auch antriebslos. Es schien dann, als würde ihn nichts mehr interessieren, er wollte dann nur weg. Raus aus dieser Schulklasse, wo eine Vielzahl an sonderbaren Typen saß, die für ihn alle bescheuert und irgendwie leer wirkten. Die ihre angeblichen Weisheiten verbreiteten, obwohl sie nicht einmal eins und eins zusammenzählen konnten. Er hasste sie und ihre blöde Art, andauernd andere anzupöbeln, untergriffig zu beleidigen oder regelrecht zu verspotten. Die buchstäblichen Arschlöcher, die es wohl in jeder Schulklasse gab. Immer wieder gab es sogar richtige Übergriffe der körperlich Größeren auf Kleinere. Sehr mutig waren sie, diese Großen …

Alldem entfloh Kevin, indem er sich seine Laufschuhe anzog. Bereits das Prozedere des Reinschlüpfens und des Festziehens der Schuhbänder beruhigte sein Innerstes auf ganz besondere Art und Weise, in Bruchteilen von Momenten schien es, als sei er in einer anderen Welt angekommen.

Eins, zwei, drei, vier …

Die Klingel der Polizeiinspektion riss Inspektor Oswald aus dem Schlaf. Er musste kurz eingenickt sein und kannte sich deshalb im ersten Moment überhaupt nicht aus, als er hochschreckte. Erst nach gefühlten Minuten gelang es ihm, einigermaßen wieder zu seiner örtlichen und zeitlichen Orientiertheit zurückzufinden, die er zuvor völlig verloren zu haben glaubte. Er hasste mittlerweile diese Nachtdienste aufgrund deren Unberechenbarkeit von Arbeit und Ruhezeit.

„Polizei, ja bitte?", kratzte seine Stimme durch die Sprechanlage.

„Hallo, ich bin's. Ich muss euch da was sagen und zeigen. Da ist was passiert!", lallte eine männliche Stimme auf der anderen Seite.

„Kommen Sie bitte herein!" Dann summte der Türöffner und der vermeintliche Informant torkelte über die Schwelle und wankte Richtung Sicherheitsschleuse der Polizeiinspektion.

Ähnlich erging es dem diensthabenden Untersuchungsrichter. Endlich hatte sich sein Gehirn der sogenannten REM-Tiefschlafphase genähert, als der Dienstpager jäh anschlug und seinen erbitterten Piepton ins Schlafzimmer schickte. Endlich konnte Wasakovsky dieses Gepiepse deaktivieren und versuchte die Nummer des Verursachers zu eruieren. Minuten später hatte er den zuständigen Staatsanwalt am Telefon.

„Was gibt's? Du hast mich angepaged!"

„Ja, danke für den Rückruf. Bist du in Graz?"

„Ja, logo."

„Entschuldige die Störung, wirklich. Aber ich glaube, wir müssen uns da was anschauen. Ich beantrage die Durchführung eines Ortsaugenscheines und eine Obduktion mit gerichtlicher Intervention. Und damit ich es nicht vergess, auch die gerichtliche Einvernahme eines Zeugen. Allenfalls Weiteres noch vor Ort; das werden wir dann ja sehen. Ich bin froh, dass du Dienst hast, schau dir das an, bitte!", führte der Journaldienststaatsanwalt Löst aus. Er war ein erfahrener Ankläger, dem man kein A für ein O vormachen konnte und der sagte, was Sache war. Wenn er so etwas schon am Telefon erzählte, war etwas Gröberes passiert.

„Was haben wir genau?", fragte Untersuchungsrichter Wasakovsky nach.

„Eine Leiche. Aber keinerlei Infos über ein Tatgeschehen", erklärte Löst.

„Ich rufe die Regi an, die hat heute Dienst. Passt eh, die ist für mich die Beste!", antwortete Wasakovsky, um zu ergänzen: „Wo ist das genau?"

Löst gab die Örtlichkeit bekannt, man vereinbarte das Treffen vor Ort in etwa 60 Minuten.

Als Wasakovsky zum großen Parkplatz des kleinen Ortes gelangte, sah er bereits die Streifenwägen der Polizei. Die Männer des Rettungs- und Notarztwagens räumten ihre Habseligkeiten gerade in die Fahrzeuge und verließen nach einer kurzen Begrüßung die Örtlichkeit. Man kannte sich aus diversen Einsätzen vor Ort. In diesem Falle war ihre Anwesenheit nicht mehr nötig.

„Was haben wir?", fragte der Untersuchungsrichter die uniformierten Beamten und schlüpfte unter dem polizeilichen Absperrband durch.

„Guten Morgen, Herr Rat, ich habe Staatsanwalt Löst verständigt. Da hinten im Auto sitzt der Loibner Hans, ein amtsbekannter Alkoholiker des Ortes. Der hat mich heute in der Früh sehr zeitlich aus dem Schlaf geholt. Darum sind wir auch hier. Wir sind mit ihm gleich hierhergefahren. Er erzählte uns, dass er nach einem heftigen Umtrunk eigentlich heimgehen wollte, aber irgendwo eingeschlafen ist. Dann sei er aufgewacht und weitergegangen und hätte dann da am oberen Ende des Parkplatzes einen am Boden liegen gesehen. Den hat er dann hochheben probiert, ist ihm aber nicht sonderlich gelungen. Irgendwie hat er ihn dann doch nehmen können und hat ihn dann mitgezogen oder mitgeschliffen. Weil der Hans sich dabei ziemlich geschunden hat, hat er ihn dann angeredet, dass er sich nicht so hängen lassen soll. Dabei hat er dann wohl gesehen, dass der ganze Schädel von dem Kerl ziemlich eingeschlagen gewirkt hat. Natürlich hat's den Loibner Hans auch ziemlich g'schreckt, darum ist er dann zu uns gerannt gekommen und hat uns ausiklingelt."

„Blutspuren am G'wand von diesem Loibner?", fragte Wasakovsky.

„Ja schon. Am Mantel und auch auf die Händ'. Er wollt' sich gleich am Posten die Hände waschen, ich hab's ihm untersagt. Er ist dann aber aufs Klo g'rennt und hat sich g'waschen. Aber wir haben seine blutigen Hände gesehen. Wir haben auch gleich den Alkotest mit ihm gemacht; 1,8 Promille hat er vor einer guten Stunde g'habt."

„Ihr kennt's den näher?"

„Schon, er tschechert halt und hat immer wieder Blödheiten g'macht, aber nix Ernstes, Herr Rat. Gerichtliche Vorstrafen hat er nicht. Ich persönlich trau' ihm das nicht zu. Warum soll der an jungen Buam daschlog'n? Ich kenn' ihn seit dreißig Jahr. Natürlich einischaun kannst in keinen, aber …? Nein, der war das nicht!"

Gerade kam auch der Staatsanwalt zur Örtlichkeit, keine Minute später war auch die Gerichtsmedizinerin da.

„Ich fahr nicht so schnell wie du!", meinte sie zum Untersuchungsrichter, „Ist auch nicht notwendig!"

Wo sie recht hatte, hatte sie recht. Das wusste natürlich auch Wasakovsky, der dennoch immer danach trachtete, so rasch wie möglich am Tatort zu sein. Obgleich es auch eher selten sein mochte, dass Leichen verschwanden, bestand immer die grundsätzliche kriminalistische Verpflichtung, so rasch wie möglich vor Ort zu sein, um Eindrücke, Hinweise und vor allem Spuren zu sichern. Die Zeit ist der größte Feind des Wahrheitsermittlers. Jede Minute und Stunde können sich Dinge verändern, die eine Sachlage dann ganz in einem anderen Licht erscheinen lassen. Und Monate, sogar Jahre später, hängt dann gewöhnlich die Justiz an den Lippen irgendwelcher Zeugen, die irgendetwas meinen, gesehen zu haben. Spurensicherung lautete also schon von Beginn an jeder kriminalpolizeilichen Erhebung die Devise!

„Guten Morgen, Regi", begrüßte Wasakovsky seine Gerichtsmedizinerin.

Gemeinsam ging man nun zur abgedeckten Leiche eines scheinbar jüngeren Burschen. Regina betrachtete die oberflächlichen Verletzungen und massiven Kopfbeschädigungen am Leichnam nach Wegnahme einer oberflächlich übergeworfenen Decke.

„Das sind keine Schlag- oder Tretverletzungen!", konstatierte sie umgehend, ohne noch eine genauere Untersuchung vorgenommen zu haben. Sie war Profi auf ihrem Gebiet. Wasakovsky verehrte sie aufgrund ihres Könnens, ihrer Einzigartigkeit und ihres ausgeprägten Humors, der aber nie ins Makabre oder in Respektlosigkeit abglitt. Ihre direkte und offene Art tat sein Übriges. (Bis zum Zeitpunkt ihres überraschenden und plötzlichen Ablebens sollten Wasakovsky und seine Kollegenschaft sie in mehreren hundert Fällen als Sachverständige eingesetzt haben, wobei ausnahmslos immer alles geklärt werden konnte. Dies sei an dieser Stelle ausdrücklich erwähnt! Zum Glück wurde ihr diese Wertschätzung durch diesen Richter schon zu Lebzeiten kundgetan. Salbungsvolle Worte und nachträgliche Huldigungen am offenen Grab kommen zumeist dann zu spät.)

„Und jede Menge an Fasern dieser Decke werden wir wohl auch noch finden, wer war dieser Profi? Ich habe aber auch noch kein Tatwerkzeug, das derartige Verletzungen verursachen könnte. Spricht alles eher für massive, stumpfe Gewalteinwirkung."

Regina hatte leider wieder einmal vollkommen den weltberühmten Nagel auf den Kopf getroffen. Spurenverwischungen oder Mischspuren tauchten immer öfter als eines der Hauptprobleme auf – die Abdeckung eines Leichnams war durchaus statthaft; dafür gab es aber schon lange eigene Folien und Materialien, die neutral und somit spurenschonend ihre Aufgabe erfüllten. Das hatte auch gar nichts mit mangelnder Pietät zu tun, Schaulustige gab es fallbezogen gar nicht, war dieser

Sonntagmorgen doch um Einiges zu früh in die außerdem eingeschränkte Arbeitswelt eines solchen Tages gestartet.

„Entschuldigung, das war ich mit der Decke. Ich habe mir gedacht, dass das alles dauern wird. Ich hab' auch nicht gerechnet, dass sie alle so schnell da sind. Unsere Spurensicherungstruppe ist noch nicht einmal da und sie arbeiten schon," versuchte sich der Beamte zu rechtfertigen.

„Passt schon, danke, kein Problem!", kalmierte der Untersuchungsrichter.

„Können Sie mir diesen Herrn Loibner herbringen?"

Kurze Zeit später stand dieser, ebenfalls in eine Decke gewickelt, vor dem Richter. Ihn schien offensichtlich zu frösteln, was bei dem Wetter nicht verwunderte.

„Dass ich so was noch erleben muss", meinte er sofort.

„Wenn meine Beamtin später da ist, nehme ich mit ihnen ein Protokoll auf. Ein Zeugenprotokoll. Sie sind Zeuge in dieser Sache, haben Sie das verstanden?", setzte der Richter fort und blickte sich um. Seine Schreibkraft war noch nicht eingetroffen, was wiederum auch kein Wunder war, wohnte diese doch mehr als 60 Kilometer vom aktuellen Einsatzort entfernt.

„Das nächste Mal schicke ich ihr eine Polizeistreife hin, aber die dürfen ja wieder nicht über den Postenbereich rausfahren!"

„Wie war das, Herr Loibner?", die Frage des Untersuchungsrichters ließ alle Möglichkeiten offen, mit den Schilderungen zu beginnen.

Loibner schien durchzuatmen, von seiner Alkoholisierung war nichts mehr zu merken, die Gesamtsituation hatte den Mann ziemlich überwältigt, was aber auch nicht verwunderte, trifft man doch nicht tagtäglich auf einen Leichnam.

„Ich wollt' gerade irgendwie nach Hause und hatte mich schon auf den Weg gemacht, da bin ich über irgendwas drübergestolpert und zu Sturz gekommen. Es hat mich richtig hinge-

legt. Ich steh irgendwie wieder auf, da seh ich hinter mir einen am Boden liegen. Ich denk mir, ich bin mit dem zusammengelaufen und uns hats beide umgschmissn. Also red' ich den an, der reagiert aber net. Also nehm ich ihn irgendwie und zah ihn hoch, aber der ist sauschwer. Ich hoit ihn irgendwie und schlepp ihn a Stickl mit und dann hat's uns beide wieder umgschmissn Und dann schau ich ihm ins Gsicht, oba da is nix mehr zum Sehen. Dann hab' ich ihn ausglassen und bin weggrennt zum Polizeiposten!"

„Können Sie mir zeigen, wo dies in etwa war?", fragte Wasakovsky und zog dem Fröstelnden die Decke vor der Brust zusammen, der nach einem Kopfnicken genau zur Stelle ging, an der die Leiche jetzt wieder zugedeckt lag.

„Ja, freilich! Da war das alles", meinte Loibner und blickte den Richter an.

„Denken Sie bitte nach, das kann nicht sein, hier sind Sie wohl zuletzt gewesen, oder?"

„Ich bin so blöd, entschuldigen Sie. Das war viel weiter da drüben", sagte der Zeuge und deutete mit einer Hand von diesem Parkplatz weg.

„Gehen Sie bitte dorthin, wo Sie das erste Mal gestolpert sind, wenn Sie es noch wissen!", forderte Wasakovsky den Zeugen auf und blickte den Staatsanwalt an, der einen fragenden Blick retournierte. Der Zeuge bewegte sich keinen Zentimeter, sondern schwankte nur ganz leicht hin und her.

„Geht's?", bohrte der Richter nach.

„Ja, ja!", die Worte des Zeugen klangen konzentriert. Von einer lallenden Aussprache wie zuvor, wo auch immer wieder Buchstaben verschluckt worden waren, war nichts mehr zu merken. Plötzlich ließ der Zeuge seine umgehängte Decke los und ließ sie achtlos zu Boden fallen. Dann ging er konzentriert in eine Richtung weg, alle Anwesenden folgten ihm, nur ein Uni-

formierter verblieb bei der Leiche. Loibners Weg führte Richter, Staatsanwalt, Gerichtsmedizinerin und Polizei tiefer in diesen grauen und undurchdringbar scheinenden Sonntagmorgen, dessen Nebelfetzen sich augenblicklich in eine dicke Suppe zu verwandeln begannen. Leichter Regen setzte ein. Hätte es bis zu diesem Zeitpunkt brauchbare Spuren gegeben, so wären diese nunmehr mit hoher Wahrscheinlichkeit im bald niederprasselnden Regen endgültig vernichtet worden. Loibners Weg war noch nicht zu Ende. Langsamen, aber konzentrierten Schrittes ging er voraus, bis er plötzlich anhielt.

„Hier, hier in der Wiese war es, genau da bin ich drübergestolpert. Da muss er gelegen sein!"

Wasakovsky, Staatsanwalt Löst und die Gerichtsmedizinerin bemerkten in der Nähe der bezeichneten Stelle sofort niedergedrücktes Gras und geknickte Pflanzen. Regina hockerlte sich dort sofort auf den Boden und betastete diesen, bis sie nach wenigen Augenblicken zum Richter blickte.

„Blut. Hier am Boden und im Gras, eindeutig. Außerdem schaut es stark danach aus, dass da etwas gelegen hat, von der Größe bzw. dem Umfang könnte das hinkommen. Das schau ich mir genauer an." Sie ließ sich ihren Arbeitskoffer bringen. Der leichte Regen hatte es sich offenbar doch anders überlegt und war nicht zu einem Schauer mutiert, vielleicht wollte er auch die Sonntagsmorgenstimmung nicht noch mehr trüben. Der Nebel riss auf, so schnell wie er gekommen war und gab den Blick auf die nähere Umgebung frei. Wie aus dem Nichts erschien etwas Graues, zunächst noch Undefinierbares, weil kaum erkennbar. Doch mit jedem Moment des Zurückweichens dieses feuchtkalten Weißtones des Nebels erschienen klare Linien und Formen, die einen Turm zu erkennen gaben. Ein Monstrum stand plötzlich neben ihnen, bisher völlig unbemerkt und ungesehen im Dickicht von Grau und Weiß, das

alles eingehüllt hatte. Ein erhaben wirkender Turm aus Eisen oder Stahl, ein Metallgestell mit Leitern, Schrauben, Drähten und Platten. Erst beim genauen Hinsehen entpuppte er sich als Mobilfunkmast der wohl neuersten Generation. Endlos hoch, um seinen Aufgaben gewappnet zu sein und alle Impulse, Wellen und Frequenzen in technischer Hinsicht richtig und vor allem störungsfrei zu übertragen. Heute würde man auch Sendestation dazu sagen, das Telekommunikationsgesetz 2021 war noch lange nicht geschrieben.

Alleine der genauen Besichtigung dieses Turmes durch die Gerichtsmedizinerin und dem kriminalistischen Drang von Untersuchungsrichter und Staatsanwalt war es zu verdanken, dass unmissverständlich klargestellt werden konnte, dass jemand die Leiter des „Handyturmes" erklommen und ganz nach oben gelangt war. Faserspuren des Pullovers konnten ganz oben am Geländer gesichert werden, die trotz des leichten Regens nicht abgeschwemmt worden waren. Die Mulde in der Rasen- und Gebüschlandschaft stellte die Aufprallstelle nach dem Sprung aus großer Höhe dar. Die Verletzungen waren eindeutig diesem Sprunggeschehen zuzurechnen. Selbst die Mitteilung der Exekutive, dass nunmehr auch ein Streit zwischen Jugendlichen mit Rauferei am Parkplatz Stunden zuvor angezeigt worden war, änderte nichts am Erhebungsergebnis, weil dieses auch zusätzlich abgesichert worden war.

„Herr Rat, wir werden jetzt wahrscheinlich auch wissen, wer der Tote ist. Eine Frau hat gerade ihren Sohn als vermisst gemeldet, weil er nicht nach Hause gekommen ist", meldete Revierinspektor Gutmann dem Untersuchungsrichter.

Die Überbringung einer Todesnachricht ist nicht leicht und setzt einiges an Können, Takt, Einfühlungsvermögen und grundsätzlicher Empathie voraus. Von der menschlichen Tragik

ganz zu schweigen, die solchen Situationen innewohnt. Diesmal nahm der Untersuchungsrichter das persönlich vor, er blieb lange im schmucken Einfamilienhaus, in dem sich die Mutter als Alleinerzieherin um ihren Buben gekümmert hatte. So konnte er sich auch einen umfassenden Eindruck im Kinderzimmer machen und fand dort nicht nur das Tagebuch, sondern auch einen handgeschriebenen Zettel.

„Ich habe Stress mit meiner Freundin. Ich halte das alles nicht mehr aus. Mutti, verzeih mir. Kevin."

Heute gibt es Kriseninterventionsteams, die hoffentlich auch ausreichend Zeit und Kapazitäten haben.

In den Jahren 2001 bis Oktober 2003 avancierte Wasakovsky zum Hobbyläufer, nachdem er erstmals beim Grazer Antidrogenlauf „Lauf ins Leben" mit normalen Sportschuhen mitgemacht hatte und von seinem Freund Tony sodann ausgezeichnet unterwiesen wurde. Er übernahm Kevins Schrittzählrhythmus und lief auch einen Halbmarathon, bis ihn ein sorgloser Autofahrer, der mehr mit Mobilfunkgerät, Radio und Zigarette beschäftigt war als mit dem Blick in die Fahrtrichtung, vom Motorrad holte. Nach drei Monaten Rollstuhl und sechs Monaten Krankenstand war klar, dass es nichts mehr mit dem Laufen werden würde.

Eins, zwei, drei, vier, …

Alois gegen Alois
Die hohe Kunst der Medizin.

Gustav saß am Holztisch seines Stammlokals und musterte gerade die letzten Seiten einer Tageszeitung.

„Du Toni", rief er dem Wirt des kleinen Landgasthauses zu, „hast du schon gelesen, der Willi ist gestorben, steht in der Zeitung."

„Was, der Willi?"

„Ja!"

„Aber dem ist es jetzt doch zuletzt viel besser gegangen. Haben doch alle gesagt."

„Dachte ich auch. Er soll bei diesem Franziskanertoni gewesen sein. Durch seinen Tee war der Krebs plötzlich weg. Haben sie erzählt."

„Hat mir meine Frau auch bestätigt. Die hat ihn dort sogar selbst gesehen. Ganz gesund hat der Willi ausg'schaut."

„Warst du auch schon einmal bei dem?"

„Ja. Er hat mir wirklich geholfen. Du weißt eh, meine Knie tun mir immer am Abend so was von weh, ich habe gar nicht mehr schlafen können."

„Was hat er dir gegeben?"

„Ich weiß das gar nicht. Es war eine Mischung aus Heublumen und Gras, daraus musste ich mir einen Sud kochen, den ich dann auf einer Fasche um die Knie gebunden habe. Den Rest des Suds habe ich trinken müssen, das war nicht unbedingt g'schmackig, aber auch gar nicht so schlecht. Ich habe

geschlafen wie ein Bär im Winterschlaf. Meine Frau hat mich am nächsten Morgen kaum wach gekriegt. Die Schnerzen waren auch weg. Einmalig war das. Ich habe mir jetzt schon oft diese Mischung besorgt! Ist nicht billig, aber hilft sensationell. Der Doktor sagt halt, es kommt auf die genaue Kochzeit an, das Wasser darf auch nicht zu heiß werden."

„Meinem Nachbarn hat der Franziskanertoni auch schon geholfen. Der hatte doch immer so einen Heuschnupfen, wenn alles geblüht hat. Der hat ein Spezialextraktsaftl kriegt und – schwuppdiwupp – soll dieser blöde Schnupfen weggewesen sein. Also ich würde auch zu ihm gehen, wenn mich was plagt."

Es klopfte an der Türe und der Gerichtsbeamte der Strafabteilung trat mit einem Akt ein und wandte sich an den am Schreibtisch sitzenden Strafrichter des Bezirksgerichtes.

„Ich will ja nicht schimpfen, Herr Rat, aber dieses Krippl von Beschuldigtem kommt schon wieder nicht zur Verhandlung. Der hat jetzt ein Attest vorgelegt, dass er Schwindsucht hätte und auch Wasser in seinen Füßen, daher kommt er nicht. Das glaube ich ihm nicht. Schauen sie sich diese Bestätigung an, das ist sicher irgendeine Fälschung!"

Der Beamte legte dem Richter den Akt mit dem Zustellnachweis und das angesprochene Entschuldigungsschreiben vor.

„Wer ist dieser Doktor Anton Franziskaner? Kennen sie den?", fragte der Richter, der von auswärts war.

„Nein, noch nie gehört. Unser Arzt ist der Herr Doktor Waidinger, ich kenne keinen anderen hier."

„Da ist auch keine Adresse drauf. Sind'S bitte so gut und geben Sie das rüber zur Gendarmerie, die sollen das überprüfen, wer das ist und wo der wohnt. Dann werden wir weitersehen, ein bisschen Zeit haben wir ja noch bis zum Verhandlungstermin."

„Machen wir sofort, ich geh gleich hinüber, dann gehts noch schneller!", antwortete der Beamte und meinte damit den Umstand, dass Gericht und Gendarmerie in Gebäuden untergebracht waren, die nebeneinanderstanden. Der sogenannte „Dienstweg" war also kurz. Laut schimpfend verließ der Beamte, der bald sein vierzigjähriges Dienstjubiläum feiern würde und jeden im Ort kannte, das Richterzimmer: „Nur Gsindl, wir haben es wirklich nur mehr mit Gsindl zu tun!" Diesen Satz wiederholte er noch einige Male, bis er am Gang gänzlich verschwunden war.

Keine fünfzehn Minuten später war er schon wieder beim Richter.

„So Herr Rat, jetzt wissen wir mehr. Diesen angeblichen Doktor gibts gar nicht und wir werden von der Gendarmerie demnächst einen neuen Akt bekommen, die haben den nämlich wegen Kurpfuscherei angezeigt. Auf den Akt bin ich schon gespannt, das sag ich Ihnen. Ich werd' mich noch a bissl im Ort umhören und Ihnen dann berichten!"

„Danke, Herr Lambrechter", meinte der Richter zu seinem Beamten, der zwar gelegentlich vielleicht etwas griesgrämig wirkte, aber im Grunde ein herzensguter Mensch war, der sich nur oftmals wirklich darüber ärgern musste, welche Blödheiten die Menschen hier in der Gegend so begingen und damit direkt bei Gericht landeten.

Als die Verhandlung gegen Alois aufgerufen wurde, hatten schon zahlreiche ZuhörerInnen Platz im kleinen Verhandlungssaal genommen, zumal es sich rasch herumgesprochen hatte, dass der neue Strafrichter aus der Großstadt als neuer Besen ziemlich für einen Kehraus sorgen würde. Außerdem hatte sich der sogenannte „Hundeprozess" (siehe dazu im Detail Buch 2,

114

„Nicht schuldig") wie ein Lauffeuer bis über den Ort hinaus verbreitet und lockte zahlreiche Schaulustige an.

„Herr Rat, im Ort wird gesprochen, dass man am Donnerstag-vormittag aufs G'richt gehen muss, weil da immer was Spezielles los sei, und das liegt an Ihnen!", hatte auch Lambrechter seinem Chef schon berichtet. „Jetzt lernen diese Gfraster amoil an richtigen Richter kennen, der mit ihnen Klartext redet", erzählte er schon mal bei einem Glaserl Wein in der Buschenschenke.

Alois wollte nicht, musste aber bei Gericht erscheinen. Die Gen-darmerie hatte ihn infolge Gerichtsauftrages kurzerhand von zu Hause abgeholt und in den Verhandlungssaal vorgeführt, zu seiner Überraschung war der Saal gut gefüllt, was ihn zu einem „Was machts ihr denn alle da?" veranlasste.

„Sie sind noch nicht am Wort und kommen nach vorne!"

Die Worte waren deutlich und klar, mucksmäuschenstill der Saal, man konnte die sprichwörtliche Nadel fallen hören.

„Herr Alois, sie sollen so schwer krank sein", begann der Richter, um gesetzeskonform eine allfällige Verhandlungsunfä-higkeit des Angeklagten überprüfen zu können.

„Ich hab's mit der Lunge, weil ich zu viel rauche", antwortete Alois.

„Man riecht es bis hierher!", antwortete der Richter.

„Dabei hab' ich heute erst fünfe g'raucht", entgegnete dieser.

„Fünf? Nicht schlecht für neun Uhr", konstatierte der Rich-ter, der leidenschaftlicher Nichtraucher war.

„Normalerweise hätt' ich jetzt schon das halbe Packerl g'staubt g'habt, aber die *Schanti* (Gendarmeriebeamte) haben mich im Auto nicht rauchen lassen!", klang es irgendwie vor-wurfsvoll.

„Die müssen nicht ihren Rauch miteinatmen, Herr Alois. Es gibt nicht nur Raucher wie Sie! Und gesund ist es sowieso nicht,

das wissen wir alle", versuchte der Richter zumindest etwas aufklärend zu wirken.

„Aber das ist mein persönliches Freiheitsrecht, das steht schon in der Verfassung", konterte umgehend der Angeklagte.

„In der österreichischen Verfassung steht überhaupt nichts, dass sie rauchen dürfen, wann und wo sie wollen. Sie reden einen Blödsinn. Vielleicht erlebe ich es noch und es wird einmal in Österreich ein Rauchergesetz oder so etwas ähnliches geben, das für drastische Einschränkungen sorgt, aber es dauert meistens etwas länger, bis die Leute etwas kapieren und der Gesetzgeber etwas tut!", konterte nunmehr energischer der Richter und man bemerkte zum Teil ein Kopfnicken zwischen den Zuschauerreihen. Einige zogen aber auch ihre Köpfe ein.

„Also ein Lungenproblem haben Sie, was noch?", setzte er fort, um endlich zum Kern des heutigen Verhandlungstermines langsam vordringen zu können.

„Wasser in meine Füß', ich kann kaum gehen", erklärte der Angeklagte.

Eine Gehbehinderung oder ein schmerzverzerrtes Gesicht waren jedoch weder Richter noch Bezirksanwalt Schenker aufgefallen. Dieser äußerst korrekte und erfahrene Anklagevertreter der Staatsanwaltschaft nutze die Gunst des Momentes, um einzuhaken:

„Aber Ihrem Nachbarn können Sie schon nachrennen und ihn dann umwerfen, dass der sich wehtut. Und treten können Sie ihn auch mit Ihren Beinen und Füßen, da haben sie keine Schmerzen oder wie?"

Dieser Input des Anklagevertreters zeigte offenbar Wirkung, bevor der Prozess in der Sache und grundsätzlich überhaupt richtig begonnen hatte.

„Das war eh ein voller Blödsinn von mir, dass ich das g'macht habe. Aber der Alois, also mein Nachbar, sagt immer, Alois du

bist a Trottl und irgendwann hat's mich dann wirklich angezipft und ich hab' ihm eine einig'haut. Dann ist er weggelaufen und ich bin ihm halt nach. Er war ja schneller als ich und ich hätte ihn gar nicht erwischt, wenn ich ihn nicht gehaxelt hätte, dann hat es ihn hingepickt. Einmal hab' ich auf ihn hingetreten, aber nur auf seinen Hintern, weil das seitlich gerade so gepasst hat", erklärte nunmehr ein offensichtlich sehr reuiger Angeklagter.

„Das hätten Sie bei der Gendarmerie aber auch schon zugeben können?", warf der Richter ein.

„Ich red' nix mit die Schanti, die strafen mich wegen jedes Blödsinns!", ereiferte sich der Angeklagte.

„Dann werden die schon Recht haben, wenn Sie Blödsinn machen", warf das Gericht nunmehr ein.

„Ich gebe zu, dass ich oft Blödsinn mache. Mit dem Traktor ohne Nummerntafel fahren, aber das Umstecken der Tafeln tut schon im Kreuz weh. Einmal habe ich die Langgutfuhrtafel vergessen. Das Licht war auch schon einmal kaputt, die Birnen sind auch nicht mehr das, was sie früher einmal waren, das muss ich zugeben", brachte sich der Angeklagte wieder ein.

„Aber genau das ist es. Was da alles passieren kann. Dann sind Sie wieder Angeklagter, da stehen Sie vor Gericht, dann bekommen Sie eine Gerichtsstrafe. Eine besondere Leistung ist es auch nicht einen anderen zu schlagen, zu haxeln und dann auch noch zu treten. Da hätte auch viel mehr passieren können. Danken Sie dem lieben Gott, wenn Sie an den glauben, oder dem Schutzengel, dass da nicht mehr geschehen ist; der fliegt um, stürzt mit dem Schädel auf einen Stein und könnte tot oder querschnittgelähmt sein. Dann schauen Sie aber anders drein, oder?", versuchte der Richter dem Angeklagten ins Gewissen zu reden und auch gleichzeitig als „Friedensrichter" zu agieren.

Alois wirkte nunmehr doch etwas in sich gekehrt.

„Was hat es für eine Bewandtnis mit Ihrer medizinischen Entschuldigung für den heutigen Termin?", fragte der Richter unvermittelt nach.

„Das ist nicht auf meinem Mist gewachsen. Das hat dieser Doktor Xaver mir geraten!"

„Wer?"

„Xaver heißt der. Nennen tun sie ihn aber alle den Franziskaner. Wie der wirklich heißt, weiß ich gar nicht. Mir hat der Alois ihn empfohlen."

„Dem Sie eine reingehauen haben? Ihrem Nachbarn?", wunderte sich der Bezirksanwalt.

„Ja. Der Alois hat ja auch nicht mehr hatschen können, weil ihm die Füße immer so wehgetan haben. Der hat dann ein spezielles Mittel vom Franziskaner, also vom Doktor Xaver, bekommen, seitdem kann der rennen wie ein Wiesel. Eigentlich ist der Franziskaner schuld, weil ich deswegen den Alois haxeln habe müssen."

„So kann man das aber nicht sagen. Aber warum haben Sie mit dem Alois überhaupt gestritten?

Der Alois nennt den Grund in seiner polizeilichen Einvernahme auch nicht", fügte der Richter hinzu.

„Der Alois hat mir gesagt, dass er für mich was beim Franziskaner, also beim Doktor, zahlen hat müssen, weil ich nicht alles bezahlt hätte. Das Geld wollte er von mir haben. Ich bin dem Franziskaner aber nichts schuldig und daher habe ich auch dem Alois gesagt, dass er mich einmal kann. Also er und der Franziskaner. Also der Doktor. Alois sagte mir daraufhin, dass er mich bei den Schantis anzeigen würde, wenn ich nichts zahl und da bin ich dann ausgeflippt. Weil die Schantis haben eh einen Pick auf mich und dann muss ich wieder zahlen."

„Und wie kommt es zu dieser medizinischen Bestätigung, das haben Sie noch immer nicht erklärt!", hakte der Richter nochmals nach.

„Ich bin zum Franziskanerdoktor und habe ihn gefragt, wie er darauf kommt, dass ich ihm noch was schuldig sei, das wäre doch der andere Alois. Er hat gemeint, dass er das jetzt nicht klären könne, weil seine Buchhaltung nicht fertig oder vollständig sei. Ich habe ihm erzählt, dass ich wegen ihm jetzt ein Verfahren beim Bezirksgericht habe, weil ich dem Alois wegen dieser Angelegenheit eine auf die Nuss gehauen habe, wo ich aber nicht gerne hingehen tät. Da hat er gesagt, dass er mir eine medizinische Bestätigung ausstellt, dass ich gar nicht verhandlungsfähig bin, weil ich sowieso ein schweres Lungenleiden hätte."

„Na bravo, jetzt wissen wir alles, wenn Sie uns keine Geschichte aufgetischt und eingeschenkt haben", entfuhr es Bezirksanwalt Schenker.

„Das stimmt alles, fragen'S doch den Alois", entrüstete sich Alois, „den habe ich eh schon vor dem Verhandlungssaal sitzen gesehen."

„Der Zeuge ist also da", bestätigte das Gericht wohlwollend zur Kenntnis nehmend.

Also kam auch der Zeuge noch zu Wort, obwohl schon alles geklärt war.

„Ich muss mich entschuldigen, Hohes Gericht!", begann der Zeuge, nachdem er in den Saal gerufen worden war und Platz genommen hatte.

„Ich habe was verwechselt gehabt. Ich habe dem Alois gesagt, dass er was schuldig sei, war aber in Wirklichkeit doch ich. Ich bin beim Herrn Doktor in Behandlung, weil ich viele Selbstgespräche führe, seitdem meine Frau gestorben ist. Im letzten Jahr war es besonders arg. Durch die Behandlung vom Doktor Franziskaner ist das stark zurückgegangen. Die Blumenwickel zur Beruhigung und diese Bachblüten am Abend haben mich wirklich sehr beruhigt. Warum ich mit dem Alois gestritten habe, weiß ich gar nicht mehr, nur hat es mich sehr aufgeregt.

Da habe ich wieder Selbstgespräche geführt und dann hat mich der Alois auch geschlagen."

„Danach sind Sie weggelaufen, gehaxelt und getreten worden", ergänzte der Richter.

„Ja, das war nicht fein. Aber der Doktor Franziskaner hat mir Topfenwickel verschrieben und eine Murmeltiersalbe gegeben. Das hat wunderbar geholfen."

„Wollen Sie als Verletzter einen Schmerzensgeldanspruch als Privatbeteiligter, wenn ja, wieviel?", ergänzte der Verhandlungsrichter.

„Nein, nur die Behandlungskosten vom Arzt!", erwiderte der Zeuge.

„Von welchem Arzt, hier gibts nur den Dr. Waidinger!", hielt das Gericht vor.

„Na, vom Dr. Anton Xaver Franziskaner."

„Interessant, wieviel haben Sie dem gezahlt, oder gibt es da einen Krankenschein?"

„Nein, der nimmt keine Krankenscheine. (Vorläufer der E-Card) Also insgesamt so an die viereinhalbtausend."

„Wieviel?", fuhr der Richter hoch.

„Es könnten auch fünftausend sein. Der ist ja Facharzt für Naturheilkunde."

Für Alois setzte es eine Geldstrafe, die zur Hälfte unter Probezeitsetzung von drei Jahren bedingt nachgesehen wurde. Innerhalb dieser Zeit wurde Alois nicht mehr straffällig, weder gerichtlich noch verwaltungsrechtlich. Die „Schanti" berichteten im Zuge eines Beamtenmeetings beim Kaffee – Gericht und Gendarmerieposten grenzen aneinander an, dass dieser nunmehr immer vorschriftsgemäß im Straßenverkehr unterwegs wäre.

Alois und Alois kamen sich auch als Nachbarn nicht mehr in die Haare.

Sie sahen sich aber gerichtlich wieder: als Zeugen im Strafprozess gegen Dr. Xaver Franziskaner. Ihm wurde der Prozess gemacht, wie der Beamte Lambrechter bereits zuvor angekündigt hatte.

Diesmal gab es aber keine ZuseherInnen.

Sie waren nämlich alle Zeugen der gewerbsmäßigen Scharlatanerie des „Facharztes für Naturheilkunde und thermische Behandlungen".

Willi war übrigens an Krebs verstorben. Ein Zusammenhang mit der franziskanischen Behandlungsmethode konnte nicht festgestellt werden.

Erwin Alfred
Zu schön, um wahr zu sein.

Sogenannte Schmähführer haben es gelegentlich schwer, glaubt man ihnen doch genau dann nicht, wenn sie ausnahmsweise vielleicht doch einmal etwas Wahrhaftes erzählen.

Erwin, von allen Freunden und Bekannten Fredl genannt, weil sein zweiter Vorname Alfred war und dieser ihm besser gefiel, war innerhalb der kleinen Gemeinde kein Feind großer Sprüche und hatte es sich zuletzt sogar mit dem Bürgermeister im Zuge des Wahlkampfes verscherzt, obgleich es dann letzten Endes doch eine „Gerechtigkeit" gab, wie Fredl meinte. Denn er hatte in der Lotterie gewonnen und konnte aus dem Gewinn quasi ganz locker und entspannt, die über ihn verhängte Geldstrafe bezahlen.

„Der da oben weiß ganz genau, was Gerechtigkeit ist", posaunte er im Gastgarten und deutete mit beiden Armen zum dunkelblauen Himmel.

(Die genaue Geschichte dazu gibt's in Buch 2 „Nicht schuldig", wo Erwins komplizierte Beziehungen zu „dem da oben" schon beschrieben wurden, damals war aber sein zweiter Vorname noch nicht bekannt. Von Erwin Alfred Nepomuk einfachheitshalber nun zu Fredl.)

Fredls loses Mundwerk brachte ihn aber schon nach kurzer Zeit wieder einmal vor das Strafgericht.

„Herr Angeklagter, das letzte Mal haben Sie zum Abschluss des Prozesses gemeint, die Justiz würde Sie nie wieder sehen,

und jetzt sind Sie schon wieder hier", begrüßte der Verhandlungsrichter den Angeklagten, der mit seinem feschesten Steireranzug vor Gericht erschienen war.

„Herr Rat, das sind schon wieder außergewöhnliche Umstände. Das, was mir hier vorgeworfen wird, stimmt. Ich gebe dies auch unumwunden zu", erklärte er sogleich.

„Können wir schon beginnen oder müssen wir noch auf Ihren Herrn Verteidiger warten?", fragte der Richter.

„Der kommt nicht. Er hat gesagt, ich könne mich selbst am besten verteidigen und er koste nur Geld, was ich mir ersparen könne", erklärte der Angeklagte.

„Hört, hört", entfuhr es dem Richter, der so einen Satz nicht oft zu Gehör bekam.

„Also, was war diesmal los, dass Sie Probleme mit der Exekutive hatten?"

„Wie gesagt, ich gebe alles zu und es tut mir auch leid, aber ich muss Ihnen meine Geschichte erzählen."

„Warum haben Sie die nicht schon bei Ihrer Einvernahme als Beschuldigter bei der Gendarmerie erzählt?", wollte das Gericht wissen.

In letzter Zeit kam es immer öfter vor, dass sich die Beschuldigten oder Verdächtigen vor der Exekutive nicht mehr rechtfertigten, was natürlich ihr gutes Recht war. Es bedeutete aber im Ergebnis auch, dass man von gerichtlicher Seite auf Überraschungen vorbereitet sein musste, wusste man doch während des Sktensudiums noch nicht, in welche Richtung der Zug sich in Bewegung setzen würde. Aber die Justiz ist ja flexibel …

„Ich war zuvor mit meinen Enkeln im Tierpark. Es war herrlich. Leider ist aber etwas passiert. Beim letzen Großgatter ist mir ein Elefant zu nahe ans Auto gekommen und einer der Buben hat auf die Hupe gedrückt. Ich gebe ja zu, dass die Buben hinter mir im Fond des Wagens nicht angegurtet waren, aber

beim Herumfahren in Schrittgeschwindigkeit im Park braucht's das wohl nicht. Also hat mir der Peter da ins Lenkrad gegriffen und gehupt. Der Bub ist ja ein Naturtalent, der kann mit seinen zehn Jahren sogar schon Autofahren, ich hab ihn aber selbstverständlich nicht fahren lassen.

Also er hupt und einer der Elefanten schreckt sich. Der kommt auf mein Auto zu und setzt sich halb auf meine linke Motorhaube, dass es dort dann auch zu Beschädigungen gekommen ist. Die Parkverwaltung kann das übrigens bestätigen. Das Blinkerglasl vorn links und auch der Scheinwerfer waren hin und das am Sonntagnachmittag. Da kriegt man nirgendwo einen Ersatz. Ich liefere also die Buben dann bei meiner Tochter ab und nehme ihren Kinderwagen und die Radeln der Kleinen gleich mit, weil sie nächste Woche dann zu uns kommen werden und alles keinen Platz im Wagen meiner Tochter hat. Beim Heimfahren, keine zehn Kilometer von mir daheim entfernt, stoppt mich die Gendarmerie, weil ein Licht natürlich nicht richtig funktioniert. Dann ist es schon losgegangen. Der Sheriff hat gemeint, dass es verantwortungslos sei, ohne linken Scheinwerfer zu fahren, es war schon finster. Aber was hätte ich machen sollen? Bei keiner Tankstelle hatten sie die richtigen Birndln und die letzten Kilometer gab's so gut wie keinen Straßenverkehr, weil alle das Länderspiel geschaut haben. Ich glaube ja, dass die Beamten sauer waren, dass sie den Streifendienst machen mussten und sich nicht vor die Röhre setzen konnten!"

„Wie ich Sie kenne, werden Sie Ihnen das auch gesagt haben", warf der Richter ein.

„Ja, sowieso. Ich muss als braver Staatsbürger und Steuerzahler keine Angst vor dem Auge des Gesetzes haben, oder?"

„Nein, man braucht keine Angst vor der Exekutive in Österreich haben, aber Sie werden wohl Ihr Scherflein dazu beigetragen haben, oder?", erklärte und ergänzte umgehend der schon ahnende Richter.

„Na ja. Schon. Ich habe zu ihnen gesagt, dass sie nicht granteln sollen, nur weil's den Kick im Fernsehen nicht schauen dürfen. Ich würde eh schnell abhauen und sie sollen fernsehen gehen. Das hat ihnen überhaupt nicht gepasst. Einer meinte, ich soll ihnen nicht sagen, was sie zu tun hätten."

„Und darauf haben Sie auch wieder Ihren Senf dazugegeben, stimmt's?", mutmaßte das Gericht.

„Sicher. Ich habe gesagt, dann kontrolliers mich halt, das dauert bis zur zweiten Spielhälfte!"

„Warum?"

„Weil die solang suchen, bis sie was gefunden haben."

Alfreds Meinung stand felsenfest im Raum.

„Und dann?"

„Dann haben sie mich gefragt, ob ich den Unfall schon gemeldet habe, weil links vorne viel kaputt war. Ich habe gesagt, nicht wirklich, was ja stimmte. Bei der Polizei oder Gendarmerie habe ich nichts angezeigt, aber bei der Parkverwaltung. Der Beamte sagte, dass ich dann Fahrerflucht begangen hätte. Dazu sagte ich, dass er ein Traumdeuter wäre. Ist wahrscheinlich nicht gut angekommen. Er meinte, dass Traumdeuter nichts Positives sei und er überhaupt nichts deute, sondern etwas stark annehme. Ich sagte ihm dann, dass sich ein Elefant auf meinen Wagen gesetzt hätte, weshalb dann der andere Beamte gleich dieses Alköröhrl aus dem Dienstauto geholt hat."

„Sie haben also blasen müssen?"

„Ja, vorher haben sie mich noch gefragt, ob ich – wortwörtlich bitte – etwas getrunken habe. Natürlich habe ich etwas getrunken und das habe ich ihnen auch gesagt. Im Alter trinkt man gewöhnlich viel zu wenig, wie mir mein Hausarzt erklärt hat. Natürlich habe ich tagsüber etwas getrunken, gar nicht wenig, auf meine drei Liter werde ich aber nicht gekommen sein, aber ich hatte getrunken."

„Und das sagten Sie dann auch?"

„Sicher. Auf so eine blöde Frage kann man nur blöd antworten. Wobei es gar nicht blöd war, sondern nur wahrheitsgemäß. Jawohl, meine Herren, ich habe etwas getrunken. So habe ich gesagt. Ich habe dann reingeblasen und es waren 0,0 Promille, was ja logisch war, weil es sich um Mineralwasser, Almdudler und Apfelsaft gehandelt hatte. Da haben die Beamten dem Röhrl nicht geglaubt und haben noch eines geholt. Dabei ist auch nichts anderes herausgekommen. Da haben sie geschaut! Weiter geschaut haben sie dann aber in meinem Auto und dann hat es geheissen, ich hätte meine Ladung nicht ordnungsgemäß gesichert. Da habe ich lachen müssen. Bei uns fahren die Traktoren mit den Holzkisten herum, dass dir schwindlig wird, da haut's gelegentlich die Äpfel raus, weil sie überladen haben. Die Schotterlaster rollen auf ihren Achsen dahin und mich wollen sie aufmischen, weil ich den Kinderwagen meiner Tochter und die beiden Kinderradl hinten drinnen liegen hab. Ich habe wirklich lachen müssen. Also habe ich gesagt, dass sie mir ein Mandat geben sollen, wenn sie so gierig darauf wären."

„Ein bisschen anders haben Sie das laut Anzeige formuliert!", korrigierte der Richter.

„Stimmt. Ich sagte zu einem, dass er mir als Organ ein Mandant geben soll."

„Das ist provokant! Aber Sie haben noch etwas gesagt!"

„Das ist mir herausgerutscht."

„Was haben Sie genau gesagt?"

„Dass er als Organ sicher kein Herz und kein Hirn hätte, sondern ein *Vurschriftsorgan* der Republik wäre, auf das man gerne verzichten könnte. Das tut mir jetzt wirklich leid, aber ich war echt grantig, weil es so ein schöner Tag gewesen ist, der negativ endete und noch negativer wurde, außerdem mittlerweile sicherlich die zweite Spielhälfte auch schon begonnen

hatte und sie jetzt auch das Pannendreieck und die Verbands-
kassette sehen wollten. Ich war knapp davor zu sagen, dass die
Affen alles gestohlen hätten …"

„Na geh!"

„Hab' ich eh nicht!"

„Beamtenbeleidigung und üble Nachrede sind nicht korrekt,
Herr Angeklagter. Sie dürfen auch im Gasthaus nicht erzählen,
dass die Beamten die *Deppen der Nation* wären …"

„Herr Rat, mein Anwalt hat gesagt, dass man dies sagen
dürfe, weil man den Wahrheitsbeweis erbringen könne. Die
Beamten wären unterbezahlt, schlecht ausgerüstet. Die haben
keine Klimaanlage in ihrem Büro. Sie kriegen keine Abferti-
gung und fast jeder schimpft auf sie. Amtsschimmel, Bürokratie
und so. Und trotzdem arbeiten die und machen ihren Job.",
warf der Angeklagte ein.

Na dann.

Ein Körnchen Wahrheit dürfte in dieser Aussage schon
stecken. Letztinstanzliche Entscheidungen dazu gibt es, soweit
überblickbar, dazu (noch) nicht.

Die Beamten meinten, dass sie die Entschuldigung des
Angeklagten annehmen würden.

*„Der Schwache kann nicht verzeihen. Verzeihen ist eine Eigen-
schaft des Starken!" (Mahatma Gandhi)*

Ferdinand

„Menschen stolpern nicht über Berge,
sondern über Maulwurfshügel." (Konfuzius)

Der Staatsanwalt hatte den Strafantrag mündlich vorgetragen
und auch die Argumente dazu kurz umrissen, so wie es gesetzlich vorgesehen war.

„Sehr verehrter Herr Einzelrichter. Ich beantrage schon jetzt
namens meines Mandanten einen Freispruch, wobei sich dies
nachvollziehbar aus höchstgerichtlichen Entscheidungen ableiten
lässt. Der Fahrer eines Kraftfahrzeuges hat seine Fahrgeschwindigkeit ausnahmslos, somit immer, so einzurichten, dass er
Hindernissen jeder Art ausweichen oder Notfalls vor ihnen anzu-
halten hat, wobei es vollkommen gleichgültig ist, ob sich nun die
Hindernisse inmitten der Fahrbahn, genau in der Fahrspur oder
am Fahrbahnrand befinden. Speziell weil Hindernisse, die von
angrenzenden Flächen auf die Fahrbahn gelangen, mindestens
ebenso gefährlich sein können wie solche, die sich bereits auf der
Fahrbahn befinden, kann der Beobachtung der angrenzenden
Flächen nicht weniger Bedeutung zugemessen werden als der
Fahrbahn selbst. Die Fahrgeschwindigkeit ist so den gegebenen
Umständen anzupassen, dass das Fahrzeug – ich möchte dies
nochmals ausdrücklich betonen – jederzeit beherrscht und einer
Unfallgefahr entsprechend begegnet werden kann. Das sagt der
Oberste Gerichtshof schon seit 1965 in zahlreichen Entschei-
dungen und muss nicht extra erwähnt werden. Auch muss jeder
Kraftfahrer in erster Linie während der Fahrt die Fahrbahn in

ihrer ganzen Breite einschließlich der beiden Fahrbahnränder und etwa anschließender Verkehrsflächen im Auge behalten, wobei es sogar allgemein zumutbar und notwendig ist, dass ein Raum von zwei bis zweieinhalb Metern oberhalb der Fahrbahn beobachtet wird. Diese Höhe wurde fallbezogen gar nicht erreicht, vielmehr war das Hindernis auf Höhe der Größe etwa eines Kleinkindes. Einer etwaigen unklaren Verkehrssituation muss jeder Verkehrsteilnehmer durch Vermeidung der Fahrgeschwindigkeit Rechnung tragen. Angesichts der Örtlichkeit in Form einer zunächst stärkeren Linkskurve, die dann eigentlich, so würde ich sagen, in eine leichtere links ausläuft und dann wieder in eine Rechtskurve übergeht, noch dazu, wo zwei Häuser stehen und auch eine Hofeinfahrt vorhanden ist, wäre der Fahrzeuglenker sogar zu erhöhter Aufmerksamkeit verpflichtet gewesen, sodass ihm auch eine Schrecksekunde nicht zugebilligt werden kann. Seine Fahrgeschwindigkeit hat somit nicht annähernd gepasst, er hat auch nicht richtig reagiert und falsch gebremst. Das Verschulden am Zustandekommen dieses zugegebenermaßen furchtbaren und nicht alltäglichen Unfalles trifft somit eindeutig und überwiegend das Opfer selbst, sodass meinem Mandanten, wenn überhaupt, nur ein äußerst geringes fahrlässiges Verschulden anzulasten ist. Er hat alles unternommen, was aus seiner Sicht der Dinge getan werden konnte und musste."

Die Verteidigerin hatte alles wie aus einem voll geladenen Maschinengewehr abgefeuert, sah sich um, als würde sie auf einen Applaus warten, der sich aber nicht einstellte und nahm wieder Platz.

Wider Erwarten erhob sich der Staatsanwalt abermals.

„Sehr verehrter Herr Rat. Ich mache dies gewöhnlich nicht, aber zu diesen Ausführungen muss ich replizieren. Ich weiß jetzt nicht, Frau Verteidigerin, was Sie allenfalls für eine Strategie haben, aber ich kann in Ihrem Vorbringen keine erken-

nen, macht nichts, vielleicht bin ich zu dumm dafür, ich sage es so direkt heraus, ich möchte Sie aber schon daran erinnern, dass wir hier nicht in einem Zivilverfahren sind. Ein etwaiges zivilrechtliches Mitverschulden wird bei den Forderungen des Privatbeteiligten mitzuberücksichtigen sein, aber das, was das Verschulden des Angeklagten betrifft, sehe ich zumindest unter dem Gesichtspunkt der groben Fahrlässigkeit."

Damit setzte er sich wieder.

Jetzt war der Angeklagte am Wort.

„Was sagen Sie zum Strafantrag?", ein Satz, den dieser Saal wahrscheinlich schon tausende Male gehört hatte und wahrscheinlich auch noch abertausende Male hören sollte (wenngleich er eigentlich keine Hörorgane hatte. Andererseits hatte ein Verhandlungsrichter schon vor langer Zeit einmal einen Satz einem Angeklagten zur Kenntnis gebracht, sodass man dies allenfalls wirklich vermuten hätte können: „Passen Sie auf, dieses Haus hat Wände und Ohren!").

„Meine Verteidigerin hat schon alles gesagt."

Die Aussage Ferdinands wirkte trotzig und war weder vernünftig, noch wirklich angebracht und aussagekräftig. Eigentlich ein wahrlich schlechter Beginn. Vor der Exekutive hatte er auch nichts gesagt, sondern auf seinen Anwalt verwiesen, der eine schriftliche Stellungnahme einbringen werde. Die Polizei wartete ergebnislos. Dem Staatsanwalt wurde es letztlich zu bunt, die Anklage folgte auf dem Fuße, zumal sonst alles erhoben worden war. Über die Jahrzehnte hinweg kam es in den zuletzt beinahe 7.800 Verfahren äußerst selten vor, dass sich Angeklagte zu den Vorwürfen nicht äußerten. Der Richter, der solche nichtssagenden und vielleicht abgesprochenen Antworten bekannterweise nicht sehr schätzte, sie vielmehr als Signal und Auftrag für ein penibles Beweisverfahren sah, atmete hörbar durch.

„Ich frage trotzdem Sie, was Sie zu diesem Strafantrag sagen. Ohren habe ich, auch wenn man diese vielleicht durch meine längeren Haare nicht sieht. Ich habe gehört, was die Frau Magistra gesagt hat. Was sagen Sie? Sie sind der Angeklagte! Sie haben gesetzlich die Möglichkeit, sich zu äußern, Sie dürfen Ihre Sicht der Dinge präsentieren und sogar eine zusammenhängende Schilderung tätigen. Aber Sie müssen nicht, dann wird es kürzer. Sie berauben sich aber dadurch auch eines wesentlichen Milderungsgrundes, weil ein Geständnis, wenn es umfassend, reumütig oder der Wahrheitsfindung dienlich ist, sehr viel bringt."

Wenngleich diese Worte nur eine Nuance betonter, auch etwas lauter waren als die ursprünglichen ersten Fragen, musterten die Augen des Richters den Angeklagten nunmehr beinahe mit Röntgenblick. Warum seine lapidare Antwort? Stammte sie von einem unbedarften Laien, der damit lediglich versuchte, aus seinem Schlammassel irgendwie herauszukommen oder von einem Pseudo-Profi, der auf diese Weise danach trachtete, etwas zu verbergen und zu verheimlichen, um die Wahrheit nicht ans Tageslicht kommen zu lassen? Als ob der Richter es geahnt hätte, kam nunmehr der hilfesuchende Blick des Angeklagten zur Verteidigerin, die darauf reagierte.

„Was schauen Sie mich jetzt an? Ich habe Ihnen bereits alles gesagt, was zu tun wäre.

Herr Rat, darf ich mich mit meinem Mandanten besprechen?"

„Nein, es ist nicht zulässig, einzelne Fragen mit dem Verteidiger zu besprechen und wir sind jetzt bei der nach wie vor echten ersten Frage", konterte dieser.

„Also?" Sein Blick hing am Angeklagten.

„Ich sage nichts!", deponierte dieser sodann.

„Wie Sie wollen, ich bin in der besonderen Lage, heute nicht

für Schöffen oder Geschworene verhandeln zu müssen, Herr Angeklagter, das ist ein wesentlicher Unterschied. Jeder ist seines Glückes Schmied, schon mal gehört?"

„Interessiert mich nicht", kam eine nicht gänzlich überraschende Antwort.

„Dann setzen Sie sich wieder zurück auf die Anklagebank", forderte der Richter den Angeklagten auf, der dem nachkam und sich scheinbar entspannt dort niederließ.

Wer sich mit Menschen beschäftigt und vor allem deren subjektiven Willen bei Sachverhalten in Urteilen festzustellen hat, sollte auf Kleinigkeiten achten, die Körpersprache verstehen und richtig interpretieren können. Wobei aber immer gilt, dass man sich dennoch täuschen könnte. Wie es vor langer Zeit einmal ein Bundeskanzler der Republik Österreich gesagt hat: Es ist alles sehr kompliziert. Spielt der Angeklagte nicht mit, bedarf es eines Beweisverfahrens, das all jene Aspekte beinhalten muss, woraus nachvollziehbare, glaubwürdige und zweifelsfreie Rückschlüsse auf die subjektive Tatseite des Angeklagten gezogen werden können.

Um es fallbezogen kurz zu machen: Das abgeführte Beweisverfahren bestätigte das Geschehen, von dem die Anklagebehörde ausgegangen war, was nicht überraschte; gab es nicht nur Zeugenaussagen (Motorradfahrer und dazugekommener Pkw-Lenker), sondern auch Spurenberichte, Lichtbilder, zwei Kfz-technische (bezüglich Unfallgeschehen, Beschädigungen, Kollisionskriterien, Seilbeschaffenheit und -positionen) und ein gerichtsmedizinisches Gutachten (Verletzungen und Schmerzenskatalog des Unfallopfers), die zusammen alles andere als positiv für den Angeklagten waren. Damit stand für das erkennende Gericht zumindest einmal folgender Sachverhalt fest:

Der Angeklagte, der hauptberuflich als Hilfsmaurer sowie als Nebenerwerbslandwirt in einem kleinen Tal arbeitete und auch Hühner und Gänse in nicht abgezählter Anzahl und zehn Stück Milchkühe hielt, hatte eines Samstagnachmittags gegen 16 Uhr zwischen seinen beiden Grundstücken, die durch eine Landesstraße getrennt waren, ein insgesamt 28 Meter langes Stahlseil mit einer Stärke von genau 5,5 Millimetern Stärke gezogen und in einer Höhe von rund sechzig bis siebzig Zentimeter gespannt, wobei auf der östlichen Seite die Anhängerkupplung samt Zusatzgerät eines Traktors als Fixierpunkt und auf der westlichen, 28 Meter entfernten Seite, eine im Boden einbetonierte Eisenstrebe eines Metallzaunes als Einhängepunkt für einen Spezialhaken am Seil fungierten. Auf dem Seil befanden sich insgesamt drei rote gleichschenkelige, dreieckige Fähnchen mit einer Größe von zwanzig mal dreißig Zentimeter aus zwei Millimeter starkem, rotem Plastik mit Klebeband befestigt, wobei eines der Fähnchen etwa drei Meter, das zweite etwa 14 Meter vom westlichen Einhängepunkt und das dritte ca. drei Meter vom östlichen Fixierpunkt sich am Seil befanden, als es die Polizei sichern konnte. Bei rund zwölf Metern östlicher Seillänge war das Seil zerstört und gänzlich getrennt, der westliche Teil betrug rund sechzehn Meter. Der Himmel war leicht bedeckt, die Sonne schien, es herrschten 21 Grad Lufttemperatur, es gab keinerlei Seh- oder Sichtbehinderungen, die Fahrbahn war trocken, etwa fünf Jahre alter Asphalt, jede Fahrspur war genau 2,65 Meter breit, in der Mitte gab es weiße Bodenmarkierungen, die Fahrgeschwindigkeit war nicht beschränkt (Freiland 100 km/h). Gegen 16 Uhr befuhr ein Motorradfahrer mit seiner Kawasaki ZX-9R mit dem behördlichen Kennzeichen G… die gegenständliche Landesstraße von Süden kommend nach Norden und kollidierte in etwa mittig auf seiner Fahrspur am Ende der Linkskurve und bei Beginn der Rechtskurve ca. bei Kilometer 25 mit ca. 65

bis 71 km/h mit diesem gespannten Seil, wodurch er schwer zu Sturz kam und dabei zahlreiche Knochenbrüche, Quetschungen und Zerrungen sowie eine Gehirnerschütterung erlitt, sich also schwer verletzte.

Aus dem polizeilichen Erhebungsbericht ergab sich darüber hinaus weiters, dass „der Stall für die Kühe sich am westlichen Grundstück befindet, auf dem auch offensichtlich alle Hühner und Gänse waren, alle Kühe zum Zeitpunkt des Eintreffens der Polizei hingegen auf einer Wiese des östlichen Grundstückes. Mit Ausnahme des Angeklagten befand sich sonst niemand auf den Grundstücken, im Haus und in den Stallungen. Der schwer verletzte Motorradfahrer lag etwa 26 bis 28 Meter nördlich des gerissenen Seiles in einem Straßengraben westlich der Landesstraße, das Motorrad einige Meter weiter in einem bereits beginnenden Acker, wobei alles mit Fotos dokumentiert worden war. Auf Höhe des Motorradfahrers stand auch jener Pkw, dessen Fahrer mittels Mobiltelefons die Polizei und die Rettung verständigt hatte. Der Motorradfahrer selbst war nicht ansprechbar. Nach Kontaktierung des Landwirtes bezüglich des Seiles teilte dieser mit, dass er nichts zu sagen hätte."

Der Richter blätterte nochmals in seinem Akt. Irgendetwas wollte nach seinem Dafürhalten nicht passen. Etwas stimmte hier nicht, obwohl durch das Beweisverfahren eigentlich schon alles geklärt schien. Auch die Verfahrensparteien waren an weiteren Beweisaufnahmen nicht mehr interessiert, stimmten den Verlesungen des gesamten Akteninhaltes und somit auch des oben angeführten Polizeiberichtes einvernehmlich zu, selbst eine Gutachtenserörterung wurde nicht begehrt, weil alles unmissverständlich deutlich und nachvollziehbar schriftlich in diesen ausgeführt erschien. Den heutigen Hauptverhandlungstermin hatte der Verhandlungsrichter selbst gar nicht angesetzt

und ausgeschrieben gehabt, wie dies so schön hieß, zumal er längere Zeit auf Urlaub gewesen war, um endlich den Resturlaub aus den Vorjahren abtragen zu können.

Der Richter schloss den Akt und verkündete den Beschluss auf Vertagung der Hauptverhandlung zwecks weiterer Beweisaufnahme, die er allerdings inhaltlich nicht nannte.

Beim nächsten Verhandlungstermin streifte der Blick des Richters nur kurz den Angeklagten.

„Sie bleiben dabei, nichts sagen zu wollen?"

Der Angeklagte nickte emotionslos. Kein Sterbenswörtchen war ihm auch beim letzten Termin entkommen, als der Motorradfahrer das Unfallgeschehen, so weit überhaupt erinnerlich, schilderte und vor allem seine erlittenen Verletzungen aufzählte. Er äußerte sich auch überhaupt nicht zu den privatrechtlichen Schmerzensgeldforderungen des Opfers. Kein Ja, kein Nein, nicht einmal ein Muh oder sonst etwas. Das gibt es selten bis gar nicht.

Der Richter rief den erhebenden Polizeibeamten des Postens auf, der alles in den Bericht gepackt hatte.

„Herr Bezirksinspektor, ich habe eigentlich nur eine Frage. Wo war der Angeklagte, als Sie gerufen worden sind und bei der Unfallstelle eingetroffen sind? Ich kann dies Ihrem Bericht nicht entnehmen!"

Der Beamte blickte den Richter an.

„Darf ich kurz in meinem Bericht und meinen Aufzeichnungen nachsehen?"

„Gerne! Sie haben weitere Aufzeichnungen?", fragte das Gericht.

„Ja, das ist mein privates Dienstbücherl, so sag' ich halt immer. Das habe ich schon seit fast 22 Jahren, ich habe dies seinerzeit im Zuge meiner Ausbildung in der Gendarmerieschule gelernt,

wo meine Lehrer uns dies rieten. Burschen machts Notizen und Fotos, so viel wie geht. So hat es geheißen. Besonders gemerkt habe ich mir auch *Holzauge, sei wachsam*", erklärte der Beamte und ein gewisses Leuchten in seinen Augen war dem Richter deutlich erkennbar, der diese Worte auch im Zuge seiner damaligen Ausbildung gehört hatte.

„Ich kann mich aber sowieso an die gesamte Situation erinnern. Wir haben das Dienstauto neben der Straße rechts vor dem Haus des Angeklagten abgestellt, mein Kollege ist gleich mit der Autoapotheke zum Verunfallten gelaufen, neben dem der Autofahrer schon hockte. Im ersten Moment hat es für mich so ausgesehen, dass es einen Unfall vielleicht zwischen dem Motorradfahrer und dem Auto gegeben hat, aber dann ist mir sofort das Seil aufgefallen, das so über der ganzen Fahrbahn gelegen ist. Den Angeklagten habe ich zunächst überhaupt nicht gesehen. Erst als ich auch beim Motorradfahrer war und die Rettung gekommen ist, habe ich Richtung Süden zum ankommenden Rettungswagen geschaut und habe dann weiter rechts von mir, also westlich, den Angeklagten gesehen, der hat dort einen Stall ausgemistet. Er hat kurz hergeschaut, dann aber weitergearbeitet mit einem Besen. Da, in meinem Bücherl, ich habe es schon gefunden. Bauer XY beim Hühnerstall mit Besen angetroffen und wegen Seil gefragt, keine Angaben."

„Danke, ich muss Sie doch noch etwas fragen, wenn ich Sie schon hier habe. Wissen Sie sonst noch was über den Angeklagten?"

„Schon. Also aufgefallen ist er uns bisher nicht. Keine Verwaltungsstrafen, Anzeigen oder dergleichen. Er ist aber – soweit wir wissen – seit langer Zeit regelrecht im Kampf mit der Bezirkshauptmannschaft, weil er dort auf der Straße eine Siebziger-Beschränkung haben will. Da fahren ihm die Leute zu schnell und vor allem bei seiner Hofausfahrt zu laut vorbei.

Es ist aber noch nie etwas geschehen, kein Unfall oder ähnliches. Voriges Jahr hat es Anzeigen gegen Unbekannt gegeben, weil immer wieder Öl- und Benzinflecken auf der Straße aufgetaucht sind und Motorradlfahrer aus Graz dies angezeigt haben. Wir haben uns das angeschaut, da gab's unregelmäßige Flecken. Aber da wissen wir nichts vom Täter. Der Angeklagte mag aber nicht nur die Autoraser aus dem Tal nicht, Sie wissen, die Burschen mit ihren scharfen Geschoßen. Die Motorradfahrer hasst er wie die Pest. Weil vor allem am Wochenende mittlerweile so viele in diesen Graben hinein- und auch wieder hinausfahren. So wird halt im Ort heraußen vor der Taleinfahrt geredet.

Außerdem hat er immer wieder bei uns am Posten gefordert, wir sollen die narrischen Motorradlfahrer strafen. Wir waren auch oft mit den neuen Laserpistolen am Wochenende in dem Tal, konnten aber keine Übertretungen feststellen, die sind objektiv nicht zu schnell unterwegs gewesen. Er hat uns dann auch einmal beschuldigt, dass wir nicht richtig messen können, weil unsere Kasteln zu alt wären. Das war zwar objektiv falsch, aber keine falsche Anschuldigung uns gegenüber."

Nach dieser Aussage war der Richter erleichtert, er hatte seine Spur gefunden, der es galt zu folgen. Nach Beischaffung der Akten bei der zuständigen Bezirkshauptmannschaft und der UT (Unbekannte Täter)-Anzeigen stand für das Gericht fest, dass es sich nun um einen Anschlag gegen Motorradfahrer handeln könne. Da die Gerichtsmedizinerin auch konstatierte, dass bei einem derartigen Seileinsatz grundsätzlich auch anstandslos Körperteile abgetrennt, ja ganze Körper durchschnitten werden könnten, die zum sofortigen Tot des Betroffenen führen können, das Sturzgeschehen an sich schon naturgemäß tödlich ausgehen könnte, stand letztlich für das Gericht außer Zweifel fest, was zu tun war.

Es wurde ein Unzuständigkeitsurteil verkündet.

Weil der Angeklagte bei seiner Handlung, dem Spannen des genannten Stahlseiles über die gesamte Fahrbahn ohne sonstige Sicherungsmaßnahmen und dem Belassen dieser Absperrung über längere Zeit hindurch zumindest mit „bedingtem Vorsatz" gehandelt und hierbei auch den Tod eines Menschen somit in Kauf genommen habe.

Eine Tötung mit diesem bedingten Vorsatz wird somit als Handlung des Täters verstanden, mit der dieser zwar den Tod eines Menschen nicht beabsichtigt, aber ernsthaft damit rechnet, dass er ums Leben kommt. Der Täter billigt somit den Tod des vermeintlichen Opfers oder es ist ihm zumindest gleichgültig, mundartsprachlich *wurscht*. Innerlich sagt der Täter zu sich selbst, dass es somit sein könne, dass der andere den Unfall überlebt, oder auch durch das Verhalten seiner Handlung sterben könne, wobei beides dem Täter recht ist. Fallbezogen führte das Gericht sogar aus, dass es zusätzlich zahlreiche Argumente gäbe, wonach der Landwirt gar nicht mit diesem bedingten Vorsatz, sondern sogar mit *Dolus directus* (direktem Vorsatz) agiert habe, wäre er doch vollkommen abseits des Geschehens gestanden, habe zumindest minutenlang sich im Stall befunden und ausgemistet, ohne die Absperrung für den Trieb der Kühe zum Stall zu (be)nützen. Außerdem sprach viel dafür, dass er auch für die sonstigen Ölspuren verantwortlich zeigte, weil die jedes Mal dann auftauchten, wenn er erfolglos bei der Verwaltungsbehörde vorgesprochen hatte. Im Verwaltungsakt befand sich noch dazu ein handgeschriebener Brief des Landwirtes, in dem er sich seitenlang beschwerte und Missstände bei den Behörden anbrachte. Die elendslangen, hingefetzten Seiten mit beinahe unleserlicher Schrift dürften aber nicht so genau gelesen worden sein, denn als Abschluss fand sich auch ein Satz, in dem er ankündigte, „einmal einen

von den Verrückten herunterholen zu werden", wenn behördlicherseits nichts geschehen sollte.

Das Unzuständigkeitsurteil wurde rechtkräftig. Der Angeklagte hatte seine Verkündung emotionslos zur Kenntnis genommen.

Der Staatsanwalt begann mit seiner Anklageschrift wegen Mordversuches und überlegte sich, ob er nicht auch Untersuchungshaft beantragen müsse, zumal bei solchen Verbrechen die Strafprozessordnung die obligatorische Untersuchungshaft aus sämtlichen gesetzlichen Haftgründen vorsieht, es sei denn, Flucht-, Verdunkelungs- und Tatbegehungsgefahr könnten jeweils nach Prüfung aus begründeten Umständen ausgeschlossen werden.

Dies hätte somit grundsätzlich die Verhaftung des Landwirtes und die Verhängung der Untersuchungshaft bedeutet.

Dazu kam es nicht mehr.

Der Landwirt Ferdinand suizidierte sich.

Mit einem Seil aus einer Seiltrommel.

Dieses war ident mit dem der vormaligen Straßensperre.

Jahrzehnte später mussten Gerichte bei illegalen Autorennen in deutschen Großstädten aus den äußeren Umständen des Geschehens auch die innere Einstellung der Täter klären. Es verwunderte daher auch nicht, dass es sowohl Verurteilungen wegen fahrlässiger Tötung als auch wegen Mordes gab ...

Gregor oder Victor
S 4, S 6, S 8: Ein bisschen mehr geht immer!

Die Zeiten sind noch nicht allzu lange her, als sich Gendarmerie- und Polizeibeamte mit untermotorisierten Dienstkraftwägen gelegentlich Verfolgungsmanöver mit Dieben, Einbrechern, zumeist aber mit simplen Verwaltungstätern lieferten, die nicht immer von Erfolg gekrönt waren.

Hatten die Inspektoren des Landesgendarmeriekommandos im Zuge einer Postenzuteilung erfolglos versucht, mit dem Kollegen vor Ort einen wild gewordenen Sattelschlepperfahrer zu verfolgen, der mit seinem 38-Tonner eine höhere End- und auch Dauergeschwindigkeit erzielen konnte, als dies im Dienstkraftwagen der Fall war, kämpften auch sonst gelegentlich Fahnder mit technisch minderwertigerem Material gegen das Böse, das bekannterweise immer und überall ist.

Immerhin war es seinerzeit solchen Beamten gelungen, mittels Funk Unterstützung herbeizuordern, wenngleich auch diese in technischer Hinsicht wahrscheinlich ebenfalls w.o. geben hätte müssen, wenn es zu einem direkten Kräftevergleich gekommen wäre.

„Schöckel-Zentrale für Schöckel 12 bitte kommen!"

„Hier Schöckel-Zentrale. Auf Empfang!"

„Ja, hier Schöckel 12. Wie verfolgen jetzt gerade einen dunkelgrauen Lkw, besser gesagt einen Sattelschlepper mit Linzer Kennzeichen, wobei der Begriff *Verfolgen* nicht so ganz richtig

ist. Wir kommen dem gar nicht nach, der fährt uns weg. Der ist jetzt schon auf und davon", rief einer der Inspektoren in das Funkgerät, das die Form eines Telefonhörers hatte.

„Bitte wiederholen, Schöckel 12", krächzte die Stimme durch den Äther oder doch schadhaften Lautsprecher.

„Wir fahren dem nach. Nein, falsch, wir versuchen es, wir kommen dem nicht nach. Grauer Sattelschlepper, Linzer Kennzeichen, Fahrtrichtung Graz, S 36."

Irgendwie klang es wie in einem nostalgischen Louis-de-Funès-Film, wo er als Gendarm von Saint-Tropez mit der Klosterfrau im 2CV versuchte, dem Fahrzeug der Räuberbande zu folgen, was aber dort gelang, weil Schwester Oberin aufgrund ihres ungebrochenen Gottvertrauens ihre heißgeliebte Ente in die Kurve legte, dass den Stoßdämpfern Hören und Sehen verging. Dazu gab es Kurvenabkürzungen durch Olivenhaine und Weingärten und immer ein Happy End. Dort an der Côte d'Azur. Hier auf der steirischen Autobahn oder Schnellstraße war dem nicht so. Einholen war unmöglich. Zum Glück endete diese unechte Verfolgungsfahrt an der Grazer Stadtgrenze, da der Autobahndurchstoß erst in Planung war, hatte man doch den Grazer Bürgermeister, ob seiner Idee, zig Hoch- und tausende Einfamilienhäuser zu schleifen und die Verlängerung der Autobahn direkt durch den Westen der Stadt zu führen, kurzerhand abgewählt und zum Teufel geschickt. Man plante daher gerade die Längsquerung der westlichen Hügelketten, was wiederum viel Hohn der Grazer Bevölkerung bescherte, die mit den Schildbürgern verglichen wurde, zumal der Tunnel nicht quer zum Berg, sondern mit und in diesem geführt wurde, was beinahe einen neuen Längenrekord bescheren sollte. Heute ginge ohne diesen Tunnel nichts mehr im Stadtverkehr und die Polizei könnte zu Fuß jeden Verwaltungsübertreter stellen. Mit dem Dienst-Kfz

gelang dies aber den Kollegen damals vor Ort, der Lenker des Sattelschleppers „löhnte anständig" diverse Organmandate und musste zusätzlich auch eine Sicherheitsleistung für ein weiteres Verwaltungsverfahren deponieren. Die Amtshandlung war gerade beendet worden und der Sattelschlepper setzte seine Fahrt fort, als das 34-PS-Dienstgeschoß der Gendarmerie neben dem 50 PS-starken Stadtpolizeifahrzeug anhielt. Die Gendarmeriebeamten wollten sich beim Polizeikollegen bedanken, doch bevor sie dazu Möglichkeit hatten, lehnte dieser schon am Gendarmeriefahrzeug, betrachtete es von unten nach oben und umgekehrt und meinte sodann im Anschluss dieser Generalbesichtigung, dass es ein Wahnsinn wäre, was die Kollegen vom Land an außergewöhnlich „Scharfem" so in Betrieb hätten. Die Gedanken und Wünsche der Landsheriffs an ihren Stadtkollegen seien hier und jetzt nicht kundgetan, es waren aber keine netten, so viel sei verraten.

Immerhin erfolgte die nächsten Jahre hindurch die technische Aufrüstung, die auch bei den Kraftfahrzeugen nicht allzu lange auf sich warten ließ. Somit kam es zumeist zu einer Verdoppelung der jeweiligen Motorleistung, außerdem stieg die Anzahl der Dienstkraftfahrzeuge. Über die Jahrzehnte hinweg wurden die Fahrzeuge allgemein moderner und wesentlich stärker, sodass auch Otto und Anna Normalverbraucher nicht mehr mit 34 Käferstärken oder 40 Kadett- und Escort-Leistungstriebwerken herumgurkten, sondern 70 bis 115 PS-igen GTIs, GTEs, RSs, GTVs und sonstigem Gefährten die Sporen gaben. Verbrecher und sonstige Schwerkriminelle, die zu 99 Prozent männlichen Geschlechts waren, frönten aber auch hier standesgemäß dem Leistungsdenken, sodass schon damals 150 bis 240 Pferdchen durchaus an der Tagesordnung waren. Damit konnte man ordentlich Dampf machen, waren die Fahrzeuge

doch auch nicht so schwer oder mit all dem überfrachtet, was die Zubehörlisten heutzutage so alles anzubieten haben.

Dass es bezüglich der Dienstkraftwagen von Polizei, Kriminaldienst bzw. Kriminal- und Verkehrspolizei, aber auch von Fahndung, Observation und verdeckt operierenden Beamten auch heute noch nicht wirklich zum Besten bestellt ist, zeigt jener Akt des jahrelang im Visier der Suchtgiftfahnder umherwurschtelnden Gregor, der von seinen Spetzln üblicherweise *der Zahnlose* genannt wurde. Dies etwa nicht, weil er bei Eintreibungen oder Durchsetzungen von Forderungen nichts weiterbrachte, sondern sich durch allerlei Süßes seit frühester Kindheit kombiniert mit mangelnder Mundhygiene eine schlimme Zahnerkrankung geholt hatte, die für einen regelmäßigen Zahnverlust sorgte. So hatte er zuletzt nur mehr zwei echte Beißerchen im Kiefer, der Rest waren mehr oder minder brauchbare Zahnimplantate ungarischer Provenienz, die zumeist den Kiefer ebenso rasch verließen, wie Zigaretten ihre Päckchen bei Kettenrauchern. Aus diesem Grunde hatte sich Gregor letztlich dann auch ein zweiteiliges Gebiss besorgt, das er sich reinstecken konnte, wann immer er wollte und das auch genauso rasch wieder zu entfernen war, insbesondere des nachts, wenn Gregor geräuschbetont dahinschnarchte.

Noch nicht erwähnt wurde der Umstand, dass Gregor auch zum Dunstkreis von Peter und Heinz gehörte, jene Kaliber im Suchtgift- und Rotlichtmilieu, die auch schon in Buch 2 („Nicht schuldig") ihre aktenmäßigen Auftritte hatten. Gregor kümmerte sich auch um die Mädchen der Nacht. Da er einen gröberen Zahnverlust – allerdings durch eine Schlägerei – erlitten hatte, fiel er als Betreuer kurzfristig aus und verpasste wahrscheinlich so seinen Auftritt bei Mai Ling, die dafür seinen Kumpel vermöbelte, in dem die zarte Chinesin ihren Stöckelschuh in die Stirn des Zuhälters bohrte. (Nachzulesen in Buch 1

„In allen Punkten" bei: Peter – eine Nacht im Chinarestaurant)
So schließt sich auch dieser Kreis, der buchmäßig 2021 seinen
Anfang nahm.

Gregor liebte aber auch schnelle Autos, wenngleich sein
Fahrtalent eher dem eines Übungsfahrers oder U17-Lenkers
entsprach, ohne diese Fahranfänger jetzt verunglimpflichen
zu wollen. Nicht umsonst hatte er schon zahlreiche Limousinen geschrottet, einmal gelang es ihm sogar, ein Sportcoupé
in einer zügigen Rechtskurve im dreckigen Wasser eines sonst
beliebten Ausflugsees in der Nähe der Landeshauptstadt zu
versenken. Diese Informationen und Erkenntnisse waren natürlich immer streng geheim und fanden auch niemals Eingang in
irgendwelche Akten, alleine aus den Inhalten diverser Telefonüberwachungen gab es aber deutliche Hinweise, das dem aber
tatsächlich so gewesen sein musste.

Dies wird auch der Grund gewesen sein, dass der Chef dieser
Gruppe keinerlei Vertrauen zu den Fahrkünsten Gregors hatte
und schon deshalb hauptsächlich Peter beauftragte, der zwar
deutlich langsamer fuhr, dafür aber immer zielsicher ankam.
Irgendwie waren aber für Gregor genau diese Nichtbeauf-
tragungen jenes Quäntchen Glück, sodass die Justiz ihn nie
richtig fassen konnte. Zwar gab es Verurteilungen nach dem
SGG und SMG (Suchtgiftgesetz, Suchtmittelgesetz), die aber
im Vergleich zu den sonstigen Mittätern immer sehr bescheiden
und zurückhaltend ausfielen, weil er nur am Nebenschauplatz
gelegentlich vorkam.

Bei einem groß geplanten und bis in die Niederlande rei-
chenden Deal wollte er unbedingt mitmischen, alleine der Chef
der Unternehmung ließ es nicht zu, dass er als Fahrer des eingesetzten Fahrzeuges fungieren sollte. Victor war der Mann der
Stunde, der mit seinen halsbrecherischen, aber überzeugenden
Fahrmanövern das Steuer übernehmen sollte und sich auch

sonst schon bei einigen kleineren Schmuggelfahrten bewährt hatte. So erfreute es immer den Chef, wenn die Ware schon um einiges früher da war, als geplant oder zugesagt, denn auch hier gilt: *Time is money*! Zwar gab es immer horrende Tankrechnungen, wenn Victor unterwegs war, aber daran sollte und durfte ein Deal doch nicht scheitern. Die Reisekosten wurden natürlich auf den Verkaufspreis aufgeschlagen, durch die Nase aufziehende Kokainkunden finanzierten somit auch Sprudelkosten und Verwaltungsstrafen.

Peter hatte dies einmal einem unzufriedenen Kunden folgendermaßen erklärt:

„Hearst Oida, des is so wie in da Privatwirtschaft. Da gibt's auch Lohn- und Personalnebenkosten. Oida, wir sind in Österreich, wos soll bei uns im G'schäft anders sein?"

Diesen volks- und betriebswirtschaftlichen Argumenten konnte sich niemand so recht entziehen, zumal Peter oft auch einen großkalibrigen Revolver dabeihatte, der für gewöhnlich bloß in seinem Hosenbund steckte, doch in besonderen Momenten auch gezückt wurde, um seinen Argumenten – sofern notwendig – Nachdruck zu verleihen. Es verwunderte somit auch nicht, dass in der Grazer Schickimicki-Szene die Grammpreise für Kokain tendenziell deutlich höher waren, als im benachbarten Umfeld, das aber auch weniger elitär und dekadent erschien. Qualität und Sicherheit hatten ihren Preis. „Bist du dabei, ist es gut, wenn nicht, dann nicht", hieß der interne Slogan hinter vorgehaltener Hand. Geld regiert die Welt und speziell das Milieu. Schließlich konnte nicht jeder zum erlauchten Kreis der Topkonsumenten gehören, die sich das Briefchen ins Naserl staubten, um den Kick am Hirn oder sonstwo zu erleben. Weil Kokain und Rotlicht quasi Nachbarn waren, überraschte es weder Polizei noch Justiz, dass „vögelnde auch ziehende Kundschaft" war, wie Peter es einmal auf einem

abgehörten Telefongespräch nannte. Unvorsichtigerweise gab er hierbei sogar namentlich einige Abnehmer preis, was naturgemäß die erhebenden Beamten sehr erfreute.

Victor war also Teil dieser ersten Großlieferung, wobei rein mathematisch noch nicht von wirklich „groß" gesprochen werden konnte, wenngleich auch nach den suchtmittelrechtlichen Bestimmungen bereits „übergroße Mengen" im Spiel waren. Fünf Kilogramm sind im Vergleich zu vierhundertneunzig oder achthundert sprichwörtlich der oft von Verteidigern zitierte „Lercherlschaß". So auch, wenn man Täter als Angeklagte hatte, die für 290 oder 600 Millionen Bilanzverlust verantwortlich zeichneten, sodass der Dieb, Betrüger oder Unterschlager mit 300.000 Euro Schaden durchaus auf den Goldenen Handshake des Richters hoffen durfte, verbunden mit der Erwartung, auch noch eine goldene Uhr zum Urteil dazuzubekommen. Wie sagte schon Einstein? Alles ist relativ. Und diese Relativitätstheorie war oftmals Teil eines Schlußplädoyers der Verteidigung, die nicht verstehen konnte oder wollte, warum ein Täter bei einfachem Mord schon die lebenslange Haft erhalten hätte sollen, gab es doch Serienmörder, Amokläufer und -fahrer mit Mehrfachtodesausgang.

„Du übergibst das Fahrzeug am Hafen und holst es tags darauf zur selben Uhrzeit wieder ab. Details dazu bekommst du noch!"

Der Auftrag an Victor war klar.

„Die Mauttickets zahlst du bar. Und keine Blödheiten auf der Hinfahrt. Wir wollen nicht auffallen und du hast es auch nicht eilig, verstanden? Wir brauchen keine Anonymverfügungen oder Strafbescheide, wenn es nicht sein muss. Klar?"

„Alles klar. Die Papiere sind im Handschuhfach?"

„Ja, so wie immer!"

„Passt!"

In der Kürz liegt die Würze. Auch Profis wissen das zu schätzen. Es gab nicht mehr zu sagen.

Die Sonne versank langsam im Westen und das Rot umhüllte die Hafenanlage in beinahe melancholische Farbkompositionen, die die schmucklosen Hallen und Bürohütten wertiger erscheinen ließen, als sie in Wirklichkeit waren. Wellbleche und unverputze Ziegelsteinmauern reihten sich an graue Betonsteine, Container an Holzhütten und lieblos angeschraubte Pressspanplatten. Ausgerissene und lose Dachpappe bewegte sich in der leichten Abendbrise. Eine metallischgraufärbige Limousine rollte langsam am Pier entlang und stoppte abrupt vor einem dunkelbraunen, rostigen Holztor, das sich sofort öffnete. Ein schlaksiger Typ mit Kappe und Sonnenbrille deutete dem Fahrer, er solle hier zurückstoßen und mahnte ihn zur Eile. Victor schob den Hebel des Automatikgetriebes in die Rückwärtsposition und nahm seinen Fuß vom Bremspedal. Langsam rollte der Wagen zurück und verschwand im Maul einer schäbigen Baracke.

Etwas später blickte Victor kurz auf die Fahrzeugarmaturen, die ihm signalisierten, dass alles in Ordnung war: Öltemperatur 110 Grad, Wasserfühler konstant bei 90 Grad, Öldruck vier Bar. Victor trat das Gaspedal durch, der Achtzylinder drehte hoch und durchwanderte mit seinem typischen Schnurren die Tausenderpositionen am Drehzahlmesser. Die Tachometernadel hatte schon längst die 200km/h-Position hinter sich gelassen und stürmte munter weiter, als gäbe es kein Ende. Die elektronische Geschwindigkeitsbeschränkung bei 250 km/h war kunstvoll ausgetrickst worden, Bremsen und Fahrwerk waren erhaben und für echte 280 bis 300 km/h ausgelegt. Es dauerte nicht lange und die Nadel des Tachos passierte auch diesen Bereich, um nach weiteren Sekunden bei 320 der Skala

endlich zu verharren. Victor liebte es. Endlich schienen auch diese unmöglich langen Autobahngeraden kürzer und unübersichtlicher, erforderten Aufmerksamkeit und Vorausschau, die Kurven präsentierten ihre Radien, die immer enger zu werden schienen, sich zusammenzogen, um dann doch wieder in die Gegenrichtung aufzumachen. Gelegentlich tauchten sogar Kurven auf, die vorher eher Geraden zuzurechnen waren. So war für Konzentration gesorgt und die Walze der Kilometeranzeige rotierte zügig vor sich hin.

„Zielfahrzeug aufgenommen, es steht jetzt bei der Tankstelle, kurz vor der Ausfahrt Anger, Fahrtrichtung Salzburg, Walserberg."

„Korrekt. Wir drehen um, ciao, bis zum nächsten Mal, war uns ein Volksfest."

„Danke, wir übernehmen, Grüße an Mike. Haltets die Ohren steif!"

„Immer!"

„Ciao!"

Man kannte sich, hatte doch bereits viele Roadabenteuer gemeinsam abgeschlossen und den Erfolg bei so manch gemütlichem Bierchen gefeiert. Man wusste, was man aneinander hatte und konnte sich auch zu hundert Prozent auf die Arbeit des anderen verlassen.

„Gib Gas!"

„Was glaubst, was ich tu!"

„Der fährt uns weg."

„Seh ich, aber da hab' ich keine Chance."

Victor blickte in den Rückspiegel. Kein Licht. Nur Finsternis. Die Scheinwerfer seines Wagens tasteten sich über die Autobahn, auf der es nunmehr kaum Verkehr gab.

„Fuß vom Gas", dachte er sich, als der Wagen sehr zügig in die weite Linkskurve gelangte, bei deren Auslauf eine fixe Radarmessstation montiert war. Er verminderte die Fahrgeschwindigkeit und war auf Höhe des Kastens genau mit der zulässigen Höchstgeschwindigkeit unterwegs, kurz darauf gab er wieder Vollgas und die Limousine schoss durch die stockdunkle Nacht. Es folgten Tunneldurchfahrten, die immer mit 100 km/h beschränkt waren, obwohl sie speziell in der Nacht besser ausgeleuchtet waren, als die besten Scheinwerfer die Autobahn nachts erforschen konnten. Er ärgerte sich über diese seiner Meinung nach absolut entbehrlichen, weil unnötigen Beschränkungen. Nach Hunderten Kilometern Gewehrkugelrittes glaubte er, bei diesen Beschränkungen schon beinahe neben seinem Fahrzeug einherlaufen zu können, so langsam kam es ihm vor. Er blickte auf die Uhr und lächelte innerlich, hatte er doch einen unglaublichen Zeitvorsprung herausgefahren und würde somit Stunden vor dem Termin beim vereinbarten Treffpunkt seine Ware abliefern können. Er nahm die Gasstellung weiter zurück. Minuten später näherte er sich bereits der letzten Mautstelle auf dieser Reise, konnte bereits das Dunkel- und Hellgelb der Lichter erkennen, die die Schrankenanlagen ausleuchteten. Er verminderte nochmals seine Fahrgeschwindigkeit und musste zu seiner Verwunderung feststellen, dass nur eine Fahrspur geöffnet war. Er richtete den Zehn-Euroschein für die Kassierin, die immer alle stets freundlich grüßten und auch gute Fahrt wünschten. Dann stellte er sich hinter den Pkw, dessen Fahrer verdammt lange für die Bezahlung zu brauchen schien.

„Ich begrüße Sie, Herr Victor. Wieder einmal bei uns gelandet?"
Der Vorsitzende des Schöffensenates begrüßte den Angeklagten auffallend freundlich, was nicht verwunderlich war. Man kannte sich seit vielen Jahren, war Victor doch schon öfters

Gast im Verhandlungssaal dieses Richters gewesen. Teilweise als Zeuge, aber auch schon als Angeklagter, wenngleich auch nicht nach dem Suchtmittelgesetz. Zuletzt hatte er sich eine spektakuläre Verfolgungsjagd mit der Polizei geliefert, die er im Stadtgebiet trotz seiner motorischen Unterlegenheit überlegen für sich entscheiden hatte können. Später dann bei gemäßigtem Tempo wurde ihm eine Ölspur zum Verhängnis, sodass er das Fahrzeug in einem Schaufenster eines aufgelassenen Delikatess-ladens ohne Parkschein abstellte.

Richter Wasakovsky konnte sich noch im Detail an seine Aussagen erinnern, insbesondere an jenen Teil, wo er überzeugend argumentierte, dass ihm dieser Konzentrationsfehler nicht passiert wäre, wenn er das Tempo nicht so stark vermindert gehabt hätte.

„Wenn man herumschleicht, ist die Konzentration weg!" Es wäre interessant gewesen, was Rennfahrerass Walter Röhrl dazu zu sagen gehabt hätte. Oder das Kuratorium für Verkehrssicherheit. So konnten ihn die Polizisten damals auch nach einigen hundert Metern Fußweg stellen. Der Prozess wegen Widerstandes gegen die Staatsgewalt und weiterer Vergehen war rasch erledigt und somit beendet gewesen.

Auch diesmal kündigte sich eine schnelle Lösung anstelle eines „Hochamtes" an, wie die Betitelung von Insidern lautete.

„Voll schuldig. Es stimmt eh alles, was der Herr Staatsanwalt da in die Anklageschrift hineingeschrieben hat", eine Verantwortung, die man als Richter selten hört.

Staatsanwalt Blititsch sah die Notwendigkeit einer Erklärung.

„Wir schreiben fast ausschließlich nur Richtiges in unsere Anklagen!"

„Bei der Polizei hat das aber nicht so geklungen!", warf der Vorsitzende dem Angeklagten vor.

Ein bißchen Doppelconférence mit dem Angeklagten musste schon sein. So schnell entlässt man auch einen motorafinen Drogenkurier nicht aus dem Anklagestand.

„Man wird's doch probieren dürfen, Herr Rat", meinte Victor mit einem Lächeln im Gesicht.

„Aber Ihr Gesicht zeigte schon Einiges an Überraschung, als es bei Ihnen den Zugriff gab", konnte sich der Vorsitzende nicht verkneifen und hielt das Foto eines Films einer Überwachungskamera in die Höhe.

„Ich hab'damit wirklich nicht gerechnet. Ich hab'mir auch zunächst nix gedacht. War froh, dass ich bald am Ziel gewesen wäre. Außerdem …", Victor brach ab.

„Außerdem?", fragte der Vorsitzende nach.

„Es war eigentlich schade …"

„Was war schade?"

„Vor mir wäre die Dreispurige gewesen. Mit Anstieg, leichte links-rechts-Kombination und dann fast zwei Kilometer steiler nach oben. Eine Vollgasstrecke, da hätte er zeigen können, was er wirklich draufhat."

„Schalter oder Automatik?", wollte der Staatsanwalt wissen, der bei Schneefall seinen Hinterradler regelmäßig mit viel Elan und Schwung am angezuckerten Parkplatz des Nordhofes des Landesgerichtes in Drifts zur Parkposition brachte.

„Leider Automatik, aber Tiptronic, da geht's schneller mit dem Reinschalten", erklärte Victor, wohl wissend, dass es mit der Fahrerei in nächster Zeit nichts werden würde.

„Am Schranken war aber nichts mit schnell!", warf der Richter ein.

„Das war ärgerlich. Ich hatte mir zuvor noch gedacht, dass ich den Umweg über die S 6 nehme oder wie die heißt. Dreißig Kilometer Umweg, dafür keine Maut. Zeitlich war ich sowieso früh dran. Dann bin ich doch gerade weitergefahren, weil ich

soeben einen S4 überholt habe und mit über 200 nicht in den großen Kreisverkehr nach rechts raus- und reinfahren wollte, weil es da nämlich welche gibt, die die Sechzigerbegrenzung einhalten, schrecke ich die, wenn ich vorbeifliege. Dann komme ich also zur Mautstelle. Nur eine Abfertigungsspur. Das schien mir normal für diese Uhrzeit. Ich denke mir noch, der Typ vor mir in der alten Schüssel tut nicht weiter, dann kriegt er endlich sein Wechselgeld und dann fällt ihm dieses auch noch auf den Boden der Fahrbahn. Mehr brauchst nicht. Im Sommerverkehr hätten sie den schon weggeschoben. Dann hat er sich aus seinem Auto gequetscht und hat das Geld aufheben wollen und hat es am Boden gesucht, ich habe gerade gehupt, da wollte einer plötzlich meine Fahrertüre aufreißen. Ging aber nicht, die macht automatisch zu. Da habe ich erst bemerkt, dass zwei weitere Wagen hinter mir stehen und ein weiterer schräg daneben. Dann hat der Typ eine Puffn in der Hand gehabt und geschrien: Polizei, Türe aufmachen. Da hab' ich dann g'wußt, dass es aus ist."

Victor klang betrübt.

„Aber behilflich waren Sie nicht bei der Suchtgiftsuche!", meinte der Richter.

„Ich hab' ehrlich nicht gewußt, wo es ist. Ich war ja selber gespannt, wo die Typen vom Hafen das Gift eingebaut haben. Das müssen Sie mir glauben. Ich hab's ehrlich nicht gewußt!"

„Wo war es dann?", wollte Staatsanwalt Blititsch wissen, um sich den Blick in die Anklageschrift, die er auch nicht verfasst hatte, zu ersparen.

„Im Luftfilterkasten im Motorraum, aber damit habe ich nichts zu tun", wiederholte Victor den für ihn wichtigen Part, der aber rechtlich völlig belanglos war.

„Soll so sein", meinte der Richter, „Sie haben gewusst, dass sie Suchtgift transportieren und natürlich reinschmuggeln. Mit welcher Menge hatten Sie gerechnet?"

„So wie ich den Heinz kenne, habe ich schon mit einigen Kilos gerechnet. Also ganz ehrlich? Ich bin von vierzig bis fünfzig Kilogramm ausgegangen, mindestens, eher sogar mehr. Als es dann von der Kieberei geheißen hat, es wären 5.500 Gramm, war ich fast a bissel enttäuscht."

Auch so eine offene Darstellung mit interessanten Details gehört äußerst selten zum Gerichtsalltag.

„Was haben Sie dafür erhalten?"

„Gar nichts!"

„Wird stimmen. Dann frage ich anders: Was hätten Sie bekommen sollen?"

„Ich schätze so drei- bis viertausend."

„Was, nicht mehr?", der Vorsitzende wirkte tatsächlich überrascht und enttäuscht zugleich. Die Kuriere verdienten immer weniger, obwohl es mehr von ihnen erwischte. Gesetz des Marktes, der vielgerühmten Marktwirtschaft?

„Nein. Aber das Auto hätte ich noch für drei oder vier Wochenenden gekriegt mit Freikilometern. Sie wissen ja eh, ich bin wirklich a Autofan, also von den richtigen Geräten, die halt auch weitergehen, und der S8 schiabt holt schon schön an. Das hat mich am meisten g'freit bei der Sache. Da geht was weiter und im Häusl selbst merkst nix davon. Da brauchst keinen Spoiler oder irgendwelche depperten Türschweller, der ist im Original schon so schön. Ich habe ja auch die Typenbezeichnung hinten ausgetauscht und die 1,9 TDI-Plakette von meinem Kumpel raufgeklebt."

„Understatement!?"

„Ja, da muss nichts obenstehen. Eher tiefstapeln, das taugt mir! Der, der sich auskennt, weiß es ja eh, dem reicht ein Blick hinten drauf und er weiß, vor welchem Modell mit welchem Motor er steht."

„Da werden die Kollegen von der Polizei aber geschaut haben", meinte der Staatsanwalt.

Er hatte recht, auch ohne Sachbearbeiter dieses Aktes gewesen zu sein.

„Kann ich nicht sagen, mir ist nie ein Observationsfahrzeug, das mir nachgefahren wäre, aufgefallen."

Wohl kein Wunder bei diesem beachtlichen Speed.

„Weil Sie sehr zügig unterwegs gewesen sind. 24 Minuten zwischen den beiden Mautstationen steht in der Anklageschrift", erwähnte der Richter, womit Victor nicht einverstanden war. Er behauptete, dass dies nicht stimmen könne, zumal er sich nicht sonderlich zurückgehalten habe, um des nachts nicht unkonzentriert zu werden. Weil bei Unkonzentriertheit Fehler geschehen. Diesen Satz kannte der Vorsitzende. Eine Nachschau im Akt brachte Gewissheit. Es waren wirklich unglaubliche 14 Minuten für knapp 56 Kilometer gewesen.

Nach weiteren umfassenden Angaben, in denen er auch den bereits erwähnten Heinz massiv belastete, stellte der Vorsitzende eine Frage in den blitzblauen Himmel hinein.

„Dieser Gregor, mit dem Spitznamen der Zahnlose, soll sonst der Kurierfahrer von Heinz gewesen sein, an Ihrer Stelle für kleinere Aufträge?"

„Ja, aber der ist nicht lange gefahren. Zuletzt hat er zwei Mal Mist gebaut. Einmal ist er mit einem Gifttransport in einem See gelandet, sodass das Gift weg war, und dann ist er einer Polizeistreife hinten draufgefahren. Die haben ihn blasen lassen und haben ihn gefilzt, da waren die 150 Gramm Kokain unterm Fahrersitz dann auch weg."

Zum Abschluss hörte sich das Gericht noch einen Zeugen der Observationsgruppe der Polizei an, der das Täterfahrzeug beschatten sollte.

„Wir haben das Zielfahrzeug von den bundesdeutschen Kollegen kurz vor Salzburg schon übernommen gehabt, wobei

wir zusätzlich mit Mehrfachbestreifungen ab Salzburg und weiteren abgesetzten Zivilfahrzeugen entlang der avisierten Strecke unterwegs waren. Sie berichteten uns, dass es während der Verfolgung ab der niederländischen Grenze bis zur Übernahme durch uns keinerlei Probleme gegeben hätte. Aber schon nach einigen hundert Metern hatten wir zu tun, um dem Wagen des Angeklagten auch nur annähernd folgen zu können. Ich habe auch gleich die vier Auspuffrohre gesehen und zu meinem Kollegen gesagt, das ist kein 1,9 Turbodiesel. Wir hatten keinerlei Chance an ihm dranzubleiben. Weil uns das Risiko zu groß war, ihn gänzlich zu verlieren, haben wir alle sonstigen Einsatzfahrzeuge der Bereitschaft im Bereich der S 6 und vor dem Gleinalmtunnel zusammengezogen, über die ASFINAG nur eine Abfertigungsspur aufgemacht und unseren Gustl mit dem ältesten Zivildienstwagen vor den Schranken gestellt. Wenn der Angeklagte über Bruck an der Mur gefahren wäre, hätten wir ihn auf der Strecke wahrscheinlich nie mehr gesehen. Alleine am Teilstück zwischen den Mautstationen hat er uns fast acht oder neun Minuten aufgebrummt."

Victors Lächeln war nicht zu übersehen, hatte er doch seine Gegner entsprechend „hergebrannt". Lediglich die deutschen Kollegen waren an ihm unbemerkt drangeblieben.

Kein Wunder, sie hatten ein „R" vor dem „S" ihrer Einsatzwägen.

Weil Victor auch sonst noch „sehr zügig" umfassende Informationen dem Gericht zukommen ließ, gab es eine ebensolche Verhaftungswelle, die sich zu einem Kokainskandal ausweitete. Zügig, sehr zügig sogar. Sein eigener Boxenstop wurde dadurch wesentlich kürzer.

Auch Gregor musste seine Zahnprotesen längere Zeit in einer U-Haftzelle ablegen. Aber das ist eine andere Geschichte.

Ludwig
Tarnen und Täuschen.

Ludwig war eigentlich schon von klein auf etwas Besonderes. Wenngleich auch die eingesetzten Gutachter des Gerichtes letztlich nicht umfassend und detailliert ausführen und somit erklären konnten, woran es gelegen sein konnte, war Ludwig doch schon seit seiner Schulzeit ein Garant dafür, andere hinters Licht zu führen. Keinem gelang es besser, Schularbeiten, Prüfungsergebnisse, ja sogar Zeugnisse besser zu fälschen als ihm. Dazu kam der Umstand, dass er zwar mit durchschnittlichen Noten die Schulzeit durchlief, also durchaus über eine gediegene Schulausbildung verfügte, jedoch sich gleich des jeweiligen Dokumentes annahm, um dieses nach seinen Vorstellungen zu ergänzen oder zu ändern, wie es ihm beliebte. Daher war es letztlich auch kein Wunder, dass er jede Schulstufe mit Auszeichnung und den Schulabschluss selbst natürlich mit Bestnote beendete.

Nach dieser Schulzeit fand er es aber als unnötigen Zeitvertreib, sich auf einer Hochschule zu immatrikulieren, er fand rasch eine Abkürzung, um gleich zu Sponsions- und Promotionsurkunden zu gelangen. So war es dann auch nicht verwunderlich, dass er bald als Techniker, Diplomingenieur, Doktor der gesamten Heilkunde oder Doktor beider Rechte auftrat, um vor allem in der breit aufgestellten Wirtschaftswelt Fuß fassen zu können. Aber auch der Kunst gegenüber zeigte er sich nicht verschlossen, Philosophie und Psychologie inter-

essierten ihn genauso wie Betriebs- und Volkswirtschaftslehre, bald verfügte er über Visitenkarten, die ihn als Manager großer Konzerne, Immobilienexperten, technischen Leiter oder sonstigen Boss auswiesen. Dazu kam sein seriöses Auftreten und eine Begabung, seinem Gegenüber Dinge schmackhaft zu machen, obwohl bei diesem zunächst überhaupt kein Hunger danach vorhanden gewesen war. Beispielsweise der Vertreter, der sogar dem Papst ein Doppelbett verkauft hätte, wäre sein Betätigungsfeld rein auf die Möbelbranche beschränkt gewesen. Aber Ludwigs Talente ließen sich nicht eingrenzen …

Als im Jänner 2003 in Österreich „Catch me if you can" mit Leonardo DiCaprio in den Kinos anlief, dessen Filmbiografie von Steven Spielberg auf Begebenheiten im Leben des Frank Abagnale basiert, wusste niemand, dass beinahe zehn Jahre zuvor durchaus Vergleichbares hierzulande „gespielt" worden war. Ludwig war endlich, zumindest teilweise, aktenmäßig in Erscheinung getreten.

Der in massiven Holzleimbindern ausgeführte Vorbau der Halle bestand erst seit einigen Jahren. Helle und damit freundliche Farbtöne beherrschten den gesamten Bereich der Schwimmhalle, die zusätzlich zum Indoorpool auch ein Whirlpool ihren BenutzerInnen zur Verfügung stellte. Lichtdurchflutetes Ambiente sorgte für einen Wohlfühlfaktor, angenehme Raumtemperaturen taten ihr Übriges. Das konstante Rauschen des überquellenden Schwimmbeckens und die 32 Grad Wassertemperatur sorgten für eine meditative Wohlfühlatmosphäre; manche führten langsame Schwimmbewegungen aus, andere hatten sich in diversen Liegestühlen niedergelassen, um sich wie in Trance der ersten Einschlafphase zu nähern. Da hier keine Kinder waren, die gewöhnlich durch emotionale Akustik ihrer Begeisterung freien Lauf ließen, gab es auch sonst hier

weder Hektik noch Störungen. „Adults only" war das Motto diverser Hotelketten, die ihre Geschäfte abseits vom herkömmlichen Familientrubel suchten und auch fanden, gehörten doch zumeist jungverliebte Pärchen oder gestresste Manager genauso zur Klientel wie gut situierte Pensionisten, die nicht jeden Euro ihrer Pension zweimal umdrehen mussten, um über die Runden zu kommen. „Easy going" und „Work-Live-Balance" waren die neuen Slogans, man versuchte dem Alltagstrott zu entfliehen und durchzuatmen. Hier gelang es. Vorzüglich sogar. Das freundliche und zuvorkommende Personal war entsprechend geschult, nette Worte und ein zuvorkommendes Agieren gehörten genauso zum Setting wie Beautyanwendungen, Massagen und Wohlfühlkurse.

Da auch das angebotene Speisenprogramm alle Gustostückerln spielte, Schauküche und sogar Küchenführungen mit Haubenköchen Einblicke in die hohe Kunst der Kulinarik gewährten, war das „Rundherum-sorglos-Paket" geschnürt, das nun Ludwig unbemerkt öffnen und auspacken wollte.

Der elegant gekleidete Mann näherte sich zügigen Schrittes der Rezeption, blickte lächelnd und selbstbewusst die dort wartende junge Dame an und brummte: „116."

Sekunden später war der Zimmerschlüssel ausgefolgt.

„Danke."

Der Gast verschwand so schnell, wie er gekommen war.

Szenenwechsel.

„Herr Landesrat, der Herr Lärchinger wäre jetzt da", meldete die Assistentin ihrem Chef.

„Danke, er soll gleich hereinkommen!"

„Bitte, wenn Sie Platz nehmen, darf ich einen Kaffee anbieten?", begrüßte der Landesrat seinen Gast.

„Ja, gerne, mit Milch und Zucker. Danke!", entgegnete dieser und nahm in dem bequemen Lederstuhl Platz.

„Womit kann ich dienen?"

„Wie ich Ihnen schon geschrieben und mit diversem Begleitmaterial dokumentiert habe: Unsere Gesellschaft will weiter expandieren und daher geht es auch um ein zukünftiges Investment größeren Ausmaßes. Ich bin, wie Sie vielleicht wissen, gebürtiger Steirer und somit meinem Heimatland auch zu Dank verpflichtet. Immerhin konnte ich hier meine Schul- und Ausbildungszeit genießen, dafür muss man dankbar sein. Das wird oft übersehen und noch öfter als Selbstverständlichkeit angesehen. Ich kann mich damit nicht identifizieren, auch wenn man ganz groß geworden ist, sollte man an die Zeit zurückdenken, wo man klein war. Wirtschaftlich gesehen, wie Sie verstehen werden. Ich bin nunmehr dem Außergewöhnlichen verpflichtet, mein Unternehmen steht dafür sozusagen, schon seit Jahrzehnten. Das, was uns fehlt, ist eben der Bezug zu diesem wunderbaren Bundesland, diesem grünen Herzen eines Landes. Aber gerade in der Wirtschaft darf man nicht ruhen, man muss permanent nach vorne blicken, aber was sage ich Ihnen, Sie sind der Fachmann, dem nichts zu erklären ist. Sie geben uns die Direktiven und zeigen, wo es langgeht. Deshalb wurde dieses Bundesland eines der stärksten, wenn nicht das Stärkste überhaupt in diesem Staat. Ich zolle Ihnen und – so nebenbei gesagt – natürlich auch Ihrer Partei meinen vollsten Respekt und kann wirklich nur gratulieren, was Sie und Ihr Team hier alles geschaffen haben."

Die Sekretärin klopfte an die mit Intarsien bestückte, massive Holztüre dieses wunderbaren Büros, in dem echte Perserteppiche massive Holzböden bedeckten, Luster mit Bleikristallgläsern von den ebenso massiv holzverkleideten Decken hingen und schwere Vorhänge jeden Schall zu schlucken verpflichtet

waren, um der Würde des hier residierenden politisch Verant-
wortlichen zu entsprechen. Der Gast unterbrach sich sofort.

„Ah, unser Kaffee, sehr gut. Stellen Sie ihn bitte gleich
hierher, wenn Sie so freundlich sind", brachte sich erstmals der
nunmehr Informierte ein, der aber noch rasch etwas besonders
Wichtiges von seiner Sekretärin zu erfragen hatte: „Gehen'S
Frau Stöckl, sagen'S mir bittschön, wann hab' ich meinen
nächsten Termin?"

„In genau zwölf Minuten, Herr Landesrat", antwortete diese
und verließ mit dem Tablett den Raum.

„Heute ist wieder was los bei uns!", schnaubte der Landesrat
und rührte seinen Kaffe in der Porzellantasse um.

„Ihnen wird die Arbeit wohl auch nie ausgehen, aber wie ich
Sie kenne, erledigen Sie das alles ja quasi aus dem Ärmel. Wer
soll Ihnen noch etwas erklären, mit Ihrer Erfahrung und Ihrem
Wissen? Respekt!", schmierte der Gast seinem Gegenüber
offenkundig Honig ums Maul.

„Danke, danke, mein Guter. Man tut, was man kann!",
meinte der Landesrat und lächelte.

Auch der Gast rührte in seiner Schale.

„Wenn wir auf den Punkt kommen", meinte der Gastgeber
und blickte auf seine Armbanduhr, die ihre Schweizer Provenienz nicht verleugnen konnte.

„Selbstverständlich. Übrigens ein schönes Stück, das Sie
da am Arm tragen. Das ist eine – ich erkenne das genau. Ein
Sondermodell, nur 50 Stück weltweit, gratuliere. Wir sind an
diesem Unternehmen übrigens beteiligt, wenn Sie da mal etwas
benötigen sollten, geben Sie mir Bescheid."

Der Gast nahm einen kräftigen und leerenden Schluck aus
seiner Tasse, stellte diese sodann zurück, nicht ohne sie zuvor
umgedreht zu haben. Er lächelte.

„Gehört auch zu uns!"

Mit Schwung stellte er sie nach dieser weiteren Information wieder ab.

„Wie gesagt. Ich schulde diesem Land etwas und deswegen werden wir als Großunternehmen und Global Player weiteren Fortschritt in dieses Land zum Wohle seiner Bürgerinnen und Bürger bringen. Wir werden diese Investition tätigen und das Projekt in einem Aufwaschen durchziehen. Die Kooperationspartner sind bereit und warten nur auf den Startschuss. Sogar ausländische Investoren haben ein riesengroßes Interesse und scharren schon in den Startlöchern", führte der Gast weiters lächelnd aus.

„Na, dann werden wir hier auch keine Hindernisse einbauen, mein Lieber."

„So soll es sein!", bekräftigte der Gast, um fortzusetzen: „Ein bisschen was an Input bräuchte es schon, damit ich meinem Aufsichtsrat das vielleicht noch schmackhafter machen kann, wenn die Frage käme, warum wir das nicht mit einem anderen Bundesland machen können. Sentimentale Gründe haben keinen Platz in einer Bilanz, Sie verstehen?"

„Selbstverständlich. Woran hätten Sie gedacht?"

„Es muss kein Hauseck sein, etwas mittelgroß Sechsstelliges vielleicht. Dafür sieht man bei allen Werbemaßnahmen und Lektüren Ihr Logo und noch mehr, wenn es gewünscht ist. Wir nehmen Sie auch gerne als Kooperationspartner auf und vermarkten das. Weltweit natürlich. Das kostet zwar deutlich mehr, ist es aber immer wert. Von der Landesgrenze und der Staatsgrenze rede ich jetzt nicht, wir sind Europa und das Projekt zeigt dies unmissverständlich. Wir spielen jedoch weltweit, das muss Ihnen schon klar sein, mein sehr geschätzter Herr Landesrat. Diese Performance ist einzigartig, das ist eine Win-Win-Situation, da werden die Enkel dieses Landes noch stolz darauf sein, das garantiere ich Ihnen. Das unterschreibe

ich, vor Zeugen, vor Ihrer Sekretärin. Der Kaffee war übrigens außerordentlich."

Der Gast erhob sich.

„Ich will jetzt Ihre wertvolle Zeit nicht vergeuden. Sie haben ja alles schriftlich. Hier nochmals meine Karte und das Blatt mit den Kontoverbindungen."

„Bestens!", bekundete der Landesrat im Aufstehen.

Keine Minute später befand er sich wieder alleine in seinem Büro.

„Ich hoffe, es hat alles gepasst?", erkundigte sich der Bedienstete der Autoverleihfirma bei seinem Kunden, der gerade das Fahrzeug am Firmenareal abgestellt hatte.

„Also ganz ehrlich? Der Komfort ist doch ziemlich eingeschränkt. Das nächste Mal nehme ich etwas Großes, außerdem geht es ohne Sitzheizung und -kühlung auf Dauer nicht", beanstandete dieser und warf den Fahrzeugschlüssel achtlos auf den Bürotisch.

„Gerne, wie Sie meinen. Darf ich Sie noch daran erinnern, dass die Rechnung vom vorletzten Auftrag noch offen ist!"

„Sie scherzen! Richten Sie mir für kommenden Freitag die graue Limousine, die da hinten steht. Für sechs Tage, so wie immer."

Ohne ein weiteres Wort verließ der Kunde das Büro.

Das Wetter war traumhaft: knallblauer Himmel, so weit das Auge reichte. Das satte Grün des Frühlings hatte Einzug gehalten und Tausende Schaulustige hatten sich zu dieser Show und Ausstellung hier am Flughafen südlich von Graz eingefunden. Die Gastronomie hatte alles aufgefahren, was im engeren und sogar weiteren Umkreis Rang und Namen hatte, für die speziellen Gäste mit besonderen Tickets gab es auch wieder das sehr beliebte VIP-Zelt mit abgesperrten Zusatzräumlichkeiten, in dem das Beste vom Besten kredenzt wurde. Sekt und Pro-

secco fand man zwar auch hier, Champagner war jedoch tonangebend. Man sah und wurde gesehen. Die Prominenten des Landes gaben sich ein Stelldichein und auch jene, die glaubten, dazuzugehören. Motorenlärm beherrschte Start- und Landebahn, private Unternehmen boten Rundflüge und auch Fallschirmsprünge wurden gezeigt. Wer wollte, konnte sich auch zu einem Tandemsprung überreden lassen und zu gebuchten Terminen seinen Freunden und Bekannten zeigen, was für ein Held und welche Heldin man war.

Wer es ruhiger und stressloser angehen wollte, hatte auch die Möglichkeit, Hubschrauberrundflüge in Anspruch zu nehmen, die nicht nur den Flughafen, sondern auch die Landeshauptstadt von oben präsentierten. Dies war zwar kein ausgesprochen günstiges, aber auch kein extrem teures Unterfangen, es gab jedenfalls genügend Interessierte. Die Heliair-Corporation war mit ihrem Chef Helmut L. und sogar zwei Maschinen vor Ort, ein weiterer Hubschrauber eines slowenischen Unternehmens stand ebenfalls zur Verfügung, das seine Dienstleistungen geringfügig billiger anbot als das österreichische. Dennoch belagerten die meisten Gäste den einheimischen Anbieter, der auch einen größeren Informationsstand am Gelände hatte. Deren Auftragslage steigerte sich jedoch ab dem späteren Vormittag ins beinahe Unermessliche, zumal ein Mann vor Ort eingetroffen war, der nicht nur die sprichwörtlichen Puppen, sondern vor allem auch die Hubschrauber tanzen ließ.

Die silbergraue Limousine stoppte vor der Hotelhalle, ein Page eilte zur Fahrertüre. Der Fahrer stieg aus, umrundete das Fahrzeug von hinten und öffnete die Beifahrertüre.

„Willkommen, mein Schatz, das ist meine Überraschung. Ein verlängertes Wochenende mit allem Drum und Dran. Alles Gute zum Geburtstag!"

Schlanke Beine in schwarzen High Heels streckten sich nach draußen und enterten sodann den Asphalt.

„Dass du an das gedacht hast. Aber es ist doch erst übermorgen soweit!", erklang eine bezaubernde Stimme, die Freude und Überraschung in einem ausdrückte.

Kurze Zeit später hatten die beiden in der Kingsuite eingecheckt.

Die Glocke an der Türe des kleinen Ladens vermeldete eintretende Kundschaft.

Der Kunde war an einer ausgestellten gebrauchten Herrenarmbanduhr interessiert, die preislich dennoch immer noch im oberen Preissegment angesiedelt war und schaute sie sich genauer an. Dann zückte er seine Brieftasche und hielt dem Juwelier seine Kreditkarte hin.

„Kreditkarten nehme ich nicht so gerne", versuchte er vorsichtig zu deponieren.

„Wegen der Kosten. Ich verstehe. Ich habe bei diesem Preis aber auch nicht um einen Nachlass gefragt. Damit passt es dann. Oder wollen Sie nicht an mich verkaufen?"

„Natürlich, bitte gerne, mein Herr. Darf ich sonst noch etwas für Sie tun?"

„Wenn Sie sie mir nett verpacken könnten, wäre ich Ihnen dankbar!"

„Selbstverständlich."

Die Kanzleibeamtin legte dem Untersuchungsrichter den neuen Haftakt auf den Tisch, der umfangreich war. Mehrere Bände kündigten nichts Gutes an. Nachdem er sich ein erstes Bild gemacht hatte, ließ er sich den Beschuldigten zur Einvernahme vorführen. Dieser saß zusammengeklappt am Sessel im Einvernahmezimmer und würdigte zunächst den Eintretenden keines Blickes.

„Mein Name ist Wasakovsky, ich bin der zuständige Untersuchungsrichter, über Antrag der Staatsanwaltschaft leite ich gegen Sie die gerichtliche Voruntersuchung wegen schweren gewerbsmäßigen Betruges, schweren und gewerbsmäßigen Diebstahles, teilweise auch durch Einbruch sowie Untreue und Veruntreuung ein und verkünde Ihnen hiermit diesen Beschluss. Sie haben das Recht –"

„Einspruch und Beschwerde", antwortete der Beschuldigte, ohne den Richter anzublicken, der mit seinen Belehrungen gerade erst begonnen hatte.

„Beschwerde gegen alles."

„Aber ich habe Ihnen die Sachverhalte noch gar nicht genannt", antwortete der Richter überrascht. Derartiges war ihm in den letzten Jahren auch noch nie widerfahren.

„Egal. Beschwerde. Das stimmt alles nicht, Beschwerde", wiederholte der Beschuldigte und blickte auf den Holzboden.

„Habe ich bereits notiert. Ich nehme ein Protokoll mit Ihnen auf. Wollen Sie sich dazu äußern?"

„Sicher, aber vorher erhebe ich Beschwerde. Beschwerde, haben Sie verstanden?"

„Sicher, hat meine Beamtin schon geschrieben. Was wollen Sie noch angeben?"

„Erst muss über die Beschwerde entschieden werden, dann rede ich weiter!"

„Gut, dann lege ich Ihr Rechtsmittel vor", führte der Richter aus und packte den Akt wieder zusammen.

„Was für ein Rechtsmittel?", fragte der Beschuldigte.

„Ihre Beschwerde ist ein Rechtsmittel, das nunmehr der Ratskammer vorzulegen ist. Da entscheiden dann drei Richter darüber. Wollen Sie Ihre Beschwerde begründen oder ergänzen?"

„Nein, ich schreibe dann extra etwas!", erklärte der Beschuldigte und blickte erstmals den Richter an.

„Auch gut. Es sollte nur baldigst sein, damit auf Ihre Argumente eingegangen werden kann", klärte der Richter den Beschuldigten auf.

„Aha. Ich schreibe heute noch!"

„Gut so!"

Richter Wasakovsky und seine Beamtin Kurzer waren nach wenigen Minuten wieder auf dem Weg in ihre Kanzlei. Zuvor trafen sie im Verhörbereich noch auf den Justizwachebeamten Martinez, der hier schon seit gefühlt ewig seinen Dienst versah und mittlerweile Tausende Häftlinge kennengelernt hatte. Als dieser die beiden erblickte, sprach er sie an.

„Grüß dich Helga, Herr Rat! Wart ihr bei ihm?", der Beamte machte eine Kopfbewegung Richtung Verhörzimmer, vor dem nunmehr der Beschuldigte saß und der nun von einem weiteren Beamten abgeholt wurde. Damals gab es noch keine räumlichen Trennungen, wie heutzutage, wo dicke Sicherheitsgläser weitgehend jeden unmittelbaren Kontakt verhindern.

„Mit dem werdet ihr sicher noch viel Spaß haben, das garantiere ich euch. Der hat innerhalb eines Tages zwölf Beschwerden geschrieben, und was für welche!"

Martinez sollte Recht behalten.

Bereits tags darauf langte eine 24 Seiten lange Beschwerde des Beschuldigten ein, die handschriftlich verfasst worden und im Ergebnis schwer zu lesen war, zumal die Aussage der Beamtin, wonach der Schreiberling wie der Hahn am Mist kritzle, nur peripher den Schreibstil und die Buchstabenform des Schriftstückes umriss.

In diesem wurde auch gleich nicht nur der Untersuchungsrichter abgelehnt, weil er nach Meinung des Verfassers nicht unvoreingenommen in die Sache hineingehen würde, sondern nur Erklärungen und Belehrungen parat gehabt hätte, sondern

auch gleich die Schreibkraft, weil diese offensichtlich bedingungslos diesem Richter folgen würde und sich kein eigenes Bild von der Sache machen könnte. Außerdem sei die Verpflegung in der Haftanstalt dermaßen grauslich und gesundheitsgefährdend, dass dies einem persönlichen Angriff und Anschlag auf die gesundheitliche Unversehrtheit des Beschuldigten gleichkäme. Zu guter Letzt wurde auch eine lange Liste von Zeugen angeführt, die die Richtigkeit des Vorbringens des Beschuldigten bestätigen würden. Kurzfassung: viel Arbeit für den Dreirichtersenat der Ratskammer und den Untersuchungsrichter.

Wohl erahnend, dass dies noch nicht das letzte Schreiben des Beschuldigten gewesen sein würde, machte sich der Untersuchungsrichter sogleich daran, sämtliche Zeugen und Geschädigte zu laden, um im Zuge der gerichtlichen Voruntersuchung alles auf- und abzuklären und vor allem sich ein persönliches Bild von der Sachlage machen zu können.

Diese Zeugenladungen waren von der Kanzleibeamtin noch nicht einmal abgefertigt worden, damals schrieb man alle Ladungen noch selbst in der Kanzlei, langte schon der nächste Antrag des Beschuldigten ein, in dem er weitere Zeugen mit Namen und sogar ladungsfähigen Anschriften nannte.

„Na bravo, das wird etwas!", vermutete, ja wusste geradezu die Beamtin, zumal „ihr" Untersuchungsrichter in solchen Fällen immer alles selbst unternahm und niemals die Polizei damit beauftragte.

Keine zehn Tage später ging es damit schon los.

„Also am Anfang wurden die Mietautos immer bezahlt, dann nach einigen Monaten kam es aber zu Zahlungsstockungen und zuletzt wurde gar nichts mehr bezahlt. Nach zwei Autos suchen wir noch immer, einen Wagen haben wir in der Zwischenzeit bei einem Autohändler gefunden, der behauptet, der Beschuldigte

habe seinen ihm eigentümlichen Wagen bei ihm eingetauscht. Erst über Umwege sind wir dahintergkommen, dass das beim Beschuldigten sichergestellte Fahrzeug eventuell unseres sein könnte. Das war umlackiert, die Polizei hat uns verständigt, weil die Motornummer und sonst noch eine Nummer mit dem von uns gesuchten Fahrzeug übereinstimmt."

„Wieviel?", der Fragende konnte es gar nicht glauben.

Beinahe 26.000 Euro an offenen Hotelrechnungen hatten sich etwa bei einem einzigen Luxushotel angesammelt. In Summe waren es weit über 100.000 Euro, die exquisite Beherbergungsunternehmen gerne auf ihrer Habenseite gesehen hätten. Es hatte eine Zeit lang gedauert, bis man bei den verschiedensten Kreditkartenfirmen dahintergekommen war, dass da was nicht stimmen konnte.

Außerdem trat unser Herr Ludwig mit unterschiedlichsten Namen und auch Dokumenten in Erscheinung, wobei letztere von einer derartigen Qualität waren, dass sogar die kriminaltechnische Untersuchungsstelle der Polizei Respekt zollen musste. Es dauerte zwar – aber man war ihm dennoch auf die Schliche gekommen.

Gelegentlich waren es aber auch ganz einfache Schmähs oder „Wuchteln", die der Beschuldigte angewendet hatte. Als er sich einmal wegen einer Beinverletzung ins Spital begeben musste und dort einige Tage verbrachte, entdeckte er für sich die Möglichkeit, aus den Nachtkästchen der Patienten diverse Habseligkeiten zu erbeuten, was er später dann zu perfektionieren versuchte. Mit weißem Mantel und Abhörgerät durchstreifte er Patientenzimmer und fand so manches Geldbörsl samt Inhalt, aber auch Uhren und gelegentlich sogar Schmuck, den vor allem ältere Damen während ihres Krankenhausaufenthaltes nicht missen wollten, letztlich aber (wegen ihm) doch vermissten. Er hatte sich sogar einen Originalmantel der Krankenanstaltenge-

sellschaft besorgt und sich einen seiner Künstlernamen versehen mit *Dr. med. univ.* einsticken lassen. An Einfallsreichtum fehlte es ihm nie, wenngleich er sich immer Lärchinger, Lerchecker, Lechinger, Lerchegger, Lärchecker, Lärchegger oder Lechnigger nannte. Eine Zeugin, der zwar nichts gestohlen worden war, die aber den Herrn Doktor aus einem Patientenzimmer kommen gesehen hatte, bestätigte nicht nur die Liebenswürdigkeit dieses Oberarztes, sondern vor allem auch seine fachliche Kompetenz.

„Also, ich habe ihn ja öfters am Gang und auch in den Patientenzimmern gesehen. Das war ein ganz lieber Arzt, der hat immer gefragt: ‚Na gnädige Frau, wie geht's uns denn heute? Nehmen sie wohl auch brav Ihre Tabletten?' Also, der ist mir aufgefallen, weil er so besonders freundlich war."

Selbst eine Krankenschwester der Herzchirurgie fiel auf ihn herein, als er sich nach einer Krankengeschichte erkundigte, um sich wahrscheinlich selbst seine Coolness zu beweisen.

„Er hat eine alte Rolex in Zahlung gegeben für ein Stück aus einer neuen Kollektion.

Die hat er aber bald gegen ein Sondermodell wieder eingetauscht."

„Aber die Differenzzahlungen mit der Kreditkarte haben bei ihnen ja gestimmt, das wurde bezahlt. Wie kommen Sie auf die Schadenshöhe?", wollte der Untersuchungsrichter von einem Geschädigten wissen.

„Wir trauen es uns fast nicht zu sagen. Er hat uns nicht unsere Uhr wieder zurückgebracht, sondern eine Fälschung. Unser Uhrmacher hat dies anfänglich nicht einmal bemerkt. Erst als ein weiterer Kunde sich für diese Uhr interessiert hat, die wir in der Vitrine ausgestellt hatten, haben wir bemerkt, dass das kein Original war."

„Ich war die Freundin von ihm. Eigentlich die Lebensgefährtin, wobei wir aber nie – mit Ausnahme der Zeiten, wo wir gemeinsam in den Hotels waren – zusammengewohnt haben. Jetzt wo Sie mich das fragen: Ich war nie bei ihm zu Hause. Er nannte mir zwar allerlei Adressen, wo er wohnte oder gewohnt hat, aber ich weiß bis heute nicht, wo er wirklich wohnte. Das muss ich zu meiner Schande gestehen."

„Aber Sie haben beinahe monatelang in Hotels gewohnt. Ich habe da eine Liste der Unterkünfte", entgegnete der Untersuchungsrichter.

„Stimmt. Er hat zu mir gesagt, dass das am bequemsten sei. Man bekomme heutzutage auch nur schlechtes Personal. Aus seinen Erzählungen bin ich davon ausgegangen, dass er ein Anwesen oder ein Schloss gehabt haben muss. Er erzählte auch einmal, dass seine Liegenschaft generalsaniert werde und erst wenn alles fertig sei, würde er es mir zeigen.

Es war immer sehr lustig und spannend mit ihm. Die Leute in den Hotels haben ihn ja gekannt, die sprachen ihn mit Commander oder Kapitän an. Ich habe ihn natürlich auch gefragt, was er beruflich so macht, als ich ihn durch Zufall kennengelernt hatte. Mein Vater hatte eine Tagung für Psychologen veranstaltet, wo auch Ärzte, Psychiater und Psychologen von Weltruf teilnahmen. Er war auch dort und vertrat irgendein großes Pharmaunternehmen, das expandierte. Deshalb war er auch praktisch ununterbrochen unterwegs. Nach sechs Monaten hat er auch um meine Hand angehalten. Bis dahin hatte er mich verwöhnt, wir lebten praktisch in den Hotels und genossen unsere gemeinsame Zeit. Er war nur stunden- oder tageweise weg, weil er Geschäftliches zu erledigen hatte, was genau, weiß ich nicht. Er hat mir oft Geschenke gemacht, Schmuck, Uhren und Blumen. Mein Gott, er hatte einen exquisiten Blumengeschmack, seine Rosen waren die schönsten. In

einem Hotel in der Oststeiermark haben die Kellner ihn dann aber einmal so komisch angesehen. Ich glaube, das hatte mit den mir geschenkten Blumen zu tun. Der Barkeeper erzählte mir dann Tage später, wo ich von Ludwig nichts mehr gehört und ich mir schon Sorgen gemacht hatte, dass im Garten des Hotels einige Blumen abgeschnitten worden wären, die sehr stark den meinen geähnelt hätten."

Bei den Erzählungen der Zeugin verhedderte sich die Kanzleibeamtin förmlich in der Schreibmaschine.

„Sie wurden aber doch auch geschädigt, zumindest ergibt sich dies aus dem Akt!", forschte der Untersuchungsrichter nach.

„Ich weiß nicht so recht, ich kann mir dies auch nicht wirklich vorstellen. Der Ludwig ist so ein guter Mensch. Eigentlich hat mich die Polizei dazu gedrängt", schwächte die Zeugin, die ausgebildete Psychologin war, nunmehr doch deutlich ab.

„Erzählen Sie bitte!"

„Also der Ludwig wollte mich heiraten und wir haben über einen Termin nachgedacht. Er war aber geschäftlich so viel unterwegs, dass es gar nicht so leicht war, etwas zu fixieren. Ich sollte in seinem Unternehmen mitarbeiten. Er wollte mich in seinem Personalmanagement haben, um zukünftige MitarbeiterInnen auszusuchen. Er meinte, ich als Psychologin passe da bestens hinein und hätte sicherlich auch die beste Menschenkenntnis. Das hat mich schon sehr gefreut. Er hat mir im Zuge dieses Gespräches auch einen goldenen Ring mit einem Diamanten angesteckt, der allerdings ein bisschen zu groß war, er sagte aber, dass er das ändern lassen werde wegen meiner so zarten Finger. Er ist ja so lieb! Daher kann ich mir das auch gar nicht vorstellen, was die Polizei da alles so schreibt. Bei mir war er immer großzügig, ich wurde ausnahmslos von ihm bestens behandelt. Er schenkte mir zuletzt sogar einen Pelzmantel, der war aber zugegebenermaßen

auch ein bißchen zu groß, er wollte den auch ändern lassen. Und dann erfahre ich von der Polizei, dass dieser Mantel in einem Hotelzimmer gestohlen worden sein soll. Wie soll denn das zusammenpassen? Mein Ludwig ...!"

„Aber Sie haben ihm doch auch Geld gegeben?"

„Ja, aber nur ein Mal. Sonst nie!", antwortete die Zeugin beinahe brüskiert. „Zuletzt, als er dienstlich nach Ungarn musste."

„Dienstlich? Sie meinen beruflich?! Ungarn? Was machte er dort?", hakte der Richter nach.

„Nein, schon dienstlich. Er arbeitete so nebenbei auch fürs Luftfahrtsministerium, da war er ein hohes Tier, ich glaube Sektionschef."

„Aha. Wieviel haben Sie ihm gegeben?"

„Es waren so an die 125.000 Euro. Ich hatte das natürlich nicht, musste es mir von meinem Vater leihen."

„Hat Ludwig erwähnt, wofür?"

„Ja. Sein neues Auto wäre abzuholen und mit der Überweisung von seinem Unternehmen hätte es ein Problem gegeben. Er wollte den Wagen unbedingt noch am Freitagnachmittag holen, das Geld wäre aber erst am Montag am Konto verfügbar."

„Und dann?"

„Dann war er weg. Ich habe ihn nie wieder gesehen."

Der Akt entwickelte durchaus Groteskes, was nicht alltäglich war. Kurz nach der Mittagspause, in der im Sozialraum des Landesgerichtes auch über Heiratsschwindler rege diskutiert wurde (der Untersuchungsricher nebenan hatte gerade einen solchen verhaften lassen, der insgesamt siebenundzwanzig Frauen die Ehe versprochen hatte, was auch den Medien nicht unbekannt geblieben war), setzte Untersuchungsrichter Wasakovsky seine Zeugenbefragung fort, diesmal war Helmut L. an der Reihe, der der Chef der genannten Heliair-Corporation war.

„Ich komme mir so blöd vor", gestand der ausgebildete Diplomingenieur und leidenschaftliche Pilot für Hubschrauber und Sportflugzeuge, der zusätzlich auch über die Lizenz als Linienpilot verfügte.

„Der Vormittag plätscherte hinsichtlich der Flugaufträge so dahin, das Geschäft verlief gar nicht so schlecht, aber auch nicht besonders gut. Viele Schaulustige interessierten sich zwar für Rundflüge, landeten aber zumeist bei der Konkurrenz, die etwas billiger war. Dann hieß es bei den Leuten, dass irgendein hohes Tier – wenn Sie verstehen, was ich meine – aus dem Luftfahrtministerium da wäre, außerdem jemand aus der obersten Chefetage von den Austrian Airlines. Und der steht dann da vor unserem Stand. Ein Commander in Uniform, hochdekoriert mit Sternen und Auszeichnungen. Einige haben salutiert, er hat aber abgewunken und gemeint, er sei heute nicht in seiner Funktion hier, sondern als eine Art Sondervertreter für Strategie- und Werbemaßnahmen für die österreichische Luftfahrt. Er fragte nach einem Rundflug und die haben wir ihm natürlich sofort organisiert, keine zehn Minuten später war der mit meinem besten Piloten in der Luft. Als die dann wieder zurück waren, war bei uns der Teufel los. Irgendwie hatte es sich herumgesprochen, dass Leute vom Ministerium da wären und die österreichische Luftfahrt zu stärken wäre und nicht die ausländischen Kollegen. Dieser Commander hat sich bei unserem Hubschrauber bestens ausgekannt und wollte dann den Rundflug auch zahlen, wobei ich dies abgelehnt habe. Ich sagte ihm, dass es mich freuen würde, ihn als Gast gehabt zu haben. Keine fünf Minuten später war er wieder da. Er zog mich zur Seite und flüsterte mir ins Ohr, dass das Ministerium und die AUA die Kosten für den weiteren Flugtag übernehmen würden. Er übergab mir seine Karte und eine weitere des Ministeriums mit einer Telefonnummer und der Adresse, wo ich die Rechnung hinschicken solle. Er zwinkerte

mir zu, dass ich keinen Sonderpreis veranschlagen müsse, weil er das Notwendige schon veranlasst hätte. Ich hätte schon den Richtigen mit dem Hubschrauber auf die Reise geschickt .... Er überreichte mir noch eine Anstecknadel in rot-weiß-rot und einen Aufnäher des österreichischen Bundesheeres. Zuletzt bat er um meine Visitenkarte, die ich ihm natürlich gegeben habe. Sein Auftrag würde natürlich auch den Sonntag beinhalten. Das Publikum war begeistert, wir auch. Wir sind dann praktisch von morgens bis abends mit beiden Maschinen durchgeflogen, über 70 Flüge am Samstag und nochmals am Sonntag, die Kassa klingelte. Theoretisch."

„Ich kann es mir schon vorstellen", schnaufte der Untersuchungsrichter.

„Ich habe darauf am Montag die Abrechnung gemacht. Als ich dann ein paar Tage später wieder zurück im Büro in Graz war, sah ich das Schreiben aus Wien, wo sie mich fragten, wer dies autorisiert hätte. Ich hatte Gott sei Dank noch die Visitenkarte und las diese dem Ministeriumsmitarbeiter vor. Der meinte nur, es gäbe keinen *Commander L. W. Lerchinger – Stabsführung Marketing und Werbung, Strategie und Public Work Austria* bei ihnen."

„Ihre Fluggäste werden diesen Lerchinger aber geliebt haben?"

„Ja, sicher. Die Leute sind Schlange gestanden. Einigen hat er sogar Autogramme gegeben. Ich hätte nie gedacht, dass da etwas faul sein könnte. Jetzt nachträglich kann ich mir wirklich nur die Haare raufen und mich selbst fragen, was für ein Idiot ich gewesen bin und wie naiv!"

„Vom finanziellen Schaden ganz zu schweigen!", ergänzte der Untersuchungsrichter.

„Das geht schon irgendwie, aber was da von Kollegen gespottet wird, das ist ja fast nicht zum Aushalten. Aber ich sag Ihnen, der hätte jeden reingelegt!"

Schluss für diesen Arbeitstag. Die Kanzleibeamtin spannte das Zeugenprotokoll aus, damit es unterschrieben werden konnte. Schön langsam sammelte sich ordentliches Material für die bevorstehende detaillierte Einvernahme des Beschuldigten.

Untersuchungsrichter Wasakovsky traute seinen Augen nicht, als er sich am nächsten Morgen am Gang des Landesgerichtes für Strafsachen auf dem Weg zu seinem Büro befand. Vor diesem saß ein Mann auf der Holzbank in dunkelblauer Fliegeruniform mit einem schwarzen Aktenlederkoffer. Hatte Wasakovsky im Zuge der Beschlussfassung über die Voruntersuchung den Beschuldigten auch nur kurz gesehen, glaubte er nunmehr, diesen in jenem Mann wiederzuerkennen, der jetzt gegenüber seiner Kanzleitüre saß. Wie konnte es das geben? Der Beschuldigte hatte sich doch in Strafhaft befunden! Deshalb wurde die Untersuchungshaft nicht verhängt! Der Leiter der Justizanstalt konnte einen Ausgang bewilligen, wenn der Häftling sich gut führte, einen Antrag dafür stellte und auch die sonstigen Voraussetzungen erfüllte. Die Vollzugsabteilung wusste nichts vom weiteren anhängigen Verfahren. Nach diesem Fall (man schrieb das Jahr 1993) gab es das obligatorische Verständigungsschreiben an die Vollzugsstelle, damit so etwas nicht mehr geschehen konnte.

Als sich Wasakovsky seinem Büro näherte, sprang der Kerl auf und auf den Richter zu.

„Ich bin gekommen, um Ihnen alle Beweise vorzulegen, die dokumentieren, dass sämtliche Anzeigen ein vollkommener Schwachsinn sind", rief Ludwig. Er trug schwarze, polierte Lederschuhe, wippte mit den Füßen, versuchte scheinbar größer und imposanter zu wirken, als er wirklich war. Er streckte seinen Brustkorb nach vorne; nach der Kleidung zu schließen,

handelte es sich um eine Kapitänsuniform der österreichischen Luftfahrtsgesellschaft Austrian Airlines.

„Dann kommen Sie herein", meinte Wasakovsky und öffnete die Türe zu seiner Gerichtsabteilung. Seine Beamtin sortierte gerade die eingelangte Post der Einlaufstelle, die auch wieder einige neue Akten beinhaltete. Als sie hochblickte und neben Wasakovsky auch den Beschuldigten erkannte, verschlug es sogar der hartgesottenen Beamtin, die alles an Mord, Totschlag und Sonstigem erlebt hatte, den Atem. Der Beschuldigte zog die Kappe vom Kopf und hängte sie an der Garderobe auf. Dann deponierte er ohne zu fragen seinen Aktenkoffer am Schreibtisch der Kanzlei, öffnete diesen und entnahm unzählige Dokumente, die er sodann achtlos auf den Tisch schleuderte.

„Da. Lesen Sie das! Damit Sie Bescheid wissen und nicht dem Gequassel von Zeugen und manipulierten Polizeiberichten auflaufen. Ich habe heute auch noch einen Termin bei meinem Bankinstitut. Damit die Justiz dann endlich Ruhe gibt. Sollte dies dann auch noch nicht der Fall sein, klage ich die Republik und ihre unfähigen Behörden und werde dies öffentlich machen! Schönen Tag noch! Ihnen auch, Frau Kurzer, Sie können ja nichts dafür, dass Sie einen so naiven Untersuchungsrichter haben."

Er schloss seinen Koffer, griff zu seiner Kapitänskappe und verließ die Kanzlei.

„Nicht schlecht", meinte Wasakovsky und blickte seine Beamtin an.

„So etwas habe ich auch noch nicht erlebt", gestand Kurzer.

„Na, dann schauen wir einmal, was wir da alles haben!", meinte der Jurist voller Tatendrang.

„Wir schöpfen wie die Wilden, aber vielleicht kommt eh nichts raus …", war seiner Mitarbeiterin Frust herauszuhören.

Die Worte der Beamtin klangen vorwurfsvoll und beinhalteten sicherlich auch ein Körnchen Wahrheit. Überraschungen

gab es grundsätzlich immer. Das war wohl auch der Sinn einer gerichtlichen Vorerhebung und Voruntersuchung: Man trennte hierbei die Spreu vom Weizen, um zu einem Ergebnis zu gelangen. Einstellung des Verfahrens oder Anklage. Angesichts eines echten Vorverfahrens waren die Ergebnisse einzementiert. Heutzutage verlagert sich der Großteil in das Hauptverfahren. Mag auch vieles vielleicht rechtlich komplexer oder komplizierter geworden sein, sind die Motive im Grunde genommen dieselben geblieben. Man findet sie auf diese Art nur nicht mehr. Die Folge wäre wiederum Freispruch!

Wasakovsky verständigte den zuständigen Staatsanwalt Wörzer vom Besuch des Beschuldigten. Ob der Beschuldigte sich tatsächlich in zwei Tagen wieder beim Untersuchungsrichter mit weiteren Beweisen einfinden würde, rätselte man und kam dann übereinstimmend zum Schluss:

„Geben wir ihm die Chance! Sollte er abhauen, finden wir ihn sicher. Früher oder später!"

Wasakovsky und Wörzer, die vor Jahren am selben Tag ihren Dienst bei der Justiz angetreten hatten, täuschten sich nicht.

Punkt elf Uhr am übernächsten Tag stand der Angeklagte wieder auf der Matte vor der Untersuchungsrichterabteilung 18 des Landesgerichtes für Strafsachen. Diesmal allerdings in einer grauen Fliegeruniform, die der Richter nicht zuordnen konnte. Einige Orden gab es an der linken Brust, überhaupt blitzten viel Gold und Sterne an Kragen und Ärmeln. Wieder wurde der Koffer gezückt, abermals kamen Dokumente zum Vorschein.

„Damit Sie etwas zum Lesen haben und dann wohl hoffentlich alles verstehen. Sollte es Fragen geben, Sie wissen, wo sie mich erreichen."

Sprach's, machte zackig kehrt und verließ die Abteilung.

Untersuchungsrichter Wasakovsky machte sich daran, die übergebenen Schriftstücke durchzuackern. Doch bevor der Beschuldigte zu Wort kommen sollte, hörte sich das Gericht noch einen Zeugen an. Einen „informierten Vertreter" des Bundeslandes.

„Für das Bundesland selbst war dieses Projekt durchaus herzeigbar und auch förderungswürdig. Die Idee an sich war begrüßenswert und die diesbezüglichen Vorschläge samt Alternativen unter dem Aspekt des wirtschaftlichen Standortes Steiermark sogar ausgesprochen bemerkenswert, wurden doch nicht nur politische und wirtschaftliche, sondern auch und vor allem fremdenverkehrsrelevante Argumente erfasst."

Der Zeuge begann mit umfangreichen Schilderungen, nicht ahnend, dass kein Sterbenswörtchen dieser Sätze einen Informationswert für das Gericht hatte. Die Beamtin hatte demonstrativ mit dem Feilen ihrer Fingernägel begonnen, wohlwissend, dass derartige Sätze nicht ins Protokoll kommen würden.

„Ja danke, Herr Hofrat, für die umfassende Aufklärung und Ihre Ausführungen. Ich hätte dennoch einige Verständnisfragen."

„Bitte, bitte. Stehe gerne zur Verfügung!", antwortete der Landesvertreter.

„Sie hatten keinen persönlichen Kontakt zum Beschuldigten?"

„Nein, selbstverständlich nicht!"

„Den Grundsatzvertrag, der im Akt auftaucht, hat der zuständige Landesrat unterzeichnet?"

„Gewiss. Es war politischer Wille!"

„Aber da sind doch von Seiten des Landes Vorleistungen erbracht worden?"

„Wenn Sie das so sehen", antwortete der Zeuge.

„Bevor etwas geschieht, werden zunächst einmal 100.000 Euro, und nach einem weiteren Monat neuerlich sogar 150.000 Euro auf ein Konto dieser Gesellschaft überwiesen?"

„Das ist Usus."

„Aber wann gab es dann die vertraglich vereinbarten Gegenleistungen?"

„In einem Schreiben wurde uns mitgeteilt, dass man an den Kontakten dran sei und alles Notwendige bereits in die Wege geleitet worden wäre."

„Das genügt? Wer kontrolliert, ob das stimmt?"

„Da müssen wir uns darauf verlassen. Das können wir gar nicht überprüfen."

„Aber über diesen Umstand wurden Sie ja getäuscht!", warf der Richter vor.

„Das kann man so nicht sagen. Immerhin hat sich in politischer Hinsicht der zuständige Kollege von der Wirtschaftsabteilung gemeldet und uns mitgeteilt, dass eine Machbarkeitsstudie vorliegen würde und seitens des Ministeriums bereits alles geprüft werde. Es gab also sehr wohl berechtigte Hoffnung, dass das Projekt machbar wäre und Interesse bestünde. Wir wurden daher über nichts getäuscht."

„Aber es gab doch nie konkrete Pläne eines Unternehmens, dieses Projekt voranzutreiben?"

„Das Großunternehmen *Futuresta* gab bekannt, dass es einsteigen würde und personell bereit dafür sei."

„Aber diese Firma gibt es nicht. Das haben die Erhebungen ergeben!", erklärte der Richter, „Außerdem hätte das Land die Tragung der Kosten garantieren sollen."

„Das hätten wir sowieso gemacht, sogar gerne, weil nur so der Vertragspartner sieht, dass das Projekt willkommen ist und gefördert wird."

„Aber die Kosten wären immer zu Ihren Lasten gegangen!? Sie fördern etwas, wo aber nichts weitergeht! Der hat doch überhaupt nichts gemacht!"

„Das ist oft so bei Projekten!"

„So! Was schreiben wir jetzt? Um 14 Uhr gehe ich nach Hause!", deponierte die Beamtin, die bisher zugehört, aber natürlich noch nichts ohne Anweisung ihres Richters geschrieben hatte. Ihre Nägel waren längst ordnungsgemäß gefeilt und für Schreibarbeiten an der elektrischen Schreibmaschine bereit.

Wasakovsky war mit dem Akt durch, der Beschuldigte nach seinem Freigang auch wieder brav in die Justizanstalt eingerückt.

Martinez war der Beamte, der den Beschuldigten nunmehr dem Untersuchungsrichter in den Vernehmungsraum vorführte. Nachdem er ihn dort niedersetzen ließ und die Türe geschlossen hatte, zwinkerte er dem nunmehr erschienenen Kanzleiduett zu.

„Das wird heute für euch sicherlich lustig, das garantiere ich. Unserem Stockkommandanten hat er einen 56 Seiten langen Brief geschrieben, in dem er alle Missstände anführt, die der Menschenrechtskonvention widersprechen. Der ist ein Fachmann. Der Brausekopf der Dusche müsse mindestens drei verschiedene Sprühintensitäten aufweisen. Der Tee sei ungenießbar. Und beim Rundgang im Hof gäbe es keine ausreichenden Schattenplätze. Als Klopapier müsse zumindest zweilagiges zur Verfügung stehen … Was soll ich sagen? Er hat sich zum Liebling des gesamten Personals entwickelt!"

Wasakovsky und Kurzer traten ein. In seiner Häftlingskleidung strahlte der Beschuldigte weniger imposant als in den sonst getragenen Uniformen. Er wirkte kleiner, gedrückter. Sein Blick war fragend, als sich der Richter zu ihm an den Tisch setzte. Die Kanzleibeamten hatte ihre Schreibmaschine auf einen kleinen Rollwagen verfrachtet gehabt, neben dem Tisch, an dem die beiden saßen. Die Beamtin hatte auf einem kleinen Extrahocker Platz genommen.

„Ich habe alle Ihre Dokumente durchgelesen. Ich verstehe sie nicht, wahrscheinlich bin ich zu dumm dafür, klären Sie mich auf", begann Wasakovsky. Mit dieser Art der Befragung konnte man viel erreichen, waren somit die Beschuldigten oder Angeklagten an der Reihe, die aus ihrer Sicht wichtigen Dinge zu schildern.

„Wo soll ich beginnen?", fragte Ludwig.

„Was hat es mit diesem Erlagschein für eine Bewandtnis? Damit soll der Mietwagen Mercedes Benz S-Klasse bezahlt worden sein?"

„Ja, genau, alles ist daraus ersichtlich. Bezahlt am Soundsovielten, mehr sage ich dazu gar nicht."

Ludwig blockte.

„Herr Lerchinger, da ist nichts bezahlt. Sehen Sie sich den Stempel genau an. Da steht ganz klein *Zur Bearbeitung übernommen*. Da steht nichts von bezahlt."

„Dann hat die Bank einen Fehler gemacht!"

So ging man fast zwei Stunden lang jede Rechnung und jeden angeblichen Zahlungsbeleg durch. Ergebnislos, Ludwig verharrte jeweils am Standpunkt, alles bezahlt zu haben. Als ihm der Richter die Kontobewegungen auf seinem Girokonto vorhielt, erklärte er, dass die Bank ihm unberechtigterweise Gelder abgezogen hätte. Für jeden Vorhalt hatte er zumindest eine Antwort parat.

„Wo sind die 125.000 Euro Ihrer Freundin oder Lebensgefährtin?"

„Das ist nicht ihr Geld, sondern das ihres Vaters. Der hat es mir geschenkt, wenn ich sie heiraten würde. Er wollte mich unbedingt in seiner Familie haben. Seine Tochter hatte noch nie einen richtigen Freund. Mein Schwiegervater in spe kann das bestätigen."

„Einem Schmuck- und Uhrenhändler haben Sie eine gefälschte Uhr in Zahlung gegeben!"

„Sicherlich nicht. Wenn dieser Idiot auf einen Fehler bei dieser Uhr Wochen später draufkommt, kann ich nichts dafür. Vielleicht hat sie ihm ein Angestellter ausgetauscht und untergejubelt."

„Die Schmuck- und sonstigen Wertsachen, die Sie teilweise Ihrer Freundin bzw. Lebensgefährtin geschenkt haben, wurden aus Hotels und Krankenhäusern gestohlen. Mehrere Zeugen haben Sie eindeutig wiedererkannt!"

„Ich beantrage eine Gegenüberstellung!"

„Die Polizei hat einen weißen Arztmantel im Kofferraum des Mercedes gefunden, mit Ihrem eingestickten Namen!"

„Den hat mir die Polizei untergeschoben, weil sie sonst keine Beweise haben. Außerdem gibt es einen solchen Arzt bei der Krankenanstalt!"

„*Heliair* haben Sie voll hineingelegt."

„Für meinen Flug bin ich ihm nichts schuldig, ich wurde von ihm eingeladen. Ich habe ihm nie gesagt, dass das Ministerium oder die AUA seine Flüge zahlen würde. Haben Sie da etwas Schriftliches von mir? Nein – sehen Sie, der Zeuge lügt. Der kann als Diplomingenieur ja gar nicht so deppert sein, oder?"

„Und dem Land Steiermark haben Sie eine Flugverbindung zwischen Graz und Budapest angeboten und schmackhaft gemacht!"

„Ja und? Das ist eines meiner Flugprojekte. Das ist nicht verboten. Ich habe dem Land auch gar nichts versprochen, ich habe nur gesagt, dass ich mich darum kümmern werde. Dafür habe ich Geld bekommen. Das ist nicht strafbar. Ich habe niemanden getäuscht. Die AUA wäre geflogen und der Großkonzern hätte die Flugzeuge geliefert. Da war alles schon auf Schiene. Die Pläne waren auch schon beim Ministerium eingereicht. Was soll daran falsch sein?"

„Sie haben in einem Schreiben an das Ministerium mitgeteilt, dass Sie als Pilot zur Verfügung stehen und den Liniendienst garantieren. Von der AUA ist da keine Rede!"

„Ja, genau, das habe ich Ihnen auch mit den anderen Dokumenten vorgelegt!", rief nunmehr etwas lauter der Beschuldigte.

„Stimmt!", bestätigte der Untersuchungsrichter.

„Stimmt!", bekräftigte der Beschuldigte.

„Der Haken ist nur, Herr Lerchinger, Sie sind weder Pilot noch Unternehmer und diese Air-L gibt es auch nicht!"

„Und wo ist jetzt das Problem?"

„Sie sind kein Pilot, Sie waren nie einer und Sie werden auch niemals einer sein. Sie haben kein Unternehmen, keine Airline und Sie haben auch keine Kontakte zur Luftfahrt", legte sich Wasakovsky ins Zeug, um den Beschuldigten endlich massiver zu konfrontieren, zu reizen.

Es funktionierte.

Lerchinger, der sonst eher in stoischer Ruhe verharrte, gelegentlich selbst mit verbalen Angriffen operierte, alle anderen als Minderbemittelte, Lügner und Unfähige bezeichnet hatte, musste offenbar Kräfte sammeln und atmete durch.

„Sie! Was!? Was Sie behaupten ist eine … eine Riesensauerei! Ich bin Pilot, ich bin geflogen, da waren sie noch gar… nicht auf … auf der Welt!!!"

„Sie sind nie geflogen, Sie haben keinen Flugschein, Sie sind ein gewerbsmäßiger Betrüger und Ihre –", Wasakovsky konnte nicht fortsetzen, der Beschuldigte fiel ihm ins Wort.

„Ich … ich lehne Sie ab, Sie sind korrupt und unfähig!", brüllte er.

Der Beamte Martinez klopfte einmal kurz und öffnete sofort die Türe. Dann deutete er mit einer Hand zum Beschuldigten.

„Lerchinger, das sind unsere Zimmer, da wird nicht geschrien, der Herr Rat hält einiges aus, wir nicht, wer schreit, geht zurück in seine Zelle."

„Zuvor verkünde ich Ihnen noch den Beschluss auf Verhän-

gung der Untersuchungshaft wegen Tatbegehungs- und Wiederholungsgefahr, Herr Beschuldigter", erklärte der Herr Rat.

„Be... Beschwerde", kommentierte dieser.

„Frau Kurzer, wir schreiben Beschwerde durch den Beschuldigten!"

Ludwig wurde angeklagt und letztlich durch den Richter Bodo G. zu einer mehrjährigen unbedingten Freiheitsstrafe verurteilt.

Das von Wasakovsky zuvor noch eingeholte Sachverständigengutachten war geradezu vernichtend, attestierte es doch eine voll zurechnungsfähige, überaus berechnende und skrupellose Täterpersönlichkeit mit ausgeprägtem Hang zu Größenwahn und Berufsverbrechertum samt äußerst schlechter Zukunftsprognose.

Wasakovsky und sein Verhandlungskollege wurden wiederholt von Ludwig L. wegen Amtsmissbrauchs und Quälen eines Gefangenen zur Anzeige gebracht, unter anderem deshalb, weil sie nicht alles ins Protokoll aufgenommen hätten, was er gesagt hatte.

Jahre später brachte Staatsanwalt Wörzer die aktuelle Ausgabe einer renommierten Tageszeitung in Wasakovskys Abteilung. Auf einer Seite der Gerichtsberichterstattung sah man einen Angeklagten in Pilotenuniform groß abgebildet, der Millionenbeträge ergaunert und veruntreut hatte, und deshalb zu einer langjährigen Haftstrafe verurteilt worden war. Daneben stand weiters zu lesen, dass er als Pilot eine eigene Fluglinie zwischen Salzburg und München gegründet hätte.

Auch ohne Namensnennung wussten Wörzer und Wasakovsky, wer dies war.

Man darf somit empirisch fundiert festhalten, dass Ludwig in puncto Umtriebigkeit und Projektentwicklung die Erwartungen tadellos wieder einmal erfüllte und vielleicht sogar bei Weitem übertraf.

Werner
Wer die Chance ergreift, muss nicht gewinnen.

Das Telefon klingelte. Langsam erhob sich Rudi aus seinem schweren Ledersessel.

„Ja?"

„Ich bin's. Wollte nur fragen, ob alles passt."

„Schon. Alles okay."

„Was sagst zur Extraportion?"

„Wie oft habe ich dir schon gesagt, nicht am Telefon!", fuhr Rudolf seinen Gesprächspartner an.

„Ha, schwitzt du schon wieder, dass sie dich abhören? Na dann, schönen Gruß an die Kiwarei. Burschen, tut's bitte alles schön aufschreiben, wenn ihr mich jetzt hört. Ich bin es, der Franky, wenn ihr meine Stimme nicht mehr kennen solltet", lachte der andere in sein Telefon.

„Du bist ein ausgesprochenes …"

Rudolf legte auf. Es nervte. Und es nervte sogar extrem, wenn die eigenen Leute bei den Blödheiten mit dabei waren. Er vertrug diese Spielereien und künstlichen Späßchen nicht mehr. Zu ernst war es in den letzten Jahren gewesen, zu nahe waren seine Gegner an ihn herangekommen. Er musste wieder auf Distanz gelangen und das war schwierig genug. Dazu kamen zuletzt solche Gespräche, wie gerade eben, die sein Bestreben in keinerlei Hinsicht förderten. Er war sich sicher, dass nach den letzten Aktionen nunmehr die Kriminalpolizei alles daransetzen würde, ihn endlich dingfest zu machen, zumal er ihnen wieder einmal

entschlüpft war. Diesmal war es sehr knapp gewesen. Außerdem hatte er einen weiteren Richter kennenlernen müssen, mit dem ebenfalls nicht gut Kirschen essen war und der ihm nunmehr jede Menge Schwierigkeiten eingebrockt hatte. Er wusste natürlich, dass er im Grunde genommen selber schuld gewesen war, weil er sich hinreißen hatte lassen, ein Problem selbst aus der Welt zu schaffen. Ausnahmsweise hatte er also wirklich selbst Hand angelegt und einem kleinen Möchtegern-Casanova die Fresse poliert, weshalb ihn der Staatsanwalt wegen schwerer Körperverletzung angeklagt hatte. Zwar konnte er das Opfer mit einem gut befüllten Geldkoffer davon überzeugen, dass es sich beim Täter dieses mehrfachen Kieferbruches keinesfalls um ihn, Rudi, gehandelt hätte; alleine das Gericht nahm diesen plötzlichen Erinnerungsverlust des Zeugen als nicht nachvollziehbar und somit als unglaubwürdig zum Anlass, der Anklage zu folgen und eine zweijährige unbedingte Freiheitsstrafe auszusprechen, die angesichts der Vorstrafen im Ergebnis sogar sehr moderat gewesen war. Hier war sicherlich von Vorteil gewesen, dass sie ihn in Klagenfurt nicht so gut kannten und somit keine Ahnung hatten, wer er überhaupt war. Nun aber musste er danach trachten, durch einen seriösen Gutachter seine Haftuntauglichkeit unter Beweis zu stellen, was ihn aber wieder mindestens ein mittelgroßes Aktenköfferchen mit Geldscheinen kosten würde, da er ja alles andere als vollzugsuntauglich war. Dazu gab es auch familienintern gröbere „Problemchen", wie er es nannte. Er war seinem eigenen Sohn dahintergekommen, dass dieser ihn bestohlen und bei der diesbezüglichen familieninternen Befragung sogar keck gelogen hatte. Er war daher gezwungen, diese aufkommenden Unsitten gleich im Keim zu ersticken und deutliche Signale zu setzen. Vor einigen seiner vertrautesten Mitarbeiter hatte er ein Exempel statuiert, wonach derjenige, der ihn bescheiße, ebenso behandelt werden würde. Jetzt musste es drastischer und aussagekräftiger

sein. Daher versenkte er seinen noch minderjährigen Filius in der eigenen, zur Liegenschaft gehörigen Jauchengrube, die er eigens dafür öffnen ließ. Nachdem dieser kopfüber insgesamt drei Mal für gar nicht kurze Zeit in den Fäkalien verschwunden war, um dann wieder nach oben in die Frischluft gehievt zu werden, erklärte Rudi allen Anwesenden, dass dies das Mindeste sei, was jedem widerfahre, der ihn bestehlen werde. Damit war alles geklärt. Alleine die Ehefrau und Kindesmutter des verzogenen „Gschroppen" protestierte heftigst und kündigte ihm Rache und Vergeltung an, wenn Derartiges nochmals geschehen sollte. Damit hing der Hausfrieden intern an dünnstem Seil, aber was hätte Rudolf machen sollen? Seinem eigenen Sohn dies durchgehen lassen? Nein! Niemand bestiehlt Rudolf!

Es läutete abermals und wieder ließ sich Rudolf Zeit, den Hörer in die Hand zu nehmen. Es war wieder der Anrufer von vorhin, der nunmehr um ein persönliches Treffen bat. Drei Tage später war es soweit.

„Was ist so wichtig, dass wir uns treffen müssen?", begrüßte Rudolf den anderen. Hatte er sich schon zuvor im von ihm ausgesuchten Lokal umgeblickt, wanderten seine Blicke nun ein weiteres Mal ruhelos über jeden der Tische, an denen die unterschiedlichsten Leute saßen. Wer passte hier nicht hin? Rudolf war sich sicher, dass zumindest ein Gast hier kein gewöhnlicher war, sondern als Polizist seine Brötchen verdienen würde. Er hasste diese heimlichen Kriminalisten, die Spionen gleich, alles und jeden auskundschafteten oder es zumindest versuchten. Er wollte es ihnen so schwer wie möglich machen. Wer war es diesmal? Der bärtige Typ, der krampfhaft etwas in der Zeitung zu suchen schien, oder doch das jüngere Pärchen, das sich so angeregt zu unterhalten schien und in Wirklichkeit vielleicht nur Blödsinn faselte? Zwei Männer mittleren Alters jeweils mit Kaffee und einem Glas Wasser? Sie saßen für seine Begriffe zu

unaufgeregt dort, wirkten wie platziert und waren sicherlich schon länger im Café, zumal diese Wassergläser beinahe gänzlich geleert waren. Als die beiden dann aber zwei große Biere bei der Kellnerin bestellten, beruhigte ihn dieser Umstand dann doch. Andererseits fiel ihm umgehend ein, dass ein Typ, den er im Bordell kennengelernt hatte und der auch bei einigen Linien Kokain mit dabei gewesen war, dann sehr wohl nach Meinung seiner Geschäftspartner als verdeckter Ermittler der Suchtgiftabteilung des Kriminalamts entlarvt worden war, wenngleich niemals offiziell bestätigt. Die Frau in der dunklen Lederjacke hatte er hier überhaupt noch nie gesehen. Und auch der Kerl, der angestrengt in eine Art Kalender oder Terminplaner starrte und mit dem Kugelschreiber kritzelte, gefiel ihm nicht. Er hasste mittlerweile die Menschen. Seine eigene Frau hätte er am liebsten zum Teufel geschickt wegen seines Eklats mit der kleinen, undankbaren Ratte. Ja – Ratte! So bezeichnete er alle, die ihn betrügen und legen wollten. Er brachte es auf den Punkt: Sie wollten ihn alle bescheißen, es ging ihnen immer nur ums Geld. Gut, ihm ging es ebenfalls immer und ausschließlich ums Geld, aber das war etwas anderes. Er wickelte seine Geschäfte ab und gute Geschäfte mit ebensolchen Deals hatten ihren Preis. Nicht umsonst war er immer für seine Spitzenware bekannt, letztlich verdankte er diesem Business mit ausgesprochen guter Ware seinen guten Ruf. Egal ob Frauen oder Rauschgift: Bei ihm konnte man sich darauf verlassen, dass man für sein Geld etwas Gutes bekam.

„Nichts", entgegnete der andere, „ich wollte mich dennoch erkundigen, ob alles gepasst hat."

„Wenn es nicht gepasst hätte, dann wäre ich schon längst bei dir vorstellig geworden", schmetterte Rudolf dem anderen unverblümt entgegen. Es klang wie eine Drohung, sollte es auch.

„Sachte. Ich hab' dich noch nie enttäuscht, ganz im Gegenteil. Sag selbst, oder?"

„Ist ja okay!", beschwichtigte nunmehr erstmals Rudolf, der selbst einzusehen schien, dass man doch mit alten Geschäftspartnern nicht so reden konnte. Noch dazu, wo das Geschäftliche wirklich immer gepasst hatte.

„Ich wollte nur wissen, ob dein Mann sich auch gefreut hat?"

„Gefreut? Weshalb?"

„Weil er diesmal von uns", der Typ wurde schlagartig leise, beugte sich zu Rudi vor und flüsterte ihm nunmehr ins Ohr, „um genau ein halbes Kilo mehr bekommen hat als sonst!"

„Nicht, dass ich wüsste!", antwortete Rudi, dessen Überraschung nicht gespielt zu sein schien.

„Ein halbes?"

„Ja!"

„Davon weiß ich nichts!"

„Wenn ich es dir sage. Dem Ferdl seine Leute haben einen Typen kennengelernt, der ihnen sofort Topqualität geliefert hat. Der ist eingestiegen, ganz groß. Der expandiert sozusagen. Der hat jetzt weitere Leute im Nachtgeschäft und baut auch das Tagesgeschäft zügig aus, weil er extrem gute Kontakte hat. Wir haben da was übernommen, schon mehrfach. Deine Ware ist jetzt auch von ihm. Da gibt es keine Beanstandungen. Eher das Gegenteil, was man so hört. Einigen Stammkunden hat's die Schleimhäute zusammengerissen, weil der Stoff –"

„Nicht so laut!", zischte Rudolf.

„Der Stoff ist mega. Einem Typen hat's die Schleimhäute zerfranst, der Idiot hat sich das auf seinen Schwanz gerieben, dass er endlich seine Alte befriedigen kann und dann sind beide im Krankenhaus gelandet. Das hat die Runde gemacht. Der greift so schnell kein Weibsbild mehr an, verstehst?"

Der Kerl grinste Rudi an. Der Bluthochdruck hatte sein Gesicht rot gezeichnet, seine Augen schienen hervorzuquellen.

„Also angreifen kann er's schon, aber sonst nix!"

Er kicherte vor sich hin. Rudolf war weder nach Unterhaltung noch nach Lachen zumute, er musste unweigerlich an sein Geschäft denken. Ein halbes Kilo extra? Das hätte mindestens …, er rechnete schnell im Kopf und erblasste.

Da saßen die beiden. Einer mit hochrotem, der andere mit weißem Gesicht. Keiner schien sie zu beachten. Dennoch zog es Rudi vor, die Unterredung mit seinem Gesprächspartner in die Herrentoilette des Cafés zu verlegen. Dort angekommen, wurde Rudi deutlicher.

„Warum schickt der dir mehr und du dann mir bzw. meinem Abnehmer und ich weiß nichts davon?"

„Es war nur eine kleine Geste!"

„Sehr schön, aber davon hatte ich nichts!"

„Du wusstest echt nix davon?"

„Nein, verdammt!"

„Dann war es doch gut, dass ich dich angerufen hab' und wir jetzt drüber gsprochen haben!", stellte der andere nüchtern fest.

„So ist es. Ich bin dir auch dankbar!", fasste Rudi kurz zusammen und orderte zwei Glas Schampus, nachdem sie wieder aus dem WC ins Lokal zurückgekehrt waren.

„Prost, auf weitere Geschäfte. Aber das nächste Mal vorher die Info an mich!", forderte Rudi seinen Gesprächspartner unmissverständlich auf.

„Okay, an mir soll es nicht scheitern!", entgegnete der andere und leerte das Glas.

Schon waren beide wieder aus dem Lokal.

Das Pärchen hatte sich geküsst und verlangte nach der Rechnung. Die zwei Typen in ihren grauen Anzügen zahlten und verließen ebenfalls das Café. Die Frau in der Lederjacke telefonierte.

„Heinz, du musst etwas für mich erledigen."

Der Auftrag kam kurz und prägnant. In der Kürze liegt die Würze, noch dazu, wenn man nicht viel zu reden hatte. Klare Worte, klarer Auftrag. Kein Geschwätz.

„Wird erledigt!"

„Ich kann mich auf dich verlassen?"

„Eh klar!"

Richter Buchinger öffnete die Türe zur Veranda des kleinen Holzhäuschen. Seine Frau hatte sich nach dem Essen schon zurückgezogen, für sie war es eine harte Arbeitswoche gewesen, wie wohl auch für ihren Ehegatten, der aber noch diesen gemütlichen Abend bei einem guten Glas Rotwein in der frischen Luft ausklingen lassen wollte. Er nahm auf dem alten Schaukelstuhl Platz und ließ den frisch eingeschenkten Tropfen noch etwas atmen. Er selbst atmete auch tief durch. Kein Geräusch. Kein Blatt bewegte sich. Die Vögel des Waldes waren schon lange verstummt, der Mond brach hinter vereinzelten Wolken durch und erstrahlte in ganzer Pracht. Eine Vollmondnacht stand bevor. Buchinger griff nach dem Glas, seine Nase sog die Aromen seines Getränks ein. Er wollte gerade den ersten Schluck nehmen, als ein abgefeuertes Geschoß die Stille zerriss und sich auf den Weg in eine Schädeldecke machte, um dort alles zu zerstören. Um diese Aufgabe vollständig zu erfüllen, wiederholte sich dieser Vorgang. Mehrfach. Das Ergebnis musste unwiderruflich sein.

Das Diensttelefon der Kriminalabteilung läutete. Der Beamte, der gerade eingenickt war, schreckte hoch, blickte auf seine Uhr und hob ab.

„Schönen guten Abend, hier Buchinger. Normalerweise ist es ja umgekehrt, aber heute rufe ich Sie mal zuerst an."

„Herr Rat, ist mir eine Ehre", räusperte sich die Stimme des Kriminalbeamten. Buchinger wurde sofort klar, dass diesmal er den anderen geweckt hatte, normalerweise war es tatsächlich umgekehrt.

„Auch wenn diese Informationen jetzt wahrscheinlich im ersten Moment ziemlich nutzlos erscheinen werden, aber hier in meiner Nähe wurden soeben mehrere Schüsse abgegeben. Und das war keine Flinte oder irgendein Kleinkalibergewehr. Die genaue Uhrzeit habe ich auch, die Richtung, aus der die Schüsse kamen, könnte ich Ihnen vor Ort zeigen!"

(Mögen solche informationen heutzutage zumeist wohl ein bemitleidenswertes Lächeln in den Gesichtern von Exekutivdienst- oder auch Kriminalpolizeibeamten hervorrufen, wurde dies im vorigen Jahrhundert noch gänzlich anders bewertet und abgehandelt.

Aber nicht nur deshalb, weil diese Grundinformationen von einem mehr als kompetenten Mann seines Faches kamen. Richter Buchinger war als Untersuchungsrichter schon öfters vehement in Erscheinung getreten und dadurch weithin bekannt geworden. So verfolgte er einen Naziverbrecher wegen Völkermordes gesetzesgemäß mit Voruntersuchungshandlungen und verhängte auch die Untersuchungshaft über den mutmaßlichen und tatdringlich verdächtigen Beschuldigten ohne Antrag eines zuständigen Staatsanwaltes. Rechtlich war dies damals absolut zulässig, kam allerdings nur sehr selten vor, weshalb in weiterer Folge Politik und Ministerien rasch reagierten und die gesetzlichen Bestimmungen kurzerhand abänderten bzw. im Nationalrat abändern ließen, weil es doch nicht gehen konnte, dass man unabsetzbare, unversetzbare und vor allem unabhängige – somit weisungsfreie – Richter gesetzeskonform schalten und walten lassen konnte, was zu vielleicht ungewünschten Verfahren oder Aufklärungen führen hätte können. Nach diesem von Buchinger initiierten Verfahren gebot das

Gesetz den Richtern nunmehr Einhalt, es bedurfte somit immer eines Antrages eines zur Strafverfolgung Berechtigten. Und Staatsanwälte waren nun einmal nicht weisungsfrei. Ein Schelm, der sich jetzt etwas Besonderes dazu denkt …)

Schüsse? Tatort? Wo, was und überhaupt?

Buchinger und der Vehemenz des diensthabenden Kriminalbeamten waren es jedenfalls zu verdanken, dass bereits Stunden später das bewaldete Gelände durchstreift wurde …

Oberstleutnant Kröllinger hatte an diesem Samstag frei. Er nutzte den Vormittag, um einige Erledigungen tätigen zu können, die in letzter Zeit angesichts seines Jobs stark ins Hintertreffen geraten waren. So schlenderte er mit einem Einkaufskorb „bewaffnet" zwischen den Ständen des Bauernmarktes, den es hier im Westen der Großstadt schon seit Jahrzehnten gab. Die ehemals modern gestalteten Betonträger des Massivdaches waren schon längst keine Augenweide mehr, dennoch erfüllten sie ihren Zweck. Es war ein strahlender Tag, der zum Flanieren und Nichtstun einlud. Auch ein Untersuchungsrichter des Landesgerichtes nutzte seine Freizeit, sich mit frischen Produkten heimischer Produzenten einzudecken. Das Wort „Nachhaltigkeit" war noch lange nicht als gängiges Schlagwort geboren.

„Zufällig kommst du entgegen,
zufällig schau ich dich an.
Mitten in Tausenden Menschen,
finden wir zwei zueinand.
War's uns bestimmt, nenn' es Geschick,
oder war's nur einfach a Glück."

Wenngleich auch nicht Tausende Menschen den Markt besuchten, einige Hunderte waren es dennoch. Und wenn auch Peter

Cornelius' Text in seinem Lied letztlich eine gänzlich andere Beziehung beschreibt, passt diese eine Strophe doch zur Situation vor dem Brotstand, an dem eine Bäuerin ihre Kostbarkeiten feilbot.

„Dass ich dich jetzt da treffe, ein Wahnsinn. Ich muss unbedingt mit dir reden!", begrüßte Kröllinger Wasakovsky.

„Schon längere Zeit von dir nichts mehr gehört!", meinte dieser.

„Ich habe da eine Geschichte, die erfordert Fingerspitzengefühl. Im Detail weiß ich auch noch nicht, wie wir an die herangehen könnten!"

„Wo ein Wille, da ein Weg, oder?"

„Bei dir schon. Aber bei den anderen?"

Gelegentlich bedarf es durchaus anderer Methoden zur Wahrheitsfindung als der gewöhnlichen Beweismittel. Personen aus der Bevölkerung, die allerdings eher den dem Verbrechertum nahestehenden Kreisen angehören, raffen sich doch ab und an aus den unterschiedlichsten Motiven oder Anläsen dazu auf, Informationen an die Polizei weiterzugeben. Solche Personen, die im sogenannten Volksmund schon mal gerne als „Spitzel" bezeichnet werden, stellen einerseits doch eine gewisse Gefahrenquelle dar, weil man nie genau wissen kann, was an Lug oder Trug oder doch an Wahrheit den Informationen innewohnt, andererseits gibt es sonst speziell bei Kapitalverbrechen im Milieu kaum eine echte Möglichkeit, über tatsächliche Zeugen an den jeweiligen Täter zu gelangen.

Solche „Spitzel" werden zumeist als Konfidenten bezeichnet, die als Zeugen mit ihren Angaben und Informationen aber niemals in einer Anzeige der Staatsanwaltschaft genannt werden. Sie werden daher selbst auch im Ergebnis niemals als Beweis gewertet, dennoch kann durch sie oft richtungsweisend

in die eine oder andere Richtung ermittelt und erhoben werden, sodass man nicht nur dem Sachverhalt, sondern vor allem auch dem Täter näher auf die heiße Spur kommen kann. Konfidenten sind – soferne überhaupt aktenkundig – naturgemäß die bevorzugten Angriffspunkte jeder strafrechtlichen Verteidigungsstrategie, gehören sie doch zumeist – wie erwähnt – selbst einem gewissen kriminellen Milieu an, wobei die polizeiliche Belohnung für die Information auch schon mal im Ermessensbereich liegenden Übersehen eigener kleinerer Verfehlungen des Konfidenten bestehen kann. Grundsätzlich kann man aber durchaus sagen, dass die Verwendung von Konfidenten nicht unzulässig war und ist, handelt es sich hierbei doch nicht um einen sogenannten „Agent Provocateur", der einen vielleicht noch Schwankenden zu einem Verbrechen erst animiert oder auffordert. Ebenso nicht gerne von Verteidigern gesehen werden die sogenannten „Vertrauenspersonen", die sich allerdings doch gravierend vom Polizeispitzel unterscheiden, gehören sie doch zumeist einer gänzlich anderen Bevölkerungsgruppe an und werden auch für die getätigten Informationen grundsätzlich weder be- noch entlohnt. Gerade oft stundenlang unbeschäftigte Fenstergucker, wartende Taxichauffeure oder kaffeetrinkende Pensionisten auf Lokalterrassen deponieren oft sehr wertvolle Hinweise, wenn man sie denn danach fragt, was offenbar vor Jahrzehnten viel häufiger geschah, wie sich dies aus den Akten jedenfalls ableiten lässt. Aber auch „anonyme Anzeigen" tragen zumeist doch auch ein Körnchen Wahrheit in sich, denen es nachzugehen lohnen könnte. So lässt sich erahnen, dass es für den engagierten Kriminalpolizisten bzw. „Kiwara" vielerlei an Möglichkeiten gibt, Erhebungen voranzutreiben.

„Ich habe jemanden für dich, der unbedingt mit dir reden will. Aber nur mit dir. Mit keinem anderen aus der Justiz!"

Die Information war eindeutig. Was am Brotstand begann, fand ein gedeihliches Ende eines Nachts in einem recht finsteren Lokal.

Der Vorsitzende begann mit der Vernehmung der Angeklagten.

Der Erstangeklagte war somit an der Reihe, der Zweitangeklagte wurde aus dem Gerichtssaal geführt. Gelegentlich erbrachte erst die gesonderte Einvernahme verwertbare und somit bessere Ergebnisse.

„Sie halten Ihre Angaben, die Sie vor der Polizei und vor dem Untersuchungsrichter gemacht haben, aufrecht?"

„Ja!"

„Ich lese Ihnen Ihre Angaben nochmals vor, damit Sie auch genau wissen, was Sie da angegeben haben!", ergänzte der Vorsitzende des Schwurgerichtshofes, der für diese Verlesungen am Anfang der Hauptverhandlung bekannt war. Für all diejenigen, die die Akten kannten, war das immer eine etwas langwierige Prozedur, die nicht sonderlich beliebt war. Dafür schloss es etwaige Missverständnisse oder Unklarheiten gleich zu Beginn aus.

„Müssen Sie nicht, ich weiß, was ich da ausgesagt habe!", deponierte unmissverständlich der Angeklagte.

Selbst diese klare Ansage änderte nichts am weiteren Geschehen. Minutenlang wurde wortwörtlich vorgelesen.

„Ist das alles richtig?", vergewisserte sich sodann neuerlich der Vorsitzende, nachdem er sämtliche Protokolle wortwörtlich und detailliert wiedergegeben hatte.

„Ja, das habe ich gesagt, stimmt!"

„Also?"

„Was, also?"

„Wie bekennen Sie sich im Sinne der Anklage?"

„Nicht schuldig, natürlich!"

Das Statement des Angeklagten war unzweifelhaft und deutlich.

„Weil?"

„Weil? Weil ich das nicht war. Ganz einfach!"

„Sie haben mit der ganzen Sache überhaupt nichts zu tun?"

„Nein!"

„Warum reden Sie dann darüber?"

„Weil das natürlich jeder gewusst hat, was da geschehen ist. Jeder hat darüber gesprochen. Wir haben den ja auch gekannt. Der war kein Unbekannter."

„Sie sollen mit dem aber auch Kontakt gehabt haben?"

„Jeder hat Kontakt mit dem gehabt. Jeder. Der war bei uns im Lokal, am Standl. Im Puff."

„Sie kennen den Herrn Rudolf, den Zweitangeklagten?"

„Sicher. Jeder kennt den."

„Hat der etwas mit Rauschgift zu tun?"

„Weiß ich nicht, da müssen Sie ihn selber fragen!"

„Haben Sie ihn einmal mit Rauschgift gesehen?"

„Nein, nie."

„Aber die Polizei schreibt, der soll Rauschgift verkaufen?"

„Herr Vorsitzender", unterbrach der Verteidiger, „der Vorhalt ist unrichtig. Im Polizeibericht steht, dass dieser Herr Rudolf der Mann im Hintergrund sein soll; dass er Rauschgift verkauft, steht nirgends!"

Der Vorsitzende blätterte im Akt. Im Geschworenensaal war es mucksmäuschenstill.

„Richtig. Ich nehme meine Frage zurück. Wissen Sie, ob der Herr Rudolf der Mann im Hintergrund ist, wenn es um Rauschgiftgeschäfte in Graz geht?"

„Nein, keine Ahnung. Ich weiß gar nichts!", antwortete der Angeklagte.

„Sie haben auch nie einen Auftrag von diesem Herrn Rudolf bekommen?"

„Schon. Ich hab' in seinem Auftrag sein Auto g'waschen oder auch einmal das Lokal zusammengekehrt."

„Das meine ich nicht, ich meine andere Aufträge …"

„Welche?"

„Andere halt."

„Da fällt mir ein, dass ich auch ein paarmal seinen Hund äußerln geführt habe", lächelte der Angeklagte.

„Herr Angeklagter, das meine ich auch nicht!"

„Herr Vorsitzender, wie soll mein Mandant wissen, was Sie meinen? Bitte sind Sie mir nicht böse, aber das kann er nicht verstehen, was Sie meinen!", warf wieder der Verteidiger ein.

„Also gut, dann frage ich anders. Haben Sie einen Auftrag bekommen von diesem Herrn, wie heißt er jetzt, diesem Herrn Rudolf, in die Weststeiermark zu fahren?"

„Nein. Warum sollte ich?"

„Sie haben also keinen Auftrag erhalten?"

„Nein. Nie. So einen Auftrag habe ich nie erhalten."

„Haben Sie eine Waffe?"

„Jetzt?"

„Herr Angeklagter, stellen Sie sich nicht so an, ich meine, hatten Sie jemals eine Waffe?"

„Nein. Ah … Entschuldigung, doch. Vor Jahren, wie ich damals den Banküberfall begangen habe, da hatte ich eine Waffe."

„Danach. Ich meine danach?"

„Nein, nie mehr."

„Kennen Sie den Herrn Johannes?"

„Ja. Der ist nicht ganz normal. Der säuft und kifft, dass die Hälfte reicht. Er war auch öfters bei uns im Puff, der wollt' selbst so einen Laden aufmachen, hat er zumindest einmal so gesagt. Aber der ist doch nicht der Typ dafür. Das ist ein Weichei, wenn'S verstehen, was ich meine. Der tut keiner Fliege was."

„Aha. Können Sie sich seine Aussage im Akt erklären?"

„Keine Ahnung, wie der da auf alles kommt. Ist aber ein absoluter Schwachsinn. Bei der einen Party war der aber auch gar nicht dabei. Er wäre gerne dabei gewesen, weil es da bei uns die schärfsten Nutten, T'schuldigung, Weiber gegeben hat. Da wär'er gerne dabei gewesen, weil's ihm dann einen geblasen hätt'n. Aber er hat keine Einladung g'kriegt. Warum auch?"

„Aha. Ich habe keine Fragen mehr, jemand aus dem Senat? Nein? Die Damen und Herren Geschworenen? Nein? Herr Staatsanwalt?"

„Ich hätte schon noch Fragen!", schaltete sich der Staatsanwalt ein.

„Bitte!"

„Herr Angeklagter. Haben Sie eine Erklärung dafür, warum der Zeuge Johannes Sie belastet?"

„Wie ich schon sagte, der ist ein Spinner, ein Wichtigmacher und sonst nichts. Der hat selbst einmal Drogen gehandelt, jetzt kifft er wahrscheinlich zu viel. Der spinnt."

„Aber den Herrn Rudolf kennen Sie schon?", wollte der öffentliche Ankläger sicherheitshalber noch nachhaken.

„Herr Staatsanwalt, bitteschön, das hatten wir doch schon!", warf der Verteidiger ein.

„Da muss ich ihm recht geben!", ergänzte nunmehr auch der Vorsitzende.

„Dann frage ich anders: Können oder wollen Sie uns etwas über die polizeilichen Erhebungen sagen?"

„Schon, aber ich weiß nicht, was ich dazu sagen könnte. Alles Blödsinn. Ich habe nichts gemacht und habe daher auch niemals einen Auftrag von wem auch immer erhalten."

„Herr Verteidiger?"

„Ja danke, Herr Vorsitzender. Herr Angeklagter, können Sie mir bitte sagen, wo Sie an jenem besagten Abend oder in der

gesamten Nacht gewesen sind? Die Polizei hat da nicht wirklich viel zusammengebracht."

„Ich war in einem Puff, weil wir dort eine Geburtstagsfeier hatten. Den ganzen Abend und auch die ganze Nacht. Ich hab' mir dann ein Mädchen genommen, eine Neue, die Ludmilla aus … weiß ich jetzt nicht mehr und war bis zum nächsten Tag dort."

„Da gibt es diese Aussagen der Feiernden und einiger Mädchen im Akt, Herr Vorsitzender. Ich habe auch schon in einem Beweisantrag vorgebracht, dass sich dies auch zeitlich alles nicht ausgehen könnte, selbst wenn die Behauptung aufgestellt werden sollte, mein Mandant wäre da hin- und hergefahren. Das geht sich nie aus, der kann nicht fliegen!", ergänzte der Verteidiger.

„Herr Verteidiger!", mischte sich der Staatsanwalt ein, „Nach dem Polizeibericht ginge es sich zeitlich sehr wohl aus, der größte Teil der Strecke ist Autobahn und nachts gibt's nicht so viel Verkehr. Außerdem hat Ihr Mandant einen starken Wagen!"

„Das ist Ihre Mutmaßung oder Vermutung, die Sie von der Polizei übernommen haben, aber kein Beweis. Sie können nicht einmal beweisen, dass das Fahrzeug überhaupt vor Ort war!", konterte umgehend der Verteidiger.

„Wir streiten da nicht, das können Sie sich alles für die Schlussplädoyers aufbehalten!", warf der Vorsitzende ein.

Wasakovsky parkte seinen Wagen in einer unbeleuchteten Seitengasse und blickte sich um. Die Nacht hatte längst ihre Fühler ausgestreckt und diesem heruntergekommenen Stadtteil sogar etwas von seinem optischen Schrecken genommen. Vereinzelt huschten dunkle Gestalten mit aufgestellten Krägen und Hüten durch die Gassen, als versuchten sie, dieser Dunkelheit zu ent-

kommen. Endlich war die spärlich beleuchtete Eingangstüre des Lokals zu erkennen, auf das lediglich eine eingeschlagene Laterne mit flackerndem Licht hinwies. Auch die Gaststube selbst präsentierte sich in gedämpftem Licht, die dunkelbraun und roten Farbtöne mischten sich mit dem Geruch nach altem, geölten Holz, modrigen Sitzmöbeln und Zigarettendunst, der sich in schweren, weißen Wolken zu beinahe undurchdringlichem Nebel gebunden hatte. Auf den ersten Blick war nicht ausmachbar, ob es hier überhaupt Gäste oder sonst jemanden gab, der diesen Raum belebt hätte. Wasakovsky schritt äußerst langsam und bedächtig voran, sein Blick tastete sich, Nebelscheinwerfern gleich, so weit wie möglich nach vorne. Plötzlich durchbrach Kröllinger diesen Nebel.

„Hier sind wir!"

Kröllinger führte Wasakovsky zu einer Nische, in der ein Mann saß, der sich sonderbar nach vorne über den alten Holztisch gekrümmt hatte. Er sah auf, als sich Wasakovsky zu ihm an den Tisch setzte. Es war für den Richter kein unbekanntes Gesicht, dass sich ihm hier schmerzverzerrt zeigte.

„Grüß' Sie, Herr Rat, ich hab' Magenschmerzen. Ich muss dennoch mit Ihnen reden. Ich halte das alles nicht mehr aus, es wird mir zu viel, ich kann nicht mehr", begann der andere das Gespräch. Kröllinger setzte sich dazu.

„Er will echt speibn. Die Frage ist, was es bringt", meinte der Oberstleutnant.

„Schön. Warum?"

Wasakovsky blickte den anderen fragend an.

„Mir wird das echt zu viel!", entgegnete dieser. Sein Gesichtsausdruck schien sich etwas zu beruhigen.

„Warum bei mir?", hakte der Richter nach.

„Sie sind der einzig Gerade. Und vormachen kann man Ihnen eh nix!"

„Keinen Honig ums Maul!", fuhr Wasakovsky den anderen an.

„Echt nicht. Ich pack das nicht mehr."

„Was?"

„Alles. Echt. Das geht alles in eine Richtung, das kannst nicht aushalten!"

„Na gut, dann reden wir drüber. Aber keine G'schichtln. Für das hab' ich keine Zeit!"

Im Gerichtssaal begann das Beweisverfahren.

Der Zeuge Johannes wurde aufgerufen. Gleichzeitig mit ihm betraten einige Uniformierte ebenfalls den Saal und setzten sich in die Zuschauerränge, wo auch ein Richter als Zuhörer schon seit Beginn der Verhandlung Platz genommen hatte, um dem Prozess zu lauschen.

„Sie stehen unter Wahrheitspflicht!", belehrte der Vorsitzende den Zeugen, der sich offenkundig unwohl und unsicher fühlte. Seine Körpersprache ließ dies mit jeder Bewegung erkennen.

„Ich weiß", entgegnete er dem Gericht.

„Ist das richtig, was Sie da erzählt haben vor dem Untersuchungsrichter?"

„Ja freilich, selbstverständlich. Alles!", bestätigte der Zeuge.

„Aber sonst waren Sie bei der Tat nicht dabei?", hakte der Vorsitzende nach.

„Nein, ich war nicht dabei."

„Sie haben auch nicht unmittelbar als Zeuge etwas von dem Auftrag des Zweitangeklagten an den Erstangeklagten mitbekommen?"

„Ah ... nein?"

„Woher wissen Sie dann davon?"

„Wie ich angegeben habe, aus Erzählungen!"

„Aus Erzählungen?"

„Ja!"

„Und sonst wissen Sie nichts?"

„Nein."

„Der Erstangeklagte hat Ihnen das erzählt?"

„Also mir nicht, ich war nur dabei, wie er davon erzählt hat!"

„Bei der Feier oder Party oder was weiß ich?"

„Ja."

„Das ist alles, was Sie wissen?"

„Ja."

„Ich habe keine Fragen mehr an den Zeugen", deponierte der Vorsitzende und schloss den Aktendeckel.

„Fragen?"

„Also, ich will gar nichts behaupten. Ich hab's ja auch schon dem Herrn Oberstleutnant erzählt und er meinte, das wäre schon wichtig. Deswegen erzähl' ich auch Ihnen das. Mir wird's echt schon zu viel, ich muss da raus aus dem Kreis", begann Johannes.

Wasakovsky blickte ihn an.

„Dann los. Ich lasse das Aufnahmegerät mitlaufen, damit es nachträglich keine Missverständnisse geben kann. Einverstanden? Okay. Ich lasse dann alles schreiben und Sie lesen es sich in Ruhe nochmals durch und dann unterschreiben Sie das Protokoll. In Ordnung?"

„Sicher!"

„Also?"

„Der Rudi ist ja schon seit Jahren im Geschäft. Das wissen nicht nur alle, das pfeifen die Spatzen längst von den Dächern. Nur passieren tut ihm nix. Der kennt Gott und die Welt. Offiziell macht er sein Geschäft mit dem Kaffeehaus, einem Würstelstand und dem Frühlokal, wo alle Nachtschwärmer

hingehen, wenn es spät oder besser früh geworden ist. Die trinken dort ihr Fluchtachterl, einen Kaffee und genehmigen sich gelegentlich a extra Naserl, wenn Sie wissen, was ich meine?"

„Klar!"

„Dort setzt er auch einen Großteil seines Koks um. Das sind honorige Leut' dort, sag' ich Ihnen. Der Oberstleutnant hat eh' schon öfters a Obs' dort g'mocht, der weiß genau, wer ein- und ausgeht. Der Heinz, der Peter, der Werner, der Georg und der Gregor und wie sie sonst noch alle heißen, sind seine Handlanger. Der Rudi kriegt des Zeug aus Italien, der hat einen direkten Draht. Da kommen's mit den Sportwägen und liefern erste Sahne. Ich hab' ja auch oft was g'kauft oder kriagt. Die Qualität hat immer passt. Die war sogar außerordentlich guat, weil der Rudi g'sagt hat, da wird nix g'streckt! Ich hab' auch was bezogen."

„Von ihm persönlich? Hat er Ihnen das Kokain gegeben?"

„Nein. So blöd ist der nicht. Der ist vergleichbar mit dem roten Heinzi aus Wien. Der ist auch der große Macher, aber im Hintergrund. Jeder weiß was, aber keiner kann es beweisen. Der Rudi macht nix selbst. Das waren seine Buckel. Der Heinz, der Werner. Die haben es für ihn vercheckt. Die haben auch die Promis beliefert. Geschäftsleute aus Graz, Politiker, sogar einen Polizeioffizier haben's auf der Kundenliste g'habt. Und natürlich auch zwei Anwälte. Einen Zahntechniker von der Gebietskrankenkasse haben sie auch gehabt, der hat ihnen allen die Zähne gerichtet, zum Spezialpreis natürlich. Der hat sich einmal das Kokain auf seinen erigierten Schwanz g'staubt, damit er seine Alte zum Orgasmus bringt. Beide sind's im Spital gelandet. Ist alles nachprüfbar und belegbar. Ich red' keinen Scheiß. Einen Arzt haben's auch beliefert, der stellte ihnen immer die ärztlichen Atteste aus, dass sie krank gewesen wären und daher nicht zum Termin kommen können und so. Da war immer alles bestens organisiert. Kredite haben's gekriegt, da

gab's Bankspezialisten, die sonst bei uns gratis gekokst haben. Und gelegentlich a Oide pudert haben, diese geilen alten Säcke. Kriegen eh zumeist keinen hoch, oba mit Koks sind's dann die Weltmeister, glauben's zumindest. Der Herr Prokurist ist immer auf ganz junge Madl g'standen, da hat's geheißen, die dürfen höchstens 45 Kilo haben, aber mit Schultasche! Den haben sie auch dabei gefilmt, so haben sie ihn voll in der Hand, wenn's verstehen, was ich meine. "

„Namen? Details?"

„Habe ich alle; alles für Sie aufgeschrieben, auf meiner Liste. Hier. Die Gierigsten waren aber die Herrn Advokaten. Die sie sonst immer vertreten haben. Ich weiß auch, wo die ihre Kanzleien haben, in der Friedlgasse und in der Damengasse. Einmal bei einer Geburtstagsfeier haben's alle fotografiert, wie sie gekokst und gefickt haben. Damit hatte der Rudi sie alle in der Hand. Die Fotos liegen bei ihm im Safe. In einem Wandsafe in seinem Büro. Den haben sie bei den Hausdurchsuchungen aber noch nie gefunden. Rudis Frau hatte sogar mal was mit einem großen Tier von der Justiz, der Herr Präsident hat sie im Besenkammerl vernascht, auch unterm Schreibtisch hat sie sich seinerzeit um ihn gekümmert, da ist ein Staatsanwalt hereingekommen, der gar nichts gemerkt hat. Das haben sie dann bei uns im Puff herumerzählt und es hat dann geheißen, dass sie mit dem Rudi nur deshalb keinen Kelch hat, weil er dadurch einen Freiakt hat, wenn's Probleme geben soll. Einen gerichtlichen Gutachter hat der Rudi auch gekauft gehabt, dem hat er anständig was geschmiert, damit er in einer Geschichte haftunfähig sein soll. Den konnte er nur mit Geld schmieren, den interessierten keine Weiber und auch kein Koks, dafür war er schon viel zu alt. Der Name fällt mir jetzt nicht ein, lässt sich aber herausfinden, der ist einmal voll fett nach einer Verhandlung beim Landesgericht mit seinem Auto auf den Geleisen der

Straßenbahn bis in den Norden der Stadt gefahren, weil er mit einem Richter zwei Flaschen Cognac geleert haben soll. Da gibt's einen Polizeiakt. Der Rudi hat ihm die Verwaltungsstrafe zahlt, weil er so herumgejammert hat."

„Okay! Aber viel Neues ist da nicht dabei. Vieles wissen wir schon. Wo sind die Beweise?"

„Kann ich liefern. Wenn Sie den Safe finden, haben Sie die Bilder, da sehen'S dann sehr viele seiner Kunden, die Kontoverbindungen und auch Geld hat er da liegen."

„Und Gift? Wo ist das?"

„Das letzte Versteck weiß ich nicht. Er hatte es lange Zeit in einem eigenen Bunker unter seinem Swimmingpool."

„Da ist ein Kollege schon mal mit Vollgas rein, war aber nichts zu finden!", konterte der Richter.

„Ja, weil es einen Zund gegeben hat. Der hat sie gewarnt. Der hat die Information gehabt, weil er angeblich einen Pansch mit einer Kanzleibeamtin hatte, die zuviel gequatscht hat. Außerdem hat es einen Kiwara gegeben, der angeblich auf Rudis Gehaltsliste gestanden ist, davon weiß ich aber nichts Genaues. Das haben's nur geredet, wenn's eingekokst und blunzenfett herumgelegen sein. Der Horni wird's schon richten, hat's geheißen. Kenne ich aber nicht."

„Und was ist da jetzt alles so furchtbar, dass Sie mir das alles erzählen?"

„Er weiß noch viel mehr", meinte der Oberstleutnant.

„Dazöhl!"

„Also, wenn ich nicht so auf das Koks standert und gelegentlich einen Freischuss krieg, könnt' mir das eh alles ziemlich wurscht sein. Aber jetzt haben's den Werner g'mocht, dabei wor der eh aner von die Liaberen, wenn's versteh'n, wos ich mahn. Der hot die Mädels nie schlecht behandelt."

„Was wissen Sie davon?"

„Der Werner ist vom Heinz g'mocht worden, und der Auftrag kam vom Rudi, weil der Werner den Rudi g'legt hat. Der hat ein halbes Kilo Koks abgezweigt, für sich und hat es für sich söba vercheckt. Die Lieferung war größer als geplant und vereinbart, der Patrone wollte den Rudl überraschen, weil der Geburtstag hatte und weil so lange alles bestens funktioniert hat. Außerdem haben sie Waffen runtergeliefert und das hat ihnen wirklich getaugt. Mit einer Puffn habens das Problem mit einem Tiroler Kollegen beenden können, daher wollten sie sich erkenntlich zeigen. Und dann ziagt der Werner ein halbes Kilo ab. Das war sein Todesurteil. Dem Rudi nimmst nichts weg. Und wenn der Rudi sich selbst als Rudl bezeichnet, ist Feuer am Dach."

„Und woher wissen Sie das? Waren Sie dabei?"

„Nein. Aber der Heinz hat es ja selbst zugegeben. Da war eine richtige Feier, da ist es wirklich zugegangen. Der Heinz war super drauf, hat a bissl zuviel getankt gehabt und auch das eine oder andere Naserl zu viel. Da hat er sich gebrüstet, dass alle von der Truppe Hosenscheißer und Weicheier sind, keiner die Eier gehabt hätte, für den Rudi die Sache zu erledigen, nur seine Eier seien hart und groß genug. Und darum hat er ihm auch drei Schuss direkt hineinverpasst, direkt in die Fresse, mitten ins G'sicht, obwohl der Werner noch herumgeeiert hat, er soll ihn lassen, er gibt ihm was ab und so. Er ist ihm nachgefahren zu einem Versteck, wo er den Stoff hatte und dann hat er gesagt, na bist überrascht, dass ich dich jetzt seh' mit dem gefladerten Gift? Im Wald hat er ihn gemacht, ruckzuck und vorbei. In der Weststeiermark, er hat sogar den nächsten Ort genannt. Am Rücken sei er dann gelegen und sein beschissenes G'sicht hat dreing'schaut mit den Löchern im Schädl. Die Zunge hätte es ihm ausigrissen oder so. Er hat dann noch herumgeplärrt, dass er auch jeden anderen, der den Rudi bescheißen sollte, umlegen

wird, wie den Werner. Zuvor schneidet er demjenigen aber auch noch die Eier ab, weil sie alle Idioten wären, wenn sie den Chef beklauen. Das war eindeutig. Der Rudi ist dann sogar dazugekommen und hat zwei seiner Jungs geschickt, die den Heinz runtergeholt haben von der Bühne, auf der sonst nur die Hasen tanzen. Striptease und so. Da war ich selbst dabei, ich war nur ganz hinten an der Bar, weil ich mir ein Mädel nehmen wollte, weil meine Alte mit mir Schluss gemacht hat an diesem Tag. Wollen Sie ihren Namen? Die Melli war meine Freundin. Die Trixi hat das sicherlich auch gehört, auch die Olga, die kurz zuvor noch getanzt hat. Der Alex auch, weil der ganz vorne gesessen ist und der Olga noch ein paar Geldscheine in den Slip gesteckt hat. Der Fredl war auch da und auch dieser Fritz, der sich den Stoff im Suff auf seinen Pimmel gerieben hat, damit er seine Alte besser pudert. Die können sie alle fragen, die müssten dies alles bestätigen können. Der Heinz hat sogar zuvor, wie er an der Bar gestanden ist, davon gesprochen, welche Puffn er dazu genommen hat und woher er die hatte, ich hab' mir nur die Details davon nicht so gemerkt. Er hat sie dann aber verschwinden lassen, eh klar. Vielleicht fällt es mir noch ein, weil er da auch was gesagt hat, der Trottel. Dann hat er ein Naserl genommen und wie er damit fertig ist, hat er mich gesehen. Da ist er her zu mir und hat mir mit beiden Händen auf die Brust geschlagen und gemeint, wenn ich meine Goschn irgendwann einmal aufmache, sei ich tot.

Und jetzt wird herumgeredet, dass es nicht mehr lange dauern wird, dann gibt's einen Kelch mit mir, weil ich ein Arschloch bin und zu viel wüsste. Der Kurt hat mir bei einem zufälligen Treffen an einer Tankstelle ausgerichtet, dass sie mich schon suchen würden und ich mein Grab schon ausschaufeln kann. Vorgestern hat wer in meine Wohnung eingebrochen und alles verwüstet. Was muss ich mir dabei denken? Meinem Bekann-

ten, dem Friedrich, der bei Ihnen damals eine Zeugenaussage machte wegen dem Suchtgift und einem Revolver und den Rudi damit belastet hat, haben's zwei Finger abgeschnitten und ihn dann sogar in die Mur g'schmissen. Der hat Glück gehabt, dass er nicht ersoffen ist. Und die Olga, mit der ich früher a Techtelmechtel hatte, haben's vergewaltigt. Zusätzlich hat sie jetzt vier Tschickabdrücke auf ihrem Arsch."

„Und was soll ich jetzt mit diesen Informationen machen? Wollen Sie das vertraulich behandelt haben, also speiben ohne Protokoll sozusagen oder doch ernsthaft?", fragte der Untersuchungsrichter.

„Nein, der unterschreibt das, als Zeuge. Oder?", Oberstleutnant Kröllinger blickte den Erzählenden an.

„Ja, ich gebe das als Zeuge an und unterschreibe das auch alles, weil es stimmt. Ich bin eh schon untergetaucht!", entgegnete dieser.

„Ich habe seine Adresse, wir passen auf ihn auf", meinte Kröllinger und klopfte dem nunmehr erleichtert Wirkenden auf die Schulter.

Es wurde noch eine lange Nacht.

Später wurde diese Tonbandaufnahme übertragen, wortwörtlich. Es wurde ebenso vom Zeugen unterschrieben, wie auch ein zusätzliches und sogar ergänzendes Zeugenprotokoll.

„Herr Zeuge Kröllinger, können Sie uns sagen, wie die polizeilichen Ermittlungen zu den Angeklagten führten?", setzte der Vorsitzende das Beweisverfahren fort.

„Das Opfer, also dieser Werner, war uns ja schon jahrelang als Suchtgiftdealer und Zuhälter bekannt, nur gab es nie den letzten ausschlaggebenden Beweis. Wir haben ihn öfters mit kleineren Suchtgiftmengen gehabt, umfangreichere Observationen

wurden von der Anklagebehörde aber auch vom Gericht immer nach kurzer Zeit wieder eingestellt oder sogar abgelehnt, weil es zumeist nur vage Hinweise gegeben hat. Im Milieu überhaupt einen Zeugen zu finden, ist mindestens so schwer, wie als Hobbykletterer eine Tour auf den Mount Everest zu unternehmen. Zaubern können wir natürlich auch nicht, das braucht alles seine Zeit. Bezüglich des Zweitangeklagten haben sich die Hinweise verdichtet, dass sogar nochmals größere Mengen an Suchtgift, konkret Kokain, geliefert werden sollen, weil es Verbindungen zur oberitalienischen Mafia gegeben hatte. Unsere Gruppe war da intensiv im Einsatz, wurde dann aber voll eingebremst, weil nur Überstunden gemacht worden wären, aber laut Präsidium nichts herausgekommen sei. Da wurde uns der Rotstift angelegt und nichts ging mehr. Wir haben sogar von einer konkreten großen Lieferung gehört, konnten aber nichts machen, weil uns die Überstunden fürs Wochenende gestrichen wurden. Dann hat es den Vorfall in der Weststeiermark gegeben, wo das Opfer regelrecht in diesem Waldstück hingerichtet worden ist. Durch die Informationen eines genannten Zeugen, der wohl über jeden Zweifel erhaben ist, wusste man zunächst wenigstens die mögliche Tatzeit, auf Grund seiner weiteren äußerst präzisen Angaben und der örtlichen Zuordnung fanden wir am nächsten Morgen tatsächlich den Tatort und somit auch die Leiche. Es gehört jetzt nicht hierher, aber ich habe mir schon was anhören müssen, dass wir da mitermittelt haben und dass uns das alles nichts anginge. Dabei waren unsere Leute federführend in der Hintergrundarbeit, wodurch erst die gesamten Verbindungen offengelegt werden konnten. So konnten wir auch einen aus der Szene verhaften, der einen Teil der Lieferung erhalten hatte und in kleineren Portionen an verschiedene Abnehmer verkauft hat."

„Belastet der einen der beiden Angeklagten?", wollte der Vorsitzende wissen.

„Nein. Der sagt kein Wort. Weder über seinen Auftraggeber, noch über seinen Lieferanten. Der nennt nicht einmal seine Abnehmer, obwohl wir die alle haben, samt Protokoll und Unterschrift. Außerdem wurden seine Verkäufe observiert. Das pickt."

„Aber für unsere zwei Angeklagten ergibt sich daraus nichts!"

Es war gar keine Frage, sondern schon eine vorweggenommene Feststellung des Vorsitzenden, die auch im Kopfnicken des Verteidigers die Bestätigung zu erhalten schien.

„Grundsätzlich richtig. Wobei aber schon interessant ist, dass drei weitere angebliche Verteiler für den Herrn Rudi jeweils eine große Menge erhalten haben, was somit zur Gesamtmenge passt, die von den italienischen Behörden uns mitgeteilt worden war."

„Herr Oberstleutnant, das interessiert mich jetzt nicht sonderlich, bleiben wir bei der Sache. Hier geht es um einen Mord und um keine Suchtgiftgeschäfte!", unterbrach der Vorsitzende jäh den Zeugen.

„Aber um das geht es doch. Die Hintergrundgeschichte, die ausschlaggebend ist für die gegenständliche Tat", versuchte der Kriminalbeamte dem Vorsitzenden zu erklären.

„Für uns zählen hier und jetzt nur Fakten, Herr Zeuge. Gibt es einen Beweis, dass das Opfer überhaupt ein Rauschgift gehabt hat?"

„Wann, Herr Vorsitzender?"

„Als er ermordet wurde?"

„Das können wir nicht sagen. Im Kofferraum des Fahrzeuges gab es aber geringe Spuren Kokain."

„Ist das Kokain mit dem Kokain des anderen Verhafteten, von dem Sie zuvor berichtet haben, verglichen worden?"

„Das war leider nicht möglich, dafür war die Menge viel zu gering im Pkw. Das war nur eine Art Kokainabriebspur. Das

heißt, Kokain war im Kofferraum. Die Qualität konnte dadurch nicht bestimmt werden."

„Hat man sonst bei einem der angeblichen Verteiler des Herrn Rudolf Kokain gefunden?"

„Nein."

„Beim Zweitangeklagten?"

„Nein."

„Das heißt aber, dass man nichts weiß, oder?", bohrte der Vorsitzende nach.

„So würde ich das nicht sehen, Herr Vorsitzender. Wir hatten das Aviso und einen genauen Bericht von den italienischen Kollegen, der eigentlich bis ins Detail gepasst hat. Das anvisierte Fahrzeug wurde am Grenzübergang auch tatsächlich gesichtet."

„Aber nicht weiterverfolgt. So steht es zumindest im Bericht", warf der Verteidiger ein.

„Wir bzw. unsere Kollegen haben es an der Bundeslandgrenze übernommen gehabt", versuchte der Zeuge sich rechtzufertigen.

„Aber dann hätte die Ware in Kärnten ausgeliefert worden sein können!", warf der Verteidiger ein.

„Grundsätzlich schon, aber warum kommt er dann nach Graz?", antwortete der Zeuge. „Die Lieferung war auch für Graz vorgesehen, zumindest laut italienischem Bericht!"

„Und wenn der falsch ist?", fragte nunmehr der Vorsitzende.

„Wir hatten keinen Grund anzunehmen, dass die Infos falsch wären, außerdem passte es auch zu unseren Erhebungen, wonach der Herr Rudolf und seine Leute eben genau diesen Kontakt nach Italien hatten."

„Woher wissen Sie das überhaupt?", ergänzte der Vorsitzende.

„Von einem Zund, also einem Informanten. Außerdem hängen wir schon seit Jahren an dieser Gruppierung d'ran, zusätz-

lich bestätigten einige Abnehmer, dass es immer geheißen hatte, die Ware komme aus Italien. Das muss natürlich heißen „über" Italien, aber wir wissen, was gemeint ist. Bei kleineren Sicherstellungen hatten wir auch Plastikverpackung mit teilweise italienischer Aufschrift", ergänzte Kröllinger, „das bedeutet, dass die Ware nach der Lieferung nach Italien dort umgepackt oder entsprechend portioniert worden ist."

„Aber nur weil ein Plastiksackerl eine italienische Aufschrift hat, muss das noch lange nicht aus Italien kommen, und der Inhalt schon gar nicht", warf der Verteidiger ein, „Ich renn' auch immer mit einem Manner-Schnitten-Sackl durch die Gegend, deswegen muss da nichts von diesen Schnitten bei mir im Sackl sein, oder?"

„Wenn Sie welche essen, wahrscheinlich schon", brachte sich der Beisitzer ein.

„Ich will meinen Kollegen von der Suchtgiftfahndung nicht vorgreifen, aber das Koks, das hier erhältlich ist, stammt zu neunzig Prozent aus Italien", ergänzte Kröllinger, dem die Manner-Schnitten-Doktrin etwas zu weit ging.

„Gesetzt den Fall, die Ware war jetzt in diesem Fahrzeug, das nach Graz gekommen ist. Ich vermisse in den Akten einen Observationsbericht, der den gesamten Zeitraum abdeckt!", wandte sich der Vorsitzende vorwurfsvoll an den Zeugen.

„Ich weiß. Wir hatten einerseits zu wenig Leute, andererseits innerbehördlich massive Probleme, über die ich hier und jetzt nichts sagen kann oder darf."

„Interessant. Egal. Wie geht's weiter? Aber bitte, dass wir zum Thema der Anklage kommen", setzte der Vorsitzende fort.

Kröllinger beschrieb dem Gericht in weiterer Folge die gesamte Gruppe rund um Rudolf und versuchte, deren charakterliche Eigenschaften zu skizzieren, wie dies auch schon in einem

äußerst ausführlichen schriftlichen Bericht der Abteilung „Sitte/ Rotlicht" der Polizeidirektion geschehen war. Zuletzt ging er auf Heinz ein. So erklärte er auch kriminologische Ansätze über dessen Tätigkeit als Zuhälter, Suchtgiftverteiler und Mann für besondere Aufträge. Er beschrieb die arbeitsscheue Berufsverbrecherlaufbahn des Erstangeklagten mit einer Präzision, die seinesgleichen suchte, alles belegt und bestätigt durch die zahlreichen Vorstrafakten, die von gerichtlicher Seite beigeschafft worden waren, um sich ein umfassendes Bild machen zu können. Zuletzt streifte er nicht nur das angebotene Alibi des Erstangeklagten, er zerpflückte es anhand konkreter Erhebungsergebnisse in Bezug auf falsche Aussagen der befragten Prostituierten und derer Zuhälter. Für die Tatzeit gab es somit kein Alibi, niemand konnte im Ergebnis sagen, dass Heinz zum Zeitpunkt der Schussabgaben in jenem besagten Bordell gewesen sei, wie er behauptete. Heinz's Verteidigung pochte auf jenes Foto, das die gesamte Meute in Feierlaune zeigte. Heinz war darauf ersichtlich.

„Wollen Sie uns abschließend noch was sagen?"

Der Vorsitzende war mit seiner Befragung am Ende angelangt.

„Ja, beinahe hätte ich es vergessen. Täterwissen. Heinz's Aussagen und Wortmeldungen, insbesondere Johannes gegenüber, dokumentieren eindeutig und unmissverständlich Täterwissen. Er erwähnte nicht nur den Wald, sogar die genaue Örtlichkeit in der Weststeiermark, die Anzahl der abgegebenen Schüsse und die Art und Wirkung der Treffer. Er schilderte, wie Werner zu liegen kam, er kannte ihn langjährig, stand im Konkurrenzverhältnis zu ihm, hatte oftmaligen, auch gerichtlich bekannten Kontakt mit ihm, weil er ihn sogar mehrfach mit dem Umbringen bedroht hatte, wie sich dies auch aus Akten belegen lässt. Die Zeit-Weg-Komponente stellt kein Problem

dar, es ist alles schaff- und machbar. Das heißt aber auch im Ergebnis, es war alles geplant und vorbereitet, es war keine Spontanaktion. Vielleicht war auch ein weiterer Gehilfe dabei, der aber am unmittelbaren Tatort nicht in Erscheinung getreten ist, wie der Spurenbericht zeigt. Das beinahe väterliche und somit enge Verhältnis zwischen den beiden Angeklagten habe ich schon erwähnt. Dazu wurde Heinz auch an diesem Tag mit einer Waffe gesehen. So wie diese beschrieben wurde, passen die vorgefundenen Patronenhülsen genau zu so einer Waffe. Und er hatte schon einmal eine solche, wie sich dies ebenfalls aus den Vorakten ergibt. Motiv, Hintergrundgeschichte und damit verbundener Auftrag passen wie die berühmte Faust aufs Auge. Aus unserer Sicht spricht alles dafür, dass er der Täter ist."

Heinz blieb bei seiner Verteidigungslinie. Nie dort gewesen zu sein, nie etwas gemacht und nie einen Auftrag erhalten zu haben. Ja noch viel mehr: er habe auch nie mit diesem Johannes oder auch sonst irgendjemandem darüber gesprochen, er habe sich daher auch niemals dieser Tat gerühmt oder Details erzählt.

Als sich der Schwurgerichtshof hinsichtlich der zu stellenden Fragen zur Beratung zurückzog, verließ Wasakovsky den Verhandlungssaal. Er hatte genug gehört und gesehen, sein Gefühl ließ ihn nichts Gutes ahnen. Minuten später traf er in seiner Kanzlei auf Kröllinger, der sich verabschieden wollte.

„Sie gehen frei! Beide", sagte plötzlich Wasakovsky und blickte Kröllinger an.

„Ich denke auch. Dabei haben wir diesmal so tief ins Wespennest gestochen, wie noch nie zuvor."

Kröllingers Blick wirkte leer. Die Einvernahme hatte ihn ermüdet. Gelegentlich glaubte er selbst, mit jedem neuen Akt etwas müder und erschöpfter zu werden. Für ihn hatte es den

Anschein, als ob er derjenige sein musste, der die sprichwörtlichen Kastanien aus dem Feuer zu holen hatte, aber mittlerweile gab es zu viele Feuerstellen, die sich zu einem Flächenbrand ausweiten könnten. Nach weiteren vier Stunden gab es eine weitere Feuerstelle.

Die Geschworenen hatten entschieden. Freispruch?

Freispruch!

Heinz und Rudolf verließen die Verhandlung als freie Männer.

„Das ist alles, was Sie wissen?"

Hatte diese – vielleicht unbewusste - Bemerkung des Vorsitzenden suggestiv etwas bewirkt? Wir werden es nie erfahren.

Heinz nutzte die Gunst der Stunde nicht wirklich. Kröllinger und sein Team setzten sich weiterhin auf seine Fährte. Dreieinhalb Jahre später ernteten sie die Früchte harter Arbeit. Heinz wurde bei der Lieferung von einigen Kilogramm Kokain in flagranti erwischt. Zusätzlich schnappte man drei Leute aus Rudis Truppe. Wasakovsky hatte nunmehr als Verhandlungsrichter den Vorsitz im Suchtgiftreferat übernommen. Damit hatten sich die Strafen verschärft, schon aus generalpräventiven Gründen, boomte das Suchtgiftbusiness doch wie nie zuvor. Heinz wanderte für sehr lange Zeit „in den Bau", wie er es nannte. Seine Kollegen auch. Die Suchtgiftabteilung der Bundespolizei wurde personell endlich aufgerüstet. Die Gruppen kooperierten, nicht genehmigte Überstunden standen nicht mehr an der Tagesordnung. Junge Wilde verstärkten die Truppe. Dem organisierten Verbrechen wurde der Kampf angesagt. In der Diktion der zuständigen Ministerien gab es diesen Begriff angeblich noch immer nicht.

Marcel
Unerwartete Berührungen.

„Nicht schuldig, ich ersuche um einen Freispruch!", begann der Angeklagte.

„So weit sind wir noch nicht. Dann erzählen Sie einmal Ihre Sicht der Dinge", begann der Vorsitzende und setzte sich in seinen Stuhl zurück. Der beisitzende Richter tat es ihm gleich. Die Schreibkraft war bereit.

„Entschuldigen Sie vielmals, Herr Vorsitzender, aber mein Mandant muss wirklich weiter ausholen. Es reichen keine kurzen Antworten auf prägnante Fragen. Geben Sie ihm bitte die Zeit!", ersuchte der Verteidiger, der zuvor nur ein äußerst kurzes Eröffnungsplädoyer gehalten hatte.

„Bitte!"

„Es war so wie immer eine tolle Weihnachtsfeier. Es gab ausgezeichnetes Essen in diesem feinen Restaurant und die Stimmung war bestens. Zu Beginn hatten einige Angestellte von uns „Jingle Bells" gesungen, alle waren bestens drauf, wie man so schön sagt. Es wurden – angeblich sogar – ausgesprochen gute Weine kredenzt. Ich hatte meinen besten Anzug an und unsere Damen waren richtig herausgeputzt, wenn ich das so sagen darf. Die Liselotte hatte eine Art Leopardenkleid an, mit weitem Ausschnitt. Sie war sicherlich auch beim Friseur gewesen, ihre wunderschönen schwarzen Haare glänzten, sie war toll geschminkt."

„Hat sie Ihnen gefallen?", unterbrach der Vorsitzende den Angeklagten.

„Ja, schon. Sie ist halt um einiges älter, aber sie ist eine wirklich schöne Frau", antwortete der Angeklagte.

„Bin gespannt, was er uns noch alles erzählen wird, bei der Polizei war er mehr als wortkarg", flüsterte der Vorsitzende seinem Beisitzer zu.

„Nach dem Essen bin ich auf das WC gegangen", setzte der Angeklagte fort.

„Also alles müssen Sie uns jetzt nicht erzählen, ersparen Sie uns die Details!", unterbrach ihn der Vorsitzende.

„Es ist aber wichtig!", meinte nunmehr der Verteidiger.

„Wenn es sein muss. Was soll so wichtig sein am Wischerln? Mein lieber Jolly!"

Wenn ein Satz fiel, in dem ein gewisser *Jolly* vorkam, konnte man sich sicher sein, dass der Vorsitzende nicht mehr gut gelaunt war. Insider wussten das.

„Habe ich genau so auch zu meinem Mandanten gesagt, Herr Vorsitzender, aber es ist wirklich wichtig", ergänzte der Anwalt.

„Na dann, bitte!"

„Ich gehe auf's WC, aber die Herren- und die Damentoilette konnte ich nicht unterscheiden, da stand *Wir* und *Sie* und ich musste schon so dringend. Deshalb bin ich dann einfach irgendwo hinein, da war dann aber kein Pissoir. Ich habe auch sofort dort in einer Kabine gepinkelt. Ich wasche mir gerade die Hände, beeile mich auch, damit ich nicht in der Damentoilette angetroffen werde, da kommt die Liselotte herein. Die war aber sicherlich nicht überrascht. Sie trat von hinten an mich heran, ich habe gerade meine Hände geföhnt. Mir war das peinlich und ich wollte schon was sagen, da drückt sie sich von hinten gegen mich. Ich habe ihren großen Busen an meinem Rücken deutlich gespürt. Sie hat mich links und rechts seitlich auf Höhe meiner Rippen angegriffen und mich dann umgedreht, sodass

ich ihr gegenübergestanden bin. Da habe ich erst bemerkt, dass sie das Oberteil ihres Kleides vorne jeweils auf die Seite geschoben hatte. Ich konnte ihren BH sehen, der war schwarz, der obere Teil davon durchsichtig. Sie hat sich an mich gedrückt, sie hat sogar meinen Kopf nach unten gedrückt, genau zwischen ihre Brüste und hat gelacht."

„Und dann?"

„Dann hat sie mich wieder leicht weggestoßen. Nicht fest, nur so weggeschoben und hat mich angelacht."

„Und weiter, was haben Sie gemacht?"

„Gar nichts, ich war ziemlich perplex. Sie hat sich dann ihr Kleid gerichtet und ist in eine Kabine."

„Und Sie?"

„Ich bin wieder hinaus. Zurück zum Tisch, wo ich gesessen bin."

„Hat das jemand gesehen?"

„Nein!"

„Niemand hat gesehen, wie Sie aus der Damentoilette zurück sind?"

„Nein, glaube ich nicht. Da war niemand in diesem Bereich des Vorraumes."

„Und dann? Was war dann?"

„Ich habe mich wieder hingesetzt und war immer noch irgendwie perplex. Ich habe mir gedacht, he, was war das jetzt? Einige Minuten später ist die Liselotte wieder an den Tisch gekommen und hat sich auf ihren Platz gesetzt, so schräg, einige Meter links von mir. Die hat nicht zu mir hergesehen oder so. Sie trank etwas, ich weiß gar nicht was. Ein Glas Weißwein vielleicht, alle hatten ein Glas mit Rot- oder Weißwein. Vor mir stand auch ein Glas Weißwein. Ich mache mir aber nichts aus Wein, kenne mich dabei gar nicht aus, er schmeckt mir auch nicht sonderlich. Ich trinke ein Bier. Mehr nicht."

„Sie haben nur ein Bier getrunken? Bei der ganzen Weihnachtsfeier?"

„Ja. Ich bin mit meinem Wagen gekommen und wollte auch unbedingt wieder mit diesem nach Hause fahren. Ich habe mehr als sechsundzwanzig Kilometer, da fährt kein Öffi, ein Taxi auch nicht. Außerdem ist mir das viel zu teuer. Ich trinke eigentlich nie etwas."

„Sie haben auch bei dieser Weihnachtsfeier nichts mehr getrunken?"

„Sicherlich nicht. Zur Begrüßung ein Glas Sekt, das war aber schon um 16 Uhr und dann beim Essen ein Bier."

„Mehr nicht?"

„Sicherlich nicht, das kann ich zu hundert Prozent ausschließen!"

„Hat diese Frau Liselotte etwas getrunken?"

„Da habe ich nicht darauf geschaut!"

„Aber wie es diese – sagen wir einmal – Aktion am Klo gegeben hat, ist Sie Ihnen da vielleicht alkoholisiert vorgekommen?"

„Nein, nicht dass ich wüsste!"

„Was war dann?"

„Gar nichts. Die Feier ist weitergegangen, da gab es Ansprachen von den Chefs, also der Abteilungsleiter hat geredet, dann unser Werbemann und auch der Franz, der berichtete, dass es wirklich was zum Feiern gäbe, weil die Umsätze und auch die Gewinne deutlich gestiegen wären. Zuletzt die Chefin, die war wirklich gut d'rauf, so kannten wir sie gar nicht. Die hat Geschenke ausgeteilt, jeder hat ein Päckchen bekommen. Sie hat auch mit jedem gesprochen, das dauerte natürlich. Sie hat auch mit jedem angestoßen, mit einem Glas Sekt oder Champagner."

„Also haben sie doch noch etwas getrunken gehabt!"

„Nein, ich habe kein weiteres Glas genommen, das war noch mein erstes. Hat eh nicht gut geschmeckt, war lauwarm und

fad, aber ich mache mir aus dem sowieso nichts. Ich habe nur der Chefin zugeprostet, ich glaube, ich habe nur so getan, als ob ich was trinken würde. Sie hat noch was zu mir gesagt und ist dann wieder weiter."

„Sagen Sie bitte, was Sie zu Ihnen gesagt hat, Herr Angeklagter!", forderte sein Verteidiger nun diesen auf.

„Ah, sie lächelte mich an und meinte, ich sei die Sahneschnitte der Firma", ergänzte der Angeklagte.

„Das ist wichtig?", meinte nunmehr der Vorsitzende und blickte den Verteidiger an.

„Durchaus, Herr Vorsitzender. Mein Mandant ist ein netter Bursche. In der Firma sehr beliebt, eigentlich bei allen, weil er zuvorkommend und nett ist. Er hat gutes Benehmen und sehen Sie sich ihn doch bitte genauer an. Er ist sicherlich auch fesch. Jung und dynamisch, er sportelt und sein Hemd spannt sich anständig um seine Muskeln. Also wenn ich eine Frau wäre, pardon, wenn ich das so formuliere, den würde ich nicht von meiner Bettkante stoßen!", entgegnete der Verteidiger.

„Na gut, dann wissen wir das jetzt auch. Mein lieber Jolly!", entfuhr es dem Vorsitzenden, der mit seinem rechten Bein unterhalb der Richterbank seinen Beisitzer anstieß.

„Weiter! Was war dann?"

„Zunächst gar nichts. Die Chefin hat mir mein Packerl gegeben, hat mich angezwinkert und ist dann zum Nächsten. Ich bin dann an die Bar und habe was getrunken …"

„Was?"

„Einen Almdudler. Ich wollte mir kein Cola bestellen, weil ich dann nicht wirklich gut schlafen kann. Es war ja schon später. Ich habe also meinen Almdudler getrunken, der Fredi war auch an der Bar, da ist die Liselotte auch an die Bar gekommen und hat sich neben mich auf den Hocker gesetzt.

„Hat sie auch etwas getrunken?"

„Ja, die hat irgendwas beim Barkeeper bestellt, einen Cocktail. Ja genau, einen Cocktail hat sie bestellt. Wie hieß der? Der hatte einen lustigen Namen, weil der Fredi gesagt hat, das kann ja noch was werden. Wie hieß der schnell? Jetzt fällt es mir ein. Sex on the beach. So hieß der Cocktail. Liselotte hat davon genippt und mir dann zugeprostet."

"Was taten Sie?"

"Ich habe zurückgeprostet. Mit meinem Almdudler."

„Kann das jemand bestätigen? Ich meine, weil wir jetzt von der unmittelbaren Tathandlung sowieso schon so weit entfernt sind, dann klären wir gleich alles, sozusagen. Mein lieber Jolly!"

Der Vorsitzende blickte auf seine Uhr und erkannte, dass sich das mit dem Zeitplan heute nicht mehr ausgehen würde, dafür dauerte diese Sache, alleine diese Einvernahme, schon viel zu lange.

„Ja, sicherlich. Der Fredi. Der ist dann erst weggegangen, wie die Chefin wieder dazugekommen ist. Er mag sie nämlich nicht. Wissen Sie. Er sagt immer, die sei ein altes, verlogenes Luder."

Der Angeklagte lächelte in diesem Prozess zum ersten Male, es fiel sofort auf. Erstmals wirkte er etwas entspannter. Ganz offenkundig.

„Das brauchen wir hier aber bitte wirklich nicht!", forderte der Vorsitzende den Angeklagten auf, „Ich will jetzt keine Firmenbiografien erforschen oder wer mit wem was hat oder auch nicht, was weiß ich!"

„Entschuldigung!"

„Reden'S weiter!", forderte der Vorsitzende den Angeklagten auf, der tatsächlich Manieren zu haben schien. Es kam äußerst selten vor, dass sich jemand in einer Verhandlung für seine Wortwahl oder für seine Schilderung entschuldigte.

„Was wollte ich sagen? Wo war ich?", der Angeklagte wirkte etwas irritiert.

„An der Bar waren wir. Also Sie. Nicht ich", half ihm der Vorsitzende.

„Genau. Ich habe meinen Almdudler weitergetrunken, da fragt mich die Liselotte, ob ich sie nach der Feier nach Hause fahren könnte."

„Wie bitte? Und was machen Sie? Wie reagieren Sie?"

„Ich habe ja gesagt. Warum nicht?"

„Also war Ihnen das nicht unangenehm, was zuvor auf der Toilette geschehen ist?", wollte der Vorsitzende wissen.

„Ich bitte Sie, Herr Vorsitzender. So was wird doch einem Mann nicht unangenehm sein. Ganz im Gegenteil. Das bedeutet doch, dass man als Mann in der Frauenwelt bemerkt wird, mehr als das. Man wird wahrgenommen, um das geht es ja in diesem Spiel der Geschlechter. Dass die Frauenwelt Sie als Mann nicht nur wahrnimmt, sondern auch gerne mit Ihnen in Kontakt tritt. Der Mann ist wahrgenommen und angekommen. Zeigen Sie mir bitte den Mann, der sich da schrecken würde. Ein bisschen was an Perplexität vielleicht zu Beginn einer solchen Aktion, aber sonst? Das ist doch der Wunsch jedes jungen Burschen. Ein Jungspund und eine reife, erfahrene Frau, die noch dazu äußerst attraktiv ist."

Der Verteidiger schien zu wissen, wovon er sprach.

„Mein lieber Jolly!"

Die Worte des Vorsitzenden waren nur für den Beisitzer hörbar.

Der Angeklagte blickte mit großen Augen den Richtersenat an.

„Reden'S weiter!", forderte der Vorsitzende diesen auf.

„Also, ich hab' ja gesagt."

„Es war Ihnen somit zuvor in der Toilette nicht unangenehm?"

„Nicht wirklich. Ich war überrascht und habe alles am Anfang nicht so gecheckt vielleicht, aber es war nicht unangenehm. Die Liselotte ist ja eine sehr fesche Frau, auch wenn sie vielleicht zwanzig Jahre älter ist als ich."

„Siebzehn Jahre genau genommen, laut Akt!", ergänzte der Vorsitzende, um auch gleich ein „Weiter, weiter, sonst sitzen wir morgen auch noch da" anzubringen.

„Es war dann kurz nach Mitternacht, da habe ich zur Liselotte gesagt, dass ich jetzt fahren würde. Sie sagte, sie käme mit. Sie holte sich ihren Mantel und wir trafen uns dann bei der Eingangstüre des Lokals. Wir stiegen ein und ich fuhr los. Als ich dann bei der ersten Kreuzung bei rot stehen bleiben musste, hat sie meine rechte Hand erfasst und zu sich an ihre Brust gezogen. Sie schob meine Hand unter ihr Kleid auf ihren rechten Busen, oberhalb ihres Büstenhalters und fragte mich, ob ich sie schön finden würde. Ich habe natürlich ja gesagt. Sie spreizte dann ihre Beine und Schenkel und schob meine Hand hinunter zwischen ihre Beine. Ich habe sie dann gleich leicht gestreichelt, weil es mir natürlich gefallen und mich erregt hat. Ich habe sie dann so lange gestreichelt, bis es wieder grün geworden ist, dann bin ich weitergefahren. Sie hat mich dann während der Fahrt immer weiter angegriffen, fuhr mir zwischen meine Beine und massierte mich. Oberhalb meiner Anzughose. Ich war total erregt. Ich habe mir noch gedacht, wenn sie so jetzt weiterdrückt, geht er mir in der Hose ab, es war echt – Entschuldigung – geil."

„Herr Vorsitzender. Mein Mandant spricht so gewöhnlich nicht. Ich habe mich mit ihm lange unterhalten müssen und habe ihm dabei mehr als eindringlich gesagt, dass er alles erzählen muss. Auch jedes Detail, das er noch weiß. Ihm ist das sehr unangenehm, das war auch der Grund, warum er bei der Polizei überhaupt nichts gesagt hat. Damit Sie es verstehen. Er hatte

damals nur eine beginnende Liaison mit einem jungen Mädchen, mit dem es nur erste leichte Zärtlichkeiten gegeben hat, aber nicht mehr. Nix Fixes. Wenn Sie verstehen, was ich meine."

„Wir verstehen, weiter!"

„Ich habe mich dann etwas mit meiner Hüfte weggedreht, weil ich sonst gekommen wäre. Sie dürfte das auch sofort verstanden haben und zog ihre Hand gänzlich zurück. Dafür hat sie ihr Tiger- oder Leopardenkleid bei ihren Brüsten nach unten und bei ihren Oberschenkeln ganz nach oben gezogen. Ich habe es zunächst nicht genau gesehen, sie hatte irgendeinen knappen Tangaslip an, den sie zur Seite gezogen hat. Dann begann sie sich selbst zu streicheln. Sie stöhnte auch."

„Und Sie waren auch scharf?"

„Und wie. Ich habe es eigentlich gar nicht mehr ausgehalten. Wenn sie mich jetzt angegriffen gehabt hätte, wäre es bei mir schon losgegangen."

„Mein Glück war, dass es keinen Verkehr auf der Straße gegeben hat, weil ..."

„Mein lieber Jolly!"

„Es war dann aber gleich das Ortsende und ich bin noch ein Stück gefahren und dann bei einer mir bekannten Seitenstraße hineingefahren. Dort gibt es einen Waldweg, der links hineingeht und irgendwo im Nichts endet. Da bin ich hineingefahren. Als ich stehen geblieben bin, also mit dem Auto, hat sie mich wieder angegriffen, öffnete zuerst den Reisverschluss meiner Hose und griff mich über meiner Unterhose an. Dann hat sie den Gürtel meiner Hose aufgemacht und mir die Hose runtergestreift, danach auch die Unterhose. Natürlich habe ich mitgeholfen. Sie versuchte meine Rückenlehne zurückzuklappen, konnte es aber nicht. Das habe ich dann gemacht. Ich bin darauf so in meinem Sitz gelegen, sie hat mein Hemd ganz hinaufgeschoben und hat sich auf meine Oberschenkel gesetzt.

Zuvor zog sie sich aber den Slip gänzlich aus und warf ihn mir ins Gesicht. Ich habe ihn zunächst dort liegen lassen. Sie hat mich mit beiden Händen angegriffen und hat mich massiert, also Sie wissen schon, gewichst. Ihre großen Brüste hingen zur Gänze aus ihrem BH, den sie aber noch anhatte. Ihr Tigerkleid hatte sie noch an, es war in der Mitte irgendwie um den Bauch. Sie ist von meinen Oberschenkeln weiter heraufgerückt und presste ihr … ihr … ihre …"

„Ihr Geschlechtsteil?"

„Ja, ihre Muschi gegen mich. Mein … Glied stand vor ihr in die Höhe, sie drückte sich gegen meine … Hoden und massierte weiter mein Glied … Schwanz. Sie stöhnte. Ihre Fingernägel fuhren über meinen …"

„Können wir uns vorstellen, weiter!"

„Sie machte auch so gleichmäßige Bewegungen und fragte mich, ob ich rein möchte. Ich hatte noch gar nicht geantwortet, da hob sie ihr Becken hoch, bog mein Glied nach unten und schob es in sich hinein. Sie ist mich dann aber nur kurz geritten und hat meinen dann wieder herausgeholt. Sie hat ihn dann ganz fest mit den Händen bearbeitet, dass ich sofort gekommen bin. Ich hab' auf meinen Bauch gespritzt."

„Und das war es dann?"

„Ja. Wir haben uns wieder hergerichtet und ich habe sie dann nach Hause gefahren!"

„Sie wissen aber schon, dass die Zeugin etwas gänzlich anderes sagt?"

„Die polizeilichen Angaben der Zeugin sind meinem Mandanten bekannt, sie stimmen aber überhaupt nicht, wie ich schon kurz im Eröffnungsplädoyer erwähnt habe", erklärte der Verteidiger.

„Also keine Gewalt, sondern einvernehmlicher Geschlechtsverkehr?"

„Ja. Sie wollte, sie hat mich verführt. Es ist alles von ihr ausgegangen!"

„Warum? Ich meine, hat es ihr gefallen?"

„Ich glaube schon, sie war ja diejenige, von der alles ausgegangen ist. Sie wollte und ich dann auch. Sie hat mich scharf gemacht."

„Und von ihrer Seite, also gemeint, von der Opferseite, gab es zu keinem Zeitpunkt ein Nein oder Stopp? Oder eine Geste, woraus Sie schließen hätten können oder müssen, dass es jetzt nicht weitergeht, nicht weitergehen darf?"

„Nein!"

Das Beweisverfahren startete. Es war wieder einmal ein recht typischer Prozess auf der Abteilung für Sexualstrafsachen. Richter Gerard hatte mittlerweile Hunderte derartige Causen abgehandelt, es war nie leicht, die Wahrheit aufzudecken. Anzumerken wäre, dass seinerzeit die sogenannte kontradiktorische Einvernahme des Opfers noch in den sogenannten Kinderschuhen steckte. Nur wenn aus tatsächlichen oder rechtlichen Gründen eine Einvernahme des Zeugen vor dem erkennenden Gericht nicht möglich erschien, führte der Untersuchungsrichter eine derartige Einvernahme mit allen Verfahrensbeteiligten durch.

Das Opfer betrat den Verhandlungssaal und nahm Platz.

„Wir wissen, dass dies jetzt nicht angenehm ist, aber wir bitten Sie, uns nochmals in allen Details zu schildern, was damals nach dieser Weihnachtsfeier geschehen ist", begann der Vorsitzende, um das Eis zu brechen.

Der Verteidiger wollte gerade etwas ergänzen, da wehrte dies der Vorsitzende mit einer Handbewegung ab, die sofort verstanden wurde, sodass die Zeugin beginnen konnte. Sie schil-

derte beinahe wortwörtlich alle Geschehnisse, wie sie es zuvor bei einer Kriminalbeamtin gemacht hatte. Beinahe anteilslos und vollkommen ruhig schilderte sie, in ziemlich monotoner Stimmlage, das war auffallend, wie der Angeklagte sie nach Hause hätte bringen sollen und sie während dieser Fahrt berührt hätte. Wie er ihr mit einer Hand unter den BH und unter das Höschen gefahren sei, nachdem er den Wagen in einem Waldstück angehalten hatte. Wie er ihren Beifahrersitz nach hinten geklappt, sich dann auf sie gesetzt und zu onanieren begonnen hätte, um dann auch mit Gewalt, durch Auseinanderdrücken der Oberschenkel, in sie eingedrungen wäre und nach einigen kräftigen Stößen über ihrem Bauch ejakuliert hätte.

Dass sie die Anzeige erst nach acht Tagen erstattete hatte, erklärte die Zeugin aus dem Umstand, zwei Tage nach dem Vorfall zu einer mehrtägigen Geschäftsreise aufgebrochen zu sein, die unverschiebbar gewesen wäre. Erst dann sei sie zur definitiven Erkenntnis gelangt, unbedingt eine Anzeige erstatten zu müssen, weil es „doch eine heftige Geschichte" gewesen sei. Über Vorhalt der nunmehr getätigten Aussagen des Angeklagten bestritt sie entschieden nicht nur den Vorfall auf der Toilette, sondern auch alles Weitere.

Die weiteren Beweisanträge des Verteidigers, wonach ein Ortsaugenschein durchgeführt werden möge, wonach die Toilettenanlage missverständlich wäre, wie auch die Ladung und Einvernahme der Chefin zur Behauptung der „Sahneschnitte" wurden mangels Relevanz abgewiesen.

Über Jahrzehnte hinweg haben Berufsrichter Tausende Zeugen und Zeuginnen aktenmäßig erlebt. Es gibt nervöse, stotternde, unsichere, unbeholfene, vorsichtige, schüchterne, ängstliche, beschämte, einsilbige, geschwätzige, unbedarfte, ehrgeizige, eitle, unterwürfige, streitsüchtige, in- und extrovertierte,

ge- und ungebildete, geltungsbedürftige oder mitteilungsbedürftige Informationsquellen, mit denen es der Richter und Richterinnen in einer Verhandlung zu tun haben. Dazu kommen Körpersprache, individuelles Seh- und Hörvermögen, körperliche und geistige Zustände im Sinne einer biologischen Uhr sowie Beeinträchtigungen, etc. Ein reiches Betätigungsfeld, um allenfalls unmissverständlich abklären zu können, welche Verhaltensweisen, etwaige Charaktere oder Fantasiebegabungen nunmehr vorliegen könnten, um in allen Richtungen Menschen und ihre Aussagen beurteilen zu können. Eines ist in diesem Zusammenhang aber wohl unmissverständlich klar: Der Richter/die Richterin ist in Wirklichkeit wohl dazu weder (persönlich, psychologisch, aber auch menschlich und) fachlich noch prozessrechtlich in der Lage.

Aussage gegen Aussage.

Die Entscheidung sollte klar gewesen sein, war es aber nicht.

Zwei Berufsrichter und zwei Laienrichter hatten schon damals unterschiedlichste Meinungen und Auffassungsunterschiede.

„So, wie die Zeugin aussieht, muss sie beinahe ja damit rechnen, dass sich jeder Mann an sie heranmacht", war nur die „harmloseste" Meinung einer Schöffin in dreißig Jahren Sexualsenatszugehörigkeit des Autors.

„Bei einer Weihnachtsfeier mit Alkohol geht es zur Sache. Vor allem, wenn es auch noch dazu so schöne Leute sind. Kommen Sie doch bitte einmal zu unserer Feier! Und nehmen Sie den Herrn Beisitzer bitte auch gleich mit."

Die Einladung stand.

Mein lieber Jolly!

Sylvia und Lydia
Rache ist auch keine Lösung.

Sylvia schlenderte durch den Park. Sogenannte Schutzzonen gab es noch nicht, weder mit noch ohne Polizeibeamte. Für die individuelle Schutzzone hatte damals jede und jeder selbst Sorge zu tragen, sie hatte zumeist ihren Pfefferspray dabei, wenngleich sie ihn auch noch nie benötigt hatte. Zu eingesessen, zu bekannt war sie hier. Außerdem fühlte sie sich auch gar nicht bedroht hier in ihrem Stammrevier, war sie doch schon seit jeher hier unterwegs gewesen. Zunächst in der Sandkiste, dann bei den anderen Spielgeräten, die im Laufe der Zeit den Weg in das grüne Zentrum der Stadt gefunden hatten. Gemocht hatte sie diese künstlich angelegten Spielplätze sowieso nie, wenngleich es die Möglichkeit bot, hier Gleichaltrige zu treffen. Viel lieber hätte sie als Kind in Wäldern gespielt, die es hier in der Stadt aber nicht gab. Im Laufe der Jahre veränderten sich die Formen der Freizeitgestaltung, ab ihrer Pubertät hockte man zusammen und tratschte über den anderen, der gerade nicht da war. Später kamen Zigaretten, Alkohol und langsam auch illegale Drogen dazu, die gemeinsam konsumiert wurden, weil man dann stark und unangreifbar war. Dachte man zumindest. Nur selten gab es Ärger mit irgendwelchen Erwachsenen, die sich aufregten, wenn der süßliche Geruch vom Kiffen zu ihnen waberte. Friede, Freude, Eierkuchen waren angesagt, man musste nicht an die verhasste Schule denken, die Eltern selbst

gingen einem schon seit geraumer Zeit zumindest am Allerwertesten vorbei, Kiffen brachte die ersehnte Entspannung. Reichte das Taschengeld nicht für die Beschaffung der Rauch- und Rauschmittel, gab es genug andere Möglichkeiten, sich den Stoff leistbar zu machen. Die Mädchen hatten es dabei zumeist sehr leicht, ins sogenannte „Geschäft" zu kommen. Asylwerbende Stoffverkäufer waren dankbar, wenn man an ihnen Hand oder Mund anlegte und auch gerne bereit, wiederholt Stoff zu besonderen Konditionen anzubieten und auch gleich vorbeizubringen. Sylvia war schon seit Jahren mit Lydia irgendwie befreundet, diese Bekanntschaft resultierte aus demselben sozialen Umfeld, beide Väter hatten die jeweiligen Mütter der Kinder sitzen gelassen, die sich nunmehr als Alleinerzieherinnen mit ihrem Nachwuchs abärgerten und -quälten. Geld war nie ausreichend vorhanden gewesen, mit allerlei sonderbaren und dubiosen Zusatzgeschäften versuchten die beiden Mütter jene finanziellen Mittel lukrieren zu können, um einigermaßen monatlich über die Runden zu kommen. Was aus den Mädchen jemals werden sollte, war sowieso die große Frage, auch wenn sie schon sehr lange nicht mehr gestellt worden war. Alles plätscherte einfach irgendwie dahin. Man hatte mit sich selbst genug zu tun und wollte einfach in Ruhe gelassen werden. Schulnachrichten und Co wanderten daher auch immer direkt in den Mülleimer, in dem sich auch die Rechnungen und Mahnungen der letzten Tage und Wochen angesammelt hatten. „Die Welt geht nicht unter, wenn der Typ seine Kohle von mir nicht bekommt", war das Leitmotiv Sylvias Mutter. Wo sie recht hatte, hatte sie recht. Nicht so recht war dies aber diesem Typen gewesen, der eines Tages vor der Haustüre stand und Sylvias Mutter dermaßen vermöbelte, dass sie mit einigen Hämatomen und Brüchen sogar ins Krankenhaus musste. Sylvia war dazugekommen

und hatte instinktiv ihre Mutter beschützen wollen, was sich darin zeigte, dass sie den gesamten Inhalt ihres ersten Pfeffersprays dem Angreifer in die Augen sprühte, sodass dieser beinahe erblindete. Ihre Freundin Lydia war zufällig dazugekommen, weil man sich verabredet gehabt hatte. Ihrer Spontanität war es zu verdanken, dass Sylvia und deren Mutter nicht mehr geschah, versetzte sie doch dem Schreienden mehrere äußerst feste und gezielte Tritte in den Unterleib, sodass dessen Genitalien ebenfalls jene Farbenzusammensetzung davontrugen, wie das Gesicht von Sylvias Mutter. „Den Charly hat eine Sechzehnjährige rangenommen, dass sein Stangerl und die Sackerln dazu das Blau der Kiwareiuniform haben." So hieß es längere Zeit im Milieu, wobei auf der Lauer nach Suchtgift liegende verdeckte Ermittler und Fahnder mit dieser Information lange Zeit nichts anfangen konnten. Erst als dieser Charly bei einer veritablen Suchtgiftübergabe in einem Grazer Park verhaftet werden konnte, erkannte man bei der Einlieferung ins polizeiliche Anhaltezentrum die geschwollenen und farblich abgewandelten primären Geschlechtsmerkmale.

Sylvias und Lydias in diesem Zusammenhang getroffene Schlussfolgerungen dokumentierten unmissverständlich, was sie schon zuvor von ihren Suchtgiftdealern und sonstigen oberflächlichen Burschenbekanntschaften gelernt hatten: Für das Gros der männlichen Mitmenschen war das zwischen ihren Beinen Befindliche etwas außerordentlich Wichtiges, wenn nicht sogar das Wichtigste schlechthin. Angesichts dieses Wissenstandes reifte in ihnen, je länger sie darüber nachdachten, die Erkenntnis, aus diesem außerordentlichen Wissen unbedingt Kapital schlagen zu müssen, galt es doch die Gunst der Stunde zu nutzen.

„Die Hawara san auf ihren Schwanz fixiert!", schrieb Lydia per Message an ihre Freundin und im Wissen ebenfalls

bestärkte Seelenverwandte, die auch sofort antworte: „Jo voll. I glaub', des Hirn steckt bei denen im Sock."

Angesichts dieser kolossalen Entdeckung schmiedeten nunmehr die beiden jungen Damen ernsthafte Pläne, wie man sich dieses Wissen zunutze machen konnte, um mit geringem Aufwand über die Runden zu kommen. Wer es letztlich wirklich war, der die Idee zu dem äußerst genialen Plan gehabt hatte, ließ sich im Nachhinein nicht mehr zweifelsfrei feststellen, wahrscheinlich war es das kongeniale Zusammenwirken beider weiblicher Wesen, monatelange Erfolge waren ihnen jedenfalls beschieden, alles funktionierte weitgehend klaglos. Die andere Hälfte ihrers Halbwissens sei noch ergänzt und ihrem Chat entnommen: „Oba a auf die Tittn. Hawara stehn vui auf die Tittn. Hundert pro."

Diesen Argumenten wird schwerlich etwas entgegenzusetzen sein, kommt doch dem Geschlechtstrieb des Menschen entsprechend große Bedeutung zu. Die sexuellen Antriebe des Mannes sind angeblich im Allgemeinen intensiver und drängen stärker nach Erfüllung, wie dies oft etwa in Gutachten über Triebtäter ausgeführt wird. Zweifelsfrei kannten die beiden Mädchen diese Gutachten nicht, machten sich aber Elemente einer sexuellen Unbeherrschtheit wohl zu nutze.

Die Blonde stöckelte über das Kopfsteinplaster des Platzes und war sichtlich froh, endlich den betonierten Teil erreicht zu haben. Sie griff mit einer Hand nach ihrem schwarzen Schuh, der ihrem Fußbett eine steile Schräglage aufzwang. Ihre Hüften schwangen weiter, als der Schuh wieder fixiert war. Der Minirock war nach oben gerutscht, die obersten Knöpfe der Bluse geöffnet, das Rot der Lippen grell und dick aufgetragen. Das Licht der Straßenlampen skizzierte einen beinahe men-

schenleeren Platz. Eine Handvoll Leute eilten zügigen Schrittes in alle Himmelsrichtungen, als gäbe es kein gedeihliches Miteinander auf dieser zentralen Stelle der Stadt. Die Blonde stöckelte forschen Schrittes weiter, als ihr ein junger Bursche direkt entgegenkam. Er erblickte dieses hübsche Wesen in seiner ihm erkennbaren Unbeholfenheit und ging weiter auf dieses zu.

Die Rothaarige lehnte lässig an der Hausmauer, ihre Stiefletten wirkten nicht nur alt, sondern auch irgendwie müde und fertig, passten so gar nicht zu dem jugendlichen Körper, der sich unter dem Wollrock und der weißen Seidenbluse abzeichnete. Sie rauchte und pustete kräftig den Rauch aus ihrer Lunge, dann warf sie die Zigarettenkippe achtlos auf den Boden. Beinahe wäre diese auf den blankgeputzten Schuhen des gutangezogenen Mannes gelandet, der rasch eine Art Ausfallschritt unternahm.

„Entschuldige, ich hab' dich nicht gesehen!", hüstelte die Rothaarige und blickte den Fremden an.

„Schon gut", entgegnete dieser.

Sie bemerkte umgehend, dass seine Blicke sie regelrecht auszogen. Sie steckte sich eine neue Zigarette in den Mund und blickte den anderen fragend an. Dieser griff sofort in seine Hosentasche und holte sein Feuerzeug hervor, mit dem er ihr Feuer gab. Sie griff mit ihrer freien Hand auf die seine und hielt sie, dann inhalierte sie tief den verbrannten Tabak und seine Inhaltsstoffe. Den anschließenden Rauch hauchte sie an seinem Gesicht vorbei, ein kaum wahrnehmbares Danke folgte. Sie berührte noch immer seine Hand.

Die beiden Mädchen torkelten mehr recht als schlecht über die schmale Gasse und führten einen Hund an der Leine, der offenbar nicht so recht wusste, wie ihm geschah. Dennoch folgte er brav seinem Frauchen, das sich bei seiner Begleiterin einge-

hängt zu haben schien und lallend versuchte, etwas zu sagen. Die getragenen T-Shirts waren entweder dermaßen verschwitzt oder mit Wasser besprenkelt worden, sodass sich die Brüste und deren Brustwarzen jeweils deutlich abzeichneten. Beide lächelten und schienen auch noch ob ihres Zustandes zu blödeln, das Gekichere war nicht zu überhören.

„Wie kommen wir jetzt heim?", witzelte die eine und zog an der Leine des Hundes, der sich dies bereitwillig gefallen ließ.

„Faktum drei schuldig, alle anderen nicht schuldig!"

Die Verantwortung der Erstangeklagten war kurz und prägnant. Die Zweitangeklagte schloss sich dem vollinhaltlich an.

Nach der Abführung der Zweitangeklagten, war nunmehr die Erstangeklagte wieder am Wort. Getrennte Befragungen zeigten gelegentlich doch Erfolge, wussten die Mitangeklagten doch dann nicht sofort, was die anderen von sich gegeben hatten.

„Also die letzte Sache hat so stattgefunden, wie es in der Anklageschrift steht?"

„Ja!", antwortete Lydia.

„Warum nicht schon vor der Polizei?"

„Die können mich mal."

„Klar, warum dann jetzt? Das Gericht kann Sie doch auch mal, oder?"

„Schon."

„Eben, haben Sie ja auch in allen anderen Prozessen so gehalten."

„Schon."

„Nochmal, warum jetzt? Pluspunkte sammeln?"

„Schon."

„Na also. Dann könnten Sie aber noch mehr Pluspunkte sammeln."

„Wozu?"

„Wozu? Ernsthaft? Weil wir von mehreren Jahren sprechen. Ist Ihnen das überhaupt bewusst? Wir sprechen jetzt von keinem Krimskrams, das sind keine Kindergeschichten mehr. Das ist Schwerkriminalität. Sie sind ein Kaliber geworden!"

„Echt?"

„Echt! Ich hab' hier schon viel erlebt, aber Sie spielen jetzt in der Liga schon ziemlich weit oben mit. Trotz ihres Alters, das muss ich Ihnen schon sagen!", die Worte des Vorsitzenden waren deutlich. Dann blätterte er in den beigeschafften Vorstrafakten.

„Zeitungsdiebstahl in 130 Fällen. Dann werden Sie erwischt, von der Polizei einvernommen und am nächsten Tag holen Sie die nächste Zeitung aus dem stummen Diener. Das ist nicht mutig, das ist dumm, Frau Angeklagte, und sonst gar nichts. Die Zeitungen haben Sie wahrscheinlich gar nicht gelesen, stimmt's?"

„Ja, ich brauch die nicht, Scheißzeitungen. Glaubt eh keiner, was da drinnen steht."

„Wer hat Sie zum Zeitungsklauen gebracht, Ihr Vater?!"

„Ja."

„Was ja?"

„Es stimmt alles, was Sie sagen."

„Er hat Sie damals dazu bestimmt, die Zeitungen zu fladern und deswegen haben Sie ihn wahrscheinlich gehasst. Außerdem hat er Ihre Mutter öfters misshandelt und auch geschlagen. Sie waren dabei, offiziell natürlich nicht. Sie haben gesehen, wie Ihr Vater Ihre Mutter geschlagen hat, richtig?"

„Stimmt. Woher wissen Sie das?"

„Wenn man sich die alten Akten genauer ansieht, weiß man das. Ihre Mutter hatte damals bei der Polizei angegeben, dass Sie dabei waren, erst später hat sie die Aussage zurückgezogen bzw. sich entschlagen, damit war nichts mehr verwertbar und

Ihr Vater wurde freigesprochen. Dieses Spiel gab es dann vier oder fünf Mal, immer mit dem identen Ergebnis. Schluss war erst, als die Scheidung durch war, dann war Ruhe. Richtig?"

„Ja!"

„Das ist auch wahrscheinlich der Grund, warum Sie Männern gegenüber sehr voreingenommen und reserviert sind, vornehm ausgedrückt. Sie haben keinen Freund, dafür eine gute Freundin, die mit Ihnen durch dick und dünn geht. Die sich auch etwas traut. Die vielleicht schon Ähnliches erlebt hat wie Sie. Eine Freundin zum Pferdestehlen. So hat man zumindest früher einmal gesagt. Und diese gute Freundin ist die Zweitangeklagte. Stimmt's?"

Der Vorsitzende blickte die Angeklagte an. Sie erwiderte den Blick. Sekundenlang, eine Minute lang, zwei Minuten lang. Plötzlich senkte sie ihren Kopf.

„Es stimmt", wiederholte nunmehr stellvertretend der Vorsitzende und unterbrach damit die Stille im Verhandlungssaal.

„Ja."

Lydias Antwort kam leise.

„Und weil Sie Männer und auch Burschen hassen, hatten Sie die tolle Idee zu diesen Sachen. Mitten in Graz, mitten hier in der Stadt, am zentralen Platz, wo fast alle Öffis zusammenkommen. Mit der größten Fluktuation, also Bewegung, da treffen Sie immer auf Leute, auf Männer, auch des nachts."

Lydia blickte den Vorsitzenden an, der hier einen Monolog zu halten schien.

„Diese Scheißtypen, die glauben, sie sind die Weltmeister. Diese arroganten Affen und Wichser. Die immer bestimmen wollen, was zu tun ist. Diese Wichtigmacher nach außen, aber Hosenscheißer innen drinnen. Wie mein Vater, dieses Arschloch. Oder der Typ, der Sylvias Mutter die Fresse poliert hat, den haben wir dann poliert. Der hat geschrien, wie sie ihm den

Spray in die Augen gespritzt hat. Ich habe ihm dann seine Eier poliert, das wird eine Zeit lang dauern, bis der wieder einen hoch kriegt."

„Und die anderen Burschen? Die kannten Sie doch gar nicht?"

„Waren aber um nichts besser, wenn sie auf meine Titten oder meinen Arsch gestarrt haben. Dann haben sie aber gezittert."

„Weil sie und Sylvia ihnen das Messer angesetzt hatten!"

„Ja, wir haben die Messerspitzen gegen ihre Eier gerichtet und sogar leicht berührt. Dann haben's g'schwitzt und die Panik g'kriegt!"

„Ist ja auch nicht wirklich lustig", kommentierte der Vorsitzende, „was haben Sie ihnen dann abgenommen?"

„Alles, Geld, Handy, Uhr. Alles, was sie bei sich hatten und umgesetzt werden kann."

„Dann stimmen zusammengefasst alle anderen Fakten auch, oder?"

„Ja, freilich. Es kommt aber noch was dazu. Am Tag vor unserer Verhaftung haben wir einen am Hauptplatz abgestiert, also erleichtert, er hat nur ein paar Euro eingesteckt gehabt, aber eine Rolex-Uhr. Die muss die Polizei sichergestellt haben, als es die Hausdurchsuchung bei mir gegeben hat", berichtete die Erstangeklagte sodann freimütig.

„Sonst noch etwas?"

„Nein, das war's dann!"

Als Sylvia in den Verhandlungssaal gebracht wurde, blickte sie kurz zu Lydia, die ihren Kopf zwischen ihre aufgestützten Armen versteckt hatte. Keine Minute später legte sie ebenfalls ein umfassendes Geständnis ab und erwähnte auch den weiteren Vorfall, der noch nicht in der Anklageschrift stand.

Die Zeugen der Anklage mussten nicht mehr zu den Details befragt werden. Beim Betreten des Verhandlungssaales verfielen alle ausnahmslos in offenkundiges Unbehagen, was beinahe körperlich spürbar war. Der Vorsitzende blickte beim Unterfertigen der Zeitbestätigungen für die Zeugen zu Lydia.

„Frau Angeklagte, die haben alle Angst vor Ihnen und Ihrer Freundin. Die haben wirklich Angst. Merken Sie das? Zufrieden?"

Lydia blickte den Vorsitzenden an.

„Schon. Aber nun braucht keiner mehr vor mir Angst haben."

„Richtige Antwort", bekundete der Staatsanwalt, „Sie sind am Weg der Besserung."

Die Anklage wurde noch hinsichtlich des zugestandenen Faktums ausgedehnt, das machte *das Kraut aber nicht fett*, weil keine sonderlichen Wertsachen erbeutet worden waren.

Die Rolex-Uhr war eine Totalfälschung.

„Männerspielzeug. Klumpert und wertlos. Für Depperte eben, mehr Schein als Sein", wie Lydia nach Kenntnisnahme dieses Umstandes gesagt hatte.

Männer benötigen Spielzeug. Manche zumindest.

Constantin
Fluglinie des Vertrauens.

Die Sonne versank am Horizont und die Touristenströme suchten in ihren Abertausenden Autos nach dem schnellsten Fahrstreifen, der sie nach dem Sommerurlaub möglichst rasch nach Hause bringen möge. Lemmingen gleich, rasten die Blechkäfige auf den Asphalt- und Betonadern der menschlichen Mobilität dahin.

Die Kinder, angeschnallt in ihren Sicherheitsgurten auf den Rücksitzen, hatten endlich mit dem Gejammere aufgehört und waren nun eingeschlafen. Schlaff hingen ihre schweren Köpfe zur Seite und fanden nur oberflächlichen Halt an ihren Schultern. Dem gleichmäßigen Tempo und dem Verlauf der Straße war es zu verdanken, dass ihr synchron verlaufendes Gewackel nicht jene Intensität erfuhr, die sie aus dem Schlaf gerissen hätte. Danuta kramte in ihrer Kühltasche und fand endlich, wonach sie suchte. Sie reichte es ihrem Mann.

„Danke, es schmeckt wunderbar", meinte dieser anerkennend. „Du machst die besten Jausenbrote, mein Schatz", lobte er voller Wertschätzung mit begeistertem Blick zu seiner Beifahrerin.

Der Urlaub hatte ihnen gutgetan. Sie hatten wieder zueinandergefunden, hatten den Alltagsstress ablegen und sich auch besser um die gemeinsamen Kinder kümmern können. Das schöne Wetter hatte auch dazu beigetragen, dass sie – wie es immer so schön hieß – ihre Batterien wieder hatten aufladen

können. Hoffentlich vollständig, um bis zum nächsten Ferienbeginn durchhzuhalten. Ein Mal im Jahr leisteten sie sich so eine Reise, wenngleich diese doch ziemlich an ihrem Familienbudget knabberte. Dafür schränkten sie sich sonst eben ein, gingen kaum außer Haus, um etwa in Restaurants Mahlzeiten einzunehmen. Danuta war zudem eine leidenschaftliche Köchin und zauberte auch aus einfachsten Lebensmitteln großartige Köstlichkeiten auf den Tisch. Olegs Gewicht hatte deshalb auch kontinuierlich zugenommen, vor allem sein Bauchumfang war gewachsen, was in Badehose deutlich erkennbar geworden war. Weil er aber sonst von stattlicher Statur war, störte es niemanden aus der Familie, zumal auch seine Mutter die Meinung vertrat, dass ein richtiger Mann schon auch etwas auf den Rippen benötige, und auch weil zu Hause viel körperliche Arbeit gefordert war, immerhin war man gerade mit der Renovierung des elterlichen Hauses beschäftigt. Eigentlich hätten sie das für den Urlaub verbrauchte Geld lieber in das Haus gesteckt, aber die Kinder liebten Meer und Sand, sodass ihnen keine Mühen und Kosten für diese Reise zu hoch waren, liebten sie ihre Kinder doch über alles. Außerdem tat allen die Luftveränderung wirklich gut. Sie waren auch sehr sparsam gewesen, hatten im Appartement meist selbst gekocht, das tägliche *Gelato* für die Kinder riss nicht das größte Loch ins Budget, sodass sie auch noch einen beträchtlichen Teil des Urlaubsgeldes wieder mit nach Hause führen konnten.

„Ich muss aber beim nächsten Parkplatz stehen bleiben, ich muss wirklich schon dringend. In etwa zehn Kilometern gibt es einen, wenn ich mich richtig erinnere."

Oleg verminderte seine Fahrgeschwindigkeit und setzte den rechten Blinker, sein Wagen scherte aus der Kolonne aus. Einige weitere Fahrzeuge taten es ihm gleich. Er ließ seinen Wagen langsam ausrollen und blickte suchend nach vorne, um die Toi-

lettenanlage ausfindig zu machen, vor der keinerlei Fahrzeuge abgestellt waren. Er hielt auf ihrer Höhe und stellte den Motor ab. Ein Quietschen von Reifen ließ ihn jäh aufschrecken, unmittelbar vor ihm bremste sich in letzter Sekunde wie aus dem Nichts ein Wagen ein und der Beifahrer sprang heraus. Seine Gedanken zwangen ihm ein Lächeln ins Gesicht, zumal er glaubte, dass es da einer sehr dringend nötig hätte, aufs WC zu kommen. Doch der Typ lief nicht dorthin, sondern zur Beifahrertüre von Olegs Wagen und riss diese schwungvoll auf. Oleg wollte gerade laut schreiend dem Grund dieser Aktion nachgehen, da blieb ihm jeder Versuch im Halse stecken. Auch seine Autotüre war in der Zwischenzeit aufgerissen worden und er blickte in den Lauf eines gegen seinen Kopf gerichteten Revolvers.

„Geld, Uhren, Schmuck!", schrie der Bewaffnete zur Überraschung in Olegs und Danutas Muttersprache. Sekundenbruchteile später kratzte die Spitze eines Messers an Danutas Hals, die gellend aufschrie. Zeitgleich schreckten die Kinder auf ihren Sitzen hoch und schrien ebenfalls in Panik vor Angst und Entsetzen in die Dunkelheit der Nacht. Oleg hielt geistesgegenwärtig seine Brieftasche in die Höhe, die ihm sofort aus der Hand gerissen wurde. Danutas Halskette wechselte den Besitzer, der auch die Handtasche entriss. So schnell der Spuk begonnen hatte, war er auch wieder vorbei. Erst als sie aus dem Wagen stiegen, um die Kinder zu beruhigen, bemerkten sie, dass auch der Kofferraumdeckel geöffnet worden war und zwei Koffer fehlten.

Vladimir bemerkte im Rückspiegel, dass ihm seit geraumer Zeit offenbar drei Fahrzeuge zu folgen schienen. Seinen drei mitfahrenden Freunden wollte er dies jedoch nicht mitteilen, war er sich nämlich nicht sicher. Was hätte er ihnen denn sagen sollen? Dass ihm vermutlicherweise seit einigen Kilometern mehrere Lichter hinterherfahren würden? Lachhaft! Vielleicht passte

den anderen Fahrzeuglenkern auch nur das von ihm gewählte Tempo nicht, das durchaus zügig, aber nicht verrückt gewesen war. In der Gleichmäßigkeit lag seine Stärke und Vladimir war ein routinierter Langstrecken-, aber auch Nachtfahrer. Seine Freunde konnten das nicht, hassten dieses stundenlange monotone Dahingleiten auf Autobahnen und frönten lieber in dieser Zeit dem Alkoholkonsum, um beinahe nahtlos ins Reich der Träume zu entschwinden. Daher schliefen diese auch jetzt schon tief und fest seit geraumer Zeit. Als Vladimir an einer Steigung bewusst etwas langsamer wurde, blieben die Fahrzeuge ebenfalls hinter ihm, rissen aber auch bei anschließender ziemlich starker Beschleunigung nicht ab. Sie schienen ihm bedingungslos zu folgen, bei dieser Einschätzung war sich Vladimir nach rund 15 Kilometern Fahrstrecke nun absolut sicher. Als Vladimir später starken Harndrang verspürte, wusste er, was zu tun war. Beim nächsten Hinweisschild, nahm er diese Ausfahrt und parkte den Wagen vor der großzügig dimensionierten WC-Anlage. Er schaltete den Motor ab und blickte sich um. Die zwei Kollegen hinter ihm lagen regungslos zur Seite geneigt, auch sein Beifahrer schlief nach wie vor fest, seine rechte Gesichtshälfte war an die Glasscheibe der Beifahrertüre gedrückt. Den Gedanken an das Verfolgerauto hatte er bereits verdrängt. Er stieg aus und schloss leise die Fahrertüre. Kurze Zeit später erleichterte er sich an einem Urinal stehend, als er vollkommen überrascht von hinten plötzlich mit seiner Brust gegen die Fliesenwand und mit seinen Oberschenkeln gegen diese Porzellanmuschel gedrückt wurde und gar nicht verstand, was ihm hier widerfuhr. Er hörte eine männliche Stimme in seiner Muttersprache hinter sich, die ihm verklickerte, dass er jetzt nicht den Helden zu spielen brauche. Plötzlich bemerkte er auch den Lauf eine Pistole, die ihm von hinten zwischen die beiden Pobacken gedrückt wurde.

„Pst, keinen Mucks, sonst war es das mit deiner Männlichkeit!", flüsterte zischend eine Stimme in sein linkes Ohr und forderte ihn auf, zurück zu seinem Fahrzeug zu gehen. Als Vladimir außerhalb der Toilettenanlage erstmals wieder auf sein Fahrzeug blickte, bemerkt er die drei weiteren Fahrzeuge, die seinen abgestellten Wagen gleichsam umzingelt hatten. Mehrere dunkle Schatten mit hochgeschlagenen Krägen und Hauben standen daneben. Er spürte nunmehr das Laufende der Waffe in seinem Nacken und wurde aufgefordert, seine Wertsachen aus dem Inneren des Autos zu holen. Als er sich in den Innenraum beugte und aus der Mittelkonsole die Tasche mit den Papieren und dem Geld an sich nahm, löste sich hinter ihm ein Schuss, der das Projektil an seinem Kopf knapp vorbei in das Armaturenbrett beförderte. Er erstarrte und konnte plötzlich nicht mehr richtig hören. Wie dumpfe Klangwolken vernahm er die Worte hinter sich und das Geschrei seiner aus dem Schlaf gerissenen Freunde, als ein weiterer Schuss folgte. Auch dieser drang tief in die Instrumententafel ein, ein kurzer dumpfer Schlag signalisierte das Zerbersten der Plastik- und Kunststoffoberfläche.

„Derjenige, der weiterschreit, kriegt den nächsten!", schrie die Stimme.

Karl wankte mit schlotternden Knien zur Eingangstüre der Polizeiinspektion und läutete Sturm.

„He, nicht so stürmisch, wir sind nicht taub, was gibt's?", meldete sich die Stimme in der Gegensprechanlage.

„Ich bin es, der Herr Karl, machen'S auf. Ich bin gerade überfallen worden."

Die Stimme klang zittrig. Die Türe wurde elektrisch geöffnet, Karl trat ein. Dennoch brauchte es einiges an Zeit, bis er endlich den ersten Stock des Polizeigebäudes erreicht hatte. Mehrfach hatten seine Beine versagt und er war regelrecht eingeknickt. Er

konnte sich gerade noch durch die weitere Sicherheitstüre in den Parteienraum der Inspektion schleppen, dann brach er zusammen.

„Die hab'n mein Auto g'stohln", brachte er noch heraus, dann wurde er ohnmächtig.

Joachim verlies das Gasthaus. Das Gespräch mit seinem Chef war äußerst gut verlaufen. Vieles sprach nunmehr dafür, dass er der neue Abteilungsleiter werden würde. „Jetzt zügig nach Hause", dachte er sich, es war spät geworden. Er trat das Gaspedal seines Wagens durch, das Fernlicht suchte den Weg durch die stockfinstere Nacht.

„Scheiße", entfuhr es ihm laut, als er den Uniformierten samt Winkerkelle auf der Fahrbahn bemerkte. Er stieg voll in die Bremsen und brachte sein Fahrzeug noch deutlich vor dem Beamten zum Stillstand. Zu seiner Beruhigung musste er feststellen, dass dieser keine Radarpistole in der Hand hielt. Auch der weitere Beamte, der aus der Dunkelheit trat, hielt nur eine leuchtende Taschenlampe.

„Fahrzeugkontrolle, Zulassungsschein und Führerschein!", forderte die raue Stimme des Polizisten. Joachim kramte in seiner Aktentasche, die er wie immer am Beifahrersitz liegen hatte. Kurze Zeit später überreichte er das Gewünschte.

„Sie fahren ohne Kennzeichentafel!", warf dieser ihm vor.

„Hinten ist auch keine", bemerkte der zweite Beamte, der von der Rückseite des Wagens nunmehr seitlich dazugekommen war, „Ich habe gerade nachgesehen. Da ist nichts."

„Fahren'S ohne Zulassung oder haben'S den Wagen geklaut, Herr Diplomingenieur?", lächelte nunmehr der erste Beamte.

Joachim verstand die Welt nicht mehr. Wie konnte es so etwas geben? Wer sollte ihm hier im Niemandsland die Nummerntafeln filzen?

Katrin hasste es. Ihr Mann Klaus hatte wieder einmal vergessen, den Wagen zu tanken und deshalb musste sie jetzt und hier, mitten in der Nacht, mit dieser blöden Zapfpistole hantieren. Diesel oder Benzin? Diese Frage hatte sie sich selbst mittlerweile beantwortet, ungeduldig wartete sie darauf, bis endlich dreißig oder vierzig Liter den Weg in den Tank gefunden hatten. Alleine der Geruch machte sie schon wahnsinnig und dann noch dieser idiotische Tankverschluss, den man nur von innen mit eingeschaltetem Zündschlüssel öffnen konnte. „Jetzt bitte tanken!", hatte der Bordcomputer am Display angezeigt, gleichzeitig dann aber gewarnt, dass der Zündschlüssel angesteckt sei. Endlich war der Tankvorgang beendet, sie versuchte diesen Hahn wieder in die Tanksäule zurückzustecken, es gelang ihr erst nach einigen Versuchen. Widerwillig klappte sie die Tankdeckelabdeckung zurück, nachdem sie den Tankdeckelverschluss endlich richtig angesetzt und zuschrauben konnte. Ihre Hände klebten vor Schmutz.

„Wo ist Ihr Waschraum? Ich muss mir unbedingt die Hände waschen!", fuhr sie den bereits sehr müde wirkenden Tankwart an.

„Da vorne links, gnä' Frau", meinte dieser und blätterte gähnend weiter in seiner Zeitung. Er war froh, in einigen wenigen Minuten den Laden dicht machen zu können. Er blickte zur Türe. Nichts rührte sich. Nach einigen Minuten erschien die Dame wieder bei ihm im Kassenraum und monierte nunmehr, dass es weder Handtuch noch gefüllten Papierspender gäbe, sie sich aber auch ganz gerne die Hände getrocknet hätte. Ludwig, der Tankwart, stand auf und begleitete sie zurück zu den Räumlichkeiten, um dort Papier nachzufüllen. Katrin bezahlte ihre Tankrechnung und verließ grußlos den Tankstellenraum, wo nunmehr der Tankwart begann, alles herunterzufahren. Als er gerade die hintersten Lichter ausgeschaltet hatte und zum

Kassenpult zurückkehrte, stand die letzte Kundin zu seiner Überraschung wieder da.

„Wo ist mein Auto?"

„Bitte?", Ludwigs Überraschung schien nicht gespielt.

„Wo haben Sie mein Auto hingestellt?", wiederholte sie.

„Wie bitte?"

„Das finde ich nicht witzig! Also?"

„Was?"

„Sie pflanzen mich jetzt nicht länger!"

„Warum soll ich Sie pflanzen?"

„He, Ludwig, dazöhl die G'schicht noch einmal. Die zwei Burschen haben's noch nicht gehört!", forderte August den Tankwart auf, der sich gerade mit vier weiteren Bierflaschen zur Runde gesellte.

„Gern. Also der Lady haben's ihren SUV direkt da bei mir an der Tanksäule g'fladert. Und sie hat sich bei mir aufgeregt, i' hätt' ihren Gari (Mundart für Auto) zur Gaude weggestellt. Die hat geglaubt, wir machen da vielleicht eine Folge von *Verstehen Sie Spaß?*."

„Auf das trinken wir jetzt einen, Prost!"

Die Runde prostete sich zu. Man lachte und genoss den Moment. Am Bildschirm der Videoüberwachung der Zapfsäulen war zu sehen, wie jemand sein Fahrzeug betankte, sich im Anschluss daran sofort wieder in dieses setzte und wegfuhr. Dieser Vorgang entging dem Tankwart, weil er gerade mit seiner Flasche beschäftigt war.

Richter Freiberger leitete das Geschworenenverfahren souverän durch das Prozessprogramm, zu lange war er bereits in diesem Job, zu oft hatte er solche schon geleitet, als dass ihn das hätte stressen können. Er zog es mit Routine und Können durch.

Mehrere Angeklagte, die im großen Stil eigene Landsleute wiederholt auf Autobahnparkplätzen des nachts brutal überfallen und beraubt hatten und hierbei zumeist zuvor gestohlene Personenkraftwagen und auch gesondert erbeutete Kennzeichentafeln verwendeten, saßen gelangweilt auf der Anklagebank des großen Geschworenensaales des Landesgerichtes. Gelegentlich betankten sie auch die gestohlenen Fahrzeuge ohne anschließende Bezahlung. Das waren zwar alles nur strafrechtlich kaum relevante „Nebenschauplätze", wurden aber dennoch von der Staatsanwaltschaft mit Akribie verfolgt und auch angeklagt, passten diese doch vorzüglich in das zeitliche Geschehen und den gesamten Handlungsablauf, wodurch das bandenmäßige und durchorganisierte Vorgehen dieser moldawischen Tätergruppierung erst augenscheinlich gemacht werden konnte. Constantin, 34 Jahre, hatte sich zum Mastermind der Gruppe herauskristallisiert, der seine Leute und somit Mitangeklagten vollends unter Kontrolle zu haben schien. Keiner machte den Mund wirklich auf. Erwartungsgemäß verblieben daher auch alle Angeklagten bei ihren spärlichen Aussagen, die sie schon bei der Kriminalpolizei gemacht hatten. Sie bestritten, sich überhaupt zu kennen, was gleichsam für so manche Erheiterung sorgte, aber im Grunde genommen dem Fass den Boden ausschlug, wurden vier von ihnen zumindest in einem Fluchtwagen von der Polizei gestellt und verhaftet. Dass dabei sogar ein Teil der Beute eines Überfalles sichergestellt werden konnte, stresste die Angeklagten offenbar genauso wenig, wie auch der Umstand, dass der Wagen eine Woche zuvor gestohlen worden war. Ein Fünfter, der sich während der Fahrt aus dem Wagen geworfen hatte, sich dabei aber lediglich nur Verletzungen unbestimmten Grades zugefügt hatte, behauptete sogar allen Ernstes, das Fahrzeug hätte ihn angefahren. Seine Angaben wurden nicht nur von den Polizeibeamten, die die Verfolgung vorgenommen hatten und alles

genau beobachten konnten, widerlegt, sondern auch von einem gerichtsmedizinischen Gutachten, das zusätzlich eingeholt worden war. Dieses attestierte weder typische Anfahrverletzungen, sondern Abroll-, Schleif-, Stauch- und Sturzverletzungen mit Hämatomen, die auch bestens zu den Schilderungen der Polizeibeamten über Fahrgeschwindigkeit und sonstiges Geschehen passten. Alleine auf die Frage, was das „angebliche Opfer" denn um zwei Uhr nachts mitten auf einer Hauptstraße zu machen gehabt hätte, war keine vernünftige oder nachvollziehbare Antwort zu erhalten. Von „auf Arbeitssuche" bis „verlaufen" reichte das Spektrum des unbedarften oder doch berechnenden, in seiner Heimat bereits zwölfmal wegen Gewaltdelikten Vorbestraften, der offenbar wirklich daran glaubte, österreichischen Gerichten Geschichten auftischen zu können, dass sich die weltberühmten Balken bogen. Ganz unrecht hatte er ja nicht, weil man als Angeklagter ja grundsätzlich erzählen kann, was man will, solange es nicht in einen weiteren Tatbestand ausartet, etwa einer konkreten Verleumdung eines anderen.

Doch wie heißt es so schön: Jeder ist seines Glückes Schmied. Auch der Rest der Angeklagten war von einem Geständnis so weit weg, wie Apollo Acht im Zuge der Mondlandung von Houston. Naturgemäß gab es immer nur überraschte Gesichter, wenn es Vorhaltungen durch das Gericht gab. Warum die einander Unbekannten praktisch laufend in telefonischem Kontakt gestanden wären, ihre Sim-Karten der Mobiltelefone beinahe täglich gewechselt hätten, jeweils in den Funk- und Sendekreisen just eingeloggt gewesen wären, wenn es die Überfälle gegeben hatte, waren genauso für die Befragten vollkommen unerklärlich, wie auch der Umstand, dass doch einige der betroffenen Opfer als Zeugen Fahrzeuge, Nummerntafel und sogar teilweise Täter identifizieren konnten, wenngleich ihnen Angst und Schrecken ins Gesicht gezeichnet waren.

„Ich habe diesen Zeugen noch nie gesehen", übersetzte etwa die Dolmetscherin des Erstangeklagten.

„Das war nicht die Frage", konterte der Vorsitzende, „Ich habe ihn gefragt, warum der Zeuge ihn erkennen kann oder sollte, wenn er – der Angeklagte – gar nicht nach seiner Verantwortung dort gewesen sein will. Wie erklärt er sich also diese Aussage des Zeugen? Das habe ich gefragt und nicht, ob er den Zeugen schon jemals gesehen hat."

Es erforderte ein hohes Maß an Disziplin und Selbstkontrolle, dabei absolut ruhig zu bleiben, wie der Vorsitzende Freiberger später dann eingestand. Aber auch diese Seite hatte ihre Profis.

„Fragen Sie, Frau Dolmetscherin, bitte den Viertangeklagten, wie er sich erklären kann, dass die Waffe, die die Polizei bei ihm gefunden hat, genau jene ist, mit der bei Faktum fünf am Autobahnrastplatz XY geschossen wurde, das Projektil im Fahrzeug und die Hülse sogar am Parkplatz gefunden wurden und alles genau zusammenpasst."

„Er sagt, dass dies gar nicht zusammenpassen kann, weil mit dieser Waffe noch nie geschossen worden sei", übersetzte nach längerem Hin und Her die Dolmetscherin.

„Und woher weiß er das? Also, dass noch nie damit geschossen worden ist?"

„Weil er noch nie damit geschossen hat!"

„Aha!"

„Außerdem hat er die Waffe zufällig gefunden und an sich genommen", erklärte die Dolmetscherin den nächsten Satz dieses Angeklagten.

„Wissen wir schon, hat er schon zuvor gesagt, danke! Die Polizei hat ihn das auch schon gefragt, da hat er sogar ein Datum genannt."

Das von ihm seinerzeit bereits genannte Datum war sogar vor dem genannten Überfall. Es war schwer und anstrengend,

sich mit dieser Logik des Angeklagten auseinanderzusetzen. Der Angeklagte und mutmaßliche Kopf der Truppe, Constantin, bot sogar ein Alibi für zwei Überfälle an. Er sei von einem kleineren oberitalienischen Flughafen am Soundsovielten mit der Carpatair nach Temesvar geflogen und käme daher niemals als Täter in Frage.

Der zuständige Hauptsachbearbeiter der niederösterreichischen Kriminalabteilung hatte hiezu bereits der Staatsanwaltschaft schriftlich berichtet, dass es von der genannten Fluglinie leider keine Auskunftsmöglichkeit mehr gäbe, da weder Flugnoch Passagierlisten der jeweiligen Flugverbindungen vorliegen würden, weil dies schon viel zu lange zurückliegen würde. Im Prozess als Zeuge befragt, bestätigte er dieses Schreiben wie auch den weiteren Umstand, dass nochmals versucht worden war, das abzuklären, was aber gescheitert sei, sodass dieses Vorbringen des Angeklagten nicht verifiziert werden konnte. Er legte dem Gericht sogar eine schriftliche Beantwortung der Frage durch die Fluglinie vor, welche verlesen und zum Akt genommen wurde. Die Geschworenen als Entscheidungsträger mussten sich somit auch damit auseinandersetzen und erkannten darauf, dass aus weiteren Erhebungsergebnissen die Schuld dieses Angeklagten auch bei diesen beiden Fakten unzweifelhaft erwiesen und das von ihm Behauptete unglaubhaft wäre. Sämtliche Angeklagten wurden im Sinne der Anklage, somit in allen Punkten, für schuldig erkannt und zu empfindlichen, langjährigen, unbedingten Freiheitsstrafen verurteilt. Wenig überraschend erhoben alle noch in der Verhandlung Nichtigkeitsbeschwerden und Strafberufungen. Mit Ausnahme dieser zuvor genannten beiden Fakten bei Constantin wies der Oberste Gerichtshof der Republik sämtliche Nichtigkeitsbeschwerden zurück, gab aber den Auftrag, dass hinsichtlich dieses Verurteilten alles genauer zu prüfen sei und hob damit auch die

ausgesprochene Sanktion auf. Das Oberlandesgericht bestätigte sodann sämtliche über die Mitangeklagten ausgesprochenen langjährigen Haftstrafen. Constantins Strafe musste somit nach Neuverhandlung dieser beiden Fakten, abhängig vom Ergebnis des neuen Beweisverfahrens, neuerlich bestimmt werden, wobei sie in Ermangelung eines Rechtsmittels des öffentlichen Anklägers natürlich nicht strenger ausfallen hätte dürfen (Grundsatz des sogenannten Verbotes der Reformatio in paius), infolge längerer Verfahrensdauer oder bei Wegfall dieser Fakten natürlich auch geringer ausfallen hätte müssen.

Der Geschworenentermin für den zweiten Rechtsgang war schnell gefunden, auch der Prozessablauf zeitlich leicht bestimmbar, zumal es sich nur mehr um einen Angeklagten – Constantin – handelte und es auch nur einen Zeugen gab, nämlich wieder den zuständigen Hauptsachbearbeiter der Kriminalabteilung von Niederösterreich.

Der neue Vorsitzende begann mit der Befragung Constantins.

„Schildern Sie mir die Tagesabläufe vom 21., 22. und 23. Februar des Jahres 2005. Wo waren Sie da, was haben Sie gemacht?"

Die Dolmetscherin übersetzte simultan.

„Hohes Gericht, ich werde zu Unrecht verfolgt, ich war bei keinem einzigen Überfall dabei und das ganze Verfahren ist eine Farce, weil niemand mir glaubt!"

„Herr Angeklagter! Das interessiert uns nicht mehr. Dafür sind Sie schon rechtskräftig verurteilt worden. Wir klären jetzt nur mehr dieses Datum, das ich Ihnen bereits genannt habe. Wo waren Sie da? Ganz einfach!"

„Am 21.Februar 2005? Weiß ich nicht mehr!"

„Sie wissen also nicht mehr, wo Sie am 21. Februar 2005 waren?"

„Nein."

„Dann könnten Sie also sehr wohl bei diesem Überfall am 21. Februar gegen 23.55 Uhr dabei gewesen sein!", warf ihm Richter Wasakovsky vor.

„Nein, da war ich nicht in Österreich."

„Also das wissen Sie?"

„Ja."

„Sie wissen also nicht, wo Sie waren, Sie wissen nur, dass Sie nicht in Österreich waren? Richtig?"

„Ja, richtig!"

„Gut. Am 22. Februar?"

„Ich glaube, ich war in Italien", erwiderte der Angeklagte.

„Was heißt das?"

„Ich weiß es jetzt nicht mehr genau!"

„Dann helfe ich Ihnen. Bei meinem Kollegen haben Sie zuletzt gesagt, dass Sie am 22.Februar von Venedig weggeflogen sind. Dann haben Sie das korrigiert auf Treviso. Und Venedig und Treviso liegen bekannterweise in Italien!"

„Ach so, ja, da bin ich in Venedig gewesen", erklärte nunmehr Constantin.

„Was haben Sie an diesem Tag alles gemacht?"

„Ich bin am Abend gegen 20 Uhr zum Flughafen in Treviso gekommen. Ich war zuvor in Italien unterwegs. Und etwa zwei oder drei Stunden später bin ich dann weggeflogen, nach Temesvar."

„Wo waren Sie zuvor in Italien unterwegs?"

„Weiß ich nicht mehr."

„Was machten Sie dort?"

„Ich war auf Arbeitssuche!"

„Was gefunden?"

„Nein!"

„Darum sind Sie wieder weg?"

„Ja.“

„Geflogen?“

„Ja.“

„Sie hatten genügend Geld?“

„Ja.“

„Woher?“

„Ich hatte zuvor gearbeitet.“

„Wo?“

„In Italien oder in Frankreich.“

„Aha, gibt es dafür Arbeitspapiere oder so etwas?“

„Nein. Ich habe immer schwarzgearbeitet.“

„Was kostete der Flug?“

„Weiß ich nicht mehr.“

„Flugticket? Haben Sie das noch?“

„Nein.“

„Wie hieß die Fluglinie?“

„Weiß ich nicht mehr!“

„Wie bitte? Beim Kollegen haben Sie sogar eine genannt.“

„Ich weiß sie nicht mehr!“

„Dann lese ich Ihnen vor, was Sie damals gesagt haben. Ich halte fest, dass Sie es heute nicht mehr wissen. Also, Sie sagten damals, dass Sie am 22.2. um 22.40 Uhr mit der Carpatair von Treviso weggeflogen sind und etwa dreieinhalb Stunden später in Temesvar angekommen sind. Das schreibt Ihr Herr Verteidiger ja auch in der Nichtigkeitsbeschwerde, ich lese Ihnen auch das vor.“

„Das stimmt!“, antworte nach der Verlesung nunmehr Constantin.

„Jetzt wissen Sie es wieder, nachdem ich Ihnen das alles vorgelesen und vorgehalten habe?“

„Ja.“

„Was haben Sie dann dort gemacht?“

„Ich habe mir ein Hotel genommen und bin gegen Mittag weitergereist. Mit einem Bus in meine Heimat."

„Wann waren Sie dann dort? Haben Sie ein Busticket, das dies allenfalls bestätigen kann?"

„Nein. Etwa ein oder zwei Tage später war ich dann in meiner Heimat. Einige Tage später habe ich ein Fest bei meinem Bruder organisiert."

„Das war am 28. Februar, Herr Vorsitzender", unterbrach der Verteidiger aus Wien, „ich habe diese eidesstattliche Erklärung seines Bruders in der Zwischenzeit mit Beglaubigung vorgelegt."

„Ich weiß", antwortete der Vorsitzende und zog die entsprechende Ordnungsnummer aus dem Akt, „aber das ist der 28. Februar, Herr Verteidiger, das interessiert uns nicht mehr, das ist Tage später!"

„Es soll doch auch nur zeigen, dass der Herr Angeklagte hier nicht ganz die Unwahrheit sagt, er ist nach Hause geflogen bzw. gereist. Man kann das doch nicht immer alles ganz genau wissen, Herr Vorsitzender!", warf nochmals der Verteidiger ein.

„Mag schon sein, ich brauch' Ihnen aber nicht zu erklären, dass diese Bestätigung kein Alibi ist, Herr Doktor?"

„Das ist mir schon bewusst, ich will damit nur andeuten, dass er da sehr wohl zu Hause war, Hohes Gericht!"

„Die Damen und Herren Geschworenen nehmen dies zur Kenntnis. Ich lese diese Aussage des Bruders des Angeklagten Constantin vor. Also: *Ich, Nicolai B., bestätige hiermit vor dem öffentlichen Notar, dass ich meinen Bruder Constantin, geboren am Soundsovielten in …, Sohn der … und des …, am 28. Februar 2005 bei einer Wiedersehensfeier abends um 20 Uhr in … persönlich gesehen habe. Beglaubigte Unterschrift des Zeugen am … in … Dr Nicolai … und so weiter und so fort. Öffentlicher Notar, Datum, Örtlichkeit.*"

„Danke, Herr Vorsitzender!"

„Gerne. Herr Angeklagter! Wie kommen Sie zu dieser Bestätigung?"

„Ich habe meinem Bruder geschrieben und der hat sich sodann darum gekümmert. Ich habe ihm auch den Namen meines Advokaten bekanntgegeben und der hat dann alles bekommen."

„Sehr schön."

Im anschließenden Beweisverfahren deponierte der befragte Kriminalbeamte neuerlich das bereits ursprünglich im ersten Rechtsgang Mitgeteilte, dass es nämlich definitiv leider keine Passagierliste mehr gäbe und auch weitere Erhebungen ergebnislos verliefen wären. Da der Oberste Gerichtshof in seiner Entscheidung aber genau das monierte und dies somit auch der alleinige Grund dafür gewesen war, warum das Urteil in diesem Punkt aufgehoben wurde, war guter Rat teuer. Unklarheiten durften natürlich niemals zulasten des Angeklagten gehen, immerhin war die Schuld zu beweisen und nicht die Unschuld durch den Angeklagten selbst. Der Vorsitzende beendete den Verhandlungstag und vertagte den Prozess, um selbst noch einmal über alles genau nachdenken zu können und beauftragte auch die Polizei mit ergänzenden Erhebungen.

Bereits sechs Wochen später gab es den nächsten Verhandlungstermin. Unabhängig von der Frage der Verhältnismäßigkeit einer Untersuchungshaft müssen nämlich Strafgerichte alles ihnen Mögliche zur Abkürzung der Haft unternehmen. Die Strafprozessordnung verpflichtet sämtliche am Strafverfahren beteiligten Behörden, darauf hinzuwirken, dass die Haft so kurz wie möglich dauere. Die Ermittlungen sind von Staatsanwaltschaft und Kriminalpolizei und auch vom Gericht mit Nachdruck und unter besonderer Beschleunigung zu führen.

Der Prozess begann pünktlich um 9 Uhr an diesem Montag, dem 27. Februar 2012. Constantin war wahrscheinlich der längstdienende Untersuchungshäftling der Republik Österreich, dennoch konnte man nicht von einer Unverhältnismäßigkeit der Haft ausgehen, lagen doch mehrere massive Angriffe gegen fremdes Vermögen und deren Eigentümer vor, die immerhin zu einem Urteil der ersten Instanz im ersten Rechtsgang mit zwölf Jahren Freiheitsstrafe geführt hatten. Bei Beurteilung der Angemessenheit der Untersuchungshaft ist nämlich das in erster Instanz verhängte Strafmaß heranzuziehen. Darüber hinaus lagen auch die gesetzlichen Haftgründe der Flucht- und Tatbegehungsgefahr naturgemäß weiterhin uneingeschränkt vor.

„Herr Angeklagter! Sie bleiben bei Ihren Angaben, die Sie beim letzten Verhandlungstermin gemacht haben?", begann der Vorsitzende.

„Ja!", bekräftigte dieser nunmehr auf Deutsch. „Ich verstehe schon fast alles auf Deutsch", ergänzte er umgehend.

Der Vorsitzende las nochmals langsam das Hauptverhandlungsprotokoll, das auch allen Verfahrensparteien zugestellt worden war, vor. Sehr langsam sogar, damit wirklich jeder und jede dem Vortrag folgen konnte. Auch der Angeklagte. Er bekräftigte erneut die Richtigkeit seiner damaligen Aussagen. Dann wurde abermals der Polizeibeamte als Zeuge aufgerufen.

„Gibt es etwas Neues, Herr Chefinspektor?"

„Leider nein. Wir haben wirklich tatkräftig versucht, uns schlau zu machen, da war aber nichts zu machen!"

Damit war das Beweisverfahren wohl schon zu Ende. Staatsanwalt und Verteidiger schienen sich in Gedanken bereits mit ihren Schlussplädoyers zu beschäftigen und kritzelten vereinzelt schon etwas auf Papier. Plötzlich zog jedoch der Vorsitzende ein Blatt aus dem Akt und hielt es in die Höhe. Seine Rechtsprakti-

kantin erhob sich und übergab Staatsanwalt, Privatbeteiligten-
vertreter und Verteidiger jeweils eine Fotokopie dieses Schriftstückes, das der Vorsitzende nach wie vor in den Händen hielt.
Er wandte sich zum Angeklagten und forderte gleichzeitig die
Dolmetscherin auf, alles wortwörtlich zu übersetzen, obwohl
der Angeklagte behauptet hatte, alles zu verstehen.

„Wir haben hier Märchenstunde. Ihr Alibi hat sich in Luft
aufgelöst. Sie sind nicht am 22.2.2005 um 22:40 Uhr von
Treviso nach Temesvar bzw. Timisoara geflogen. Und auch
nicht am 21.2. oder am 23.2.!"

Alle starrten auf den Vorsitzenden, auch der im Verhandlungssaal verbliebene Kriminalbeamte. Wie kam der Vorsitzende zu dieser Erkenntnis und dem damit verbundenen
Vorhalt?

Es war ruhig geworden in den Gängen des Landesgerichtes.
Vereinzelt brannte noch Licht in den Büros von Richtern und
Staatsanwälten, die ihre Akten lasen und bearbeiteten, Anklagen
oder Urteile diktierten. Auch Richter Wasakovsky war an seinem
Schreibtisch und zermarterte sich sein Gehirn, wie er zu Informationen kommen könnte. Da rief ihn seine Frau an und fragte
ihn, wann er denn endlich zum Abendessen kommen werde,
wobei sie keine klare Antwort erhielt. In einem Nebensatz teilte
sie ihm mit, dass er auch Post aus Deutschland bekommen habe.
Die Airline, mit der man vor einigen Monaten mehrere Flüge
unternommen hatte, habe ein dickeres Kuvert geschickt. Mit
Wasakovskys Reaktion hatte sie wahrscheinlich nicht gerechnet.
Sie müsse sich noch etwas gedulden, sie habe ihn auf eine Idee
gebracht, teilte er ihr noch in diesem Telefongespräch mit, dann
legte er auf. Kurze Zeit später blickte er auf eine Karte, die er aus
seiner Geldtasche gezogen hatte. „Miles and more" stand da zu
lesen. Und eine Telefonnummer, wenn es irgendwelche Fragen

oder Probleme geben sollte. Da weder über das Kanzlei- noch das Richterfestnetztelefon eine Nummer im Ausland ohne Vermittlung, die schon seit Stunden unbesetzt war, angewählt werden hätte können, entschied sich Wasakovsky dazu, sein privates Handy dafür zu verwenden. Es war kurz nach 22:30 Uhr. Er landete im wahrsten Sinne des Wortes. Am Flughafenschalter der Lufthansa in Frankfurt am Main.

„Flughafenserviceschalter Lufhansa, Sie sprechen mit Gisela Möhrenheim, was kann ich für Sie tun?"

„Schönen guten Abend. Ich bin Kunde bei Ihnen. Darf ich Ihnen meine Kartennummer durchgeben? Danke!"

„Herr Wasakovsky? Wie kann ich Ihnen helfen?"

„Frau Möhrenheim, ich habe ein riesiges Problem. Ich bin ziemlich sicher, dass ich bei Ihnen auch gar nicht an der richtigen Stelle bin …"

„Dann kann ich Sie immer noch an die richtige weiterleiten!", entgegnete die freundliche Stimme am Ende der Leitung. Innerhalb weniger Minuten hatte Wasakovsky sein Problem geschildert, das für Frau Möhrenheim nicht als solches zu erkennen war.

„Die Carpatair gehört zu unserer Flugallianz, das ist überhaupt kein Problem. Ich leite Sie an meine Kollegin weiter, die mit dieser technischen und organisatorischen Kooperation zu tun hat. Liebe Grüße noch, ich verbinde! Wenn es nicht klappen sollte, bin ich weiter für Sie da."

Mit soviel Engagement hatte Wasakovsky nicht gerechnet. Eine Frau Westernhagen setzte dieses fort. Keine zehn Minuten später war man direkt mit der Problemlösung beschäftigt.

„Besten Dank, ich schicke Ihnen das noch mit einem offiziellen Ersuchen, mit Stempel und so, damit Sie sehen, dass dies alles seine Richtigkeit hat, besten Dank Frau Westernhagen,

Sie haben uns sehr geholfen. Ihren Namen werde ich mir sicherlich merken, schon wegen des prominenten deutschen Sängers!"

„Er ist aber nicht mit mir verwandt!", entgegnete die freundliche Stimme.

„Dann hätten wir das auch geklärt!"

„Ja. Schönen Abend noch!"

„Danke, Ihnen auch, für mich ist er bereits schön!", bedankte sich Wasakovsky.

Drei Tage später war alles per E-Mail da, weitere vier Tage dann auch per Post. Ganz offiziell. Deutsche Gründlichkeit. Die Carpatair bestand erst seit wenigen Jahren und errang seinerzeit hohe Marktanteile, da sie auch internationale Verbindungen aus der rumänischen- siebenbürgischen Region anbot, außerdem unterhielt sie zahlreiche Routen von Temesvar aus nach Italien, die Ukraine und auch Moldavien. Zudem wurden sogar von Chisinau und Craiova Ziele in Italien angeflogen, die auch sehr gerne von internationalen Kriminellen genutzt wurden.

Als Constantin nunmehr im Prozess mit dieser Information und sogar der Passagierliste konfrontiert wurde, musste er sich erst einmal fassen. Der Vorsitzende bemerkte seine sekundenlange echte Sprachlosigkeit, die dann aber doch wieder im wahrsten Sinne des Wortes verflog.

„Ich bin sehr wohl geflogen, aber an anderen Tagen und von Rom und Verona aus. Außerdem bin ich nicht unter meinem Namen geflogen!", behauptete er nunmehr stocksteif.

„Das ist ja auch nicht üblich!", kommentierte der Vorsitzende seine Reaktion.

„Genau, weil man so schwer ein Visum bekommt!", ergänzte Constantin.

„Bitte, Herr Angeklagter, da müssen Sie ja selber lachen", entgegnete der Vorsitzende und weiter: „Sie sind tatsächlich geflogen, aber erst zwei Tage nach dem letzten Überfall, habe ich auch hier, auf einer weiteren Passagierliste!"

Constantin erblasste. Kein Wort kam über seine Lippen.

„Damit ich es nicht vergesse. Welcher Tag ist übermorgen?"

Der Vorsitzende blickte den Angeklagten an, die Dolmetscherin übersetzte wie immer simultan. Der Angeklagte blickte auf den Vorsitzenden. Kein Wort kam über seine Lippen.

„Übermorgen ist der 29.2.2012. Und was bedeutet das?"

Keine Antwort, keine Reaktion. Auch Verteidiger und Staatsanwalt blickten fragend den Vorsitzenden an.

„Schaltjahr. 2012 ist ein Schaltjahr, Herr Angeklagter, wissen Sie, was dies bedeutet?"

Constantin blickte mit offenem Mund zum Schwurgerichtshof.

„Dass Ihre vorgelegte Bestätigung auch einen Mangel hat. Ihr Bruder bestätigt, dass Sie am 28.2.2005 bei ihm waren, bei dieser Feier. Und die Bestätigung des Herrn Notars ist vom 29.2.2011. Fehler entdeckt?"

„Man hat es auch als Verteidiger nicht immer leicht!", resümierte Constantins Verteidiger in seinem Schlussplädoyer.

„Wir können das Verfahren noch zehn Jahre weiterführen, dem werden die Ausreden nicht ausgehen!", prophezeite Staatsanwalt Fauberg.

Die Beratung der Geschworenen dauerte indes nicht so lange, mit acht zu null wurde Constantin auch für die letzten beiden offenen Raubüberfälle für schuldig erkannt. Wegen der langen Verfahrensdauer setzte der Senat im Vergleich zum ersten Rechtsgang die Strafe um ein halbes Jahr auf elfeinhalb Jahre herab.

Constantin hatte sich wieder gefasst.

„Ich bin unschuldig, wie kann ich mein Leben weiterführen mit diesem Urteil?", wandte er sich an den Vorsitzenden.

„Ich bin Richter, nicht Lebensberater!", antwortete dieser.

Nichtigkeitsbeschwerde und Strafberufung blieben erfolglos. Der Oberste Gerichtshof musste sich aber nicht mit der Frage beschäftigen, ob es richtig ist, dass es in vierhundert Jahren 79 Schaltjahre gibt.

Ivan
Kleiner oder großer Fisch?

Die Zeit heilt alle Wunden. Ein Spruch, der gelegentlich auf Abrisskalendern zu finden ist. Stimmt das? Können Wunden allein durch Zeit geheilt werden? Man vergisst vielleicht mit der Zeit wesentliche Dinge. Ob das unterm Strich gut für das Ergebnis ist, darf bezweifelt werden.

1990 stimmten die kroatischen Serben in der von ihnen dominierten Region Krajina im Zuge eines Referendums mit großer Mehrheit für eine Autonomie, wobei kurze Zeit später Ost- und Westslawonien folgten. Auch hierbei handelte es sich um serbisch dominierte Regionen in Kroatien. Diese Autonomiewünsche waren jedoch bei einem gewissen Franjo Tudjman unerwünscht, weshalb von ihm auch alle diesbezüglichen Verhandlungen abgelehnt wurden. Im Sommer 1991 erklärten Kroatien und Slowenien ihre Unabhängigkeit von Belgrad. Ein gemeinsamer Wirtschaftsbund wurde mit Bosnien und Herzegowina begründet, wobei dies im Ergebnis für die andere Seite mehr oder minder eine Art von Kriegserklärung bedeutete. Gab es zunächst eher noch kleinere lokale Auseinandersetzungen, folgten bald immer heftiger werdende bewaffnete Konflikte, wobei Ende 1991 der offene Krieg zwischen den verfeindeten Gruppen ausbrach, in dem nicht nur Dörfer und Siedlungen, sondern auch größere Städte beschossen wurden. Bereits 1992 waren auch Bosnien und Herzegowina betroffen, erst 1996

gab es das Kriegsende. Millionen Menschen verloren dadurch ihre Heimat, geschätzte 300.000 Menschen sollen hierbei ihr Leben gelassen haben. Wahrscheinlich waren es viel mehr. Menschliches Leid, wohin man auch blickte. Granattreffer und Schusslöcher an Häuserfronten hinterließen auch Jahre später noch bei Betrachtern ein äußerst unangenehmes und beklemmendes Gefühl. Bewaffnete Konflikte und Kriege kosten viel Geld, bedarf es doch einer gewissen Kriegsmaschinerie, die am Leben erhalten werden will. Und wie in jedem Krieg oder jeder sonstigen kriegerischen Auseinandersetzung, gibt es nicht nur Leidende, sondern auch Gewinner und sogenannte Kriegsgewinnler, die sich in solchen Konflikten mit ihren dubiosen Geschäften so manch goldene Nase verdienen konnten.

Ivan gehörte mit größter Wahrscheinlichkeit zu Letztgenannten, verfügte er doch nicht nur über Kontakte zu Regierungskreisen, sondern auch zu denjenigen, die praktisch jedem äußerst behilflich sein konnten, wenn es um die Beschaffung wichtiger Dinge ging. Voraussetzung dafür war nur, dass die Kasse stimmte. Moralische oder sonstige wie immer auch geartete Skrupel oder Hemmungen gab es nicht. Geld zählte. Sonst nichts.

Richter Wasakovsky blätterte im Akt und fand Interessantes. Die polizeilichen Erhebungen erwähnten Hintergründe und sogar Verbindungen der involvierten Personen, die es so auf diese Art zumeist nur in äußerst speziellem Kontext gab, wurden doch ganz konkret bestehende Strukturen der organisierten Kriminalität aufgezeigt und mit Beweismitteln untermauert. Das Überfliegen der Namen der eingesetzten Sachbearbeiter und verdeckten Ermittler dokumentierte Wasakovsky bereits von Anbeginn an, dass hier die Crème de la Crème der gesamten Ermittlungsszene im Einsatz gewesen war. Die Qualität der

begleitenden Berichterstattung und der sortierten Beweismittel sprach für sich. Man hatte sich an einen der Angeklagten als möglichen „Big Player" herangearbeitet, was mit durchaus großem Risiko verbunden gewesen sein musste. So wäre Ivan bereits Jahre zuvor im Auftrag der letztlich kriegsführenden Generäle wiederholt „Einsätze nach Italien geflogen", was im Ergebnis nichts anderes bedeutete, dass er von dort Heroin und Kokain holte und mit mehreren kleineren Flugzeugen des Typs Cessna zur Militärbasis Sepurine bei Zadar brachte oder bringen ließ. Die so ins Inland geschmuggelte Ware konnte hier in aller Ruhe portioniert und für den Weitertransport ins Hinterland präpariert und umgepackt werden, ohne dass man vor polizeilichen Aktionen Angst haben musste. Drogen boomten damals bereits und boomen nach wie vor, quasi immer. Wobei der Grund dafür klar ist. Neben Waffenschmuggel, Produktpiraterie, Menschenhandel und Prostitution war und ist damit immer das große Geld zu machen, das man so dringend etwa für die Kriegsfinanzierung benötigte. Verbindungskontakte und auch tatsächlich überwachte Gespräche bestätigten Ivans Gesprächspartner bis zur Spitze von Verteidigungs- und Innenministerium. Aber auch Telefonnummern von Geheimpolizei und des Heeresnachrichtendienstes in Kroatien waren genauso dabei, wie solche italienischer Drogenbosse der dortigen offenkundigen organisierten Kriminalität. So wurde unter anderem auch mit Hilfe hochdekorierter Generäle Suchtgift im großen Stil mit leistungsstarken Sportbooten der Militärpolizei aus Italien importiert. Die Organisationsstrukturen in den Häfen selbst waren teilweise gerade erst im Entstehen, jedenfalls noch nicht vollständig und flächendeckend installiert, zumal man sich erst an leitendes Personal und zuständige Beamte vor Ort heranmachen musste und auch auszuloten war, zu welchen Konditionen diese konkret gekauft werden konnten. Diese „Einheiten", die es Jahre später sodann

um Einiges leichter ermöglichen sollten, containerweise Suchtgift, aber auch tonnenweise gefälschte Zigaretten unentdeckt ins
Land zu bringen, wurden gerade erst aufgebaut.

„Was willst du?"

„Wie man so hört, bist du ganz gut im Geschäft", antwortete
der Schwarzhaarige und lächelte.

„Sagt wer?"

„Keine Ahnung."

„Red' keinen Schwachsinn, wer?"

„Franjo aus Karlovac hat mir gesagt, ich soll mich bei dir
melden. Beste Grüße von ihm."

„Scheißkerl. Er schuldet uns noch hundert Riesen."

„Genau, deshalb soll ich dich erinnern, dass er für den Kontakt verantwortlich ist."

„Er will eine Provision? Das ist es. Ein Schweinehund, ein
Motherfucker und eine linke Drecksau ist er. Sonst gar nichts.
Außerdem redet er zu viel. Dieser Wichser will eine Provision?
Wofür?"

„Dafür, wenn wir ins Geschäft kommen. Ist doch okay,
oder?"

„Sagst du. Wieviel?"

„Alles, was du hast. Wir bauen gerade etwas Großes auf.
Was richtig Großes. Du könntest einen großen Teil des Kuchens
bekommen. Wir bauen etwas für Österreich auf, aber sonst alles
für Deutschland, da läuft es noch viel besser. Du lieferst, wir
zahlen. Passt die Qualität, kannst du wöchentlich liefern. Dann
zahlen wir auch schon bei der Bestellung die Hälfte. Alles mit
Handschlagqualität!"

„Nicht so schnell. Wer sagt, dass ihr das Geld überhaupt
auftreiben könnt? Erst gibt es eine kleine Kostprobe, damit ihr
seht, mit wem ihr es überhaupt zu tun habt."

„Wieviel?"

„Zwei, nicht mehr, aber auch nicht weniger."

„Kostet?"

„200.000."

„Kuna?"

„Du träumst wohl – Dollar! Gute amerikanische Dollar!"

„Du bist verrückt, viel zu teuer!"

„Gute Qualität, was sage ich, Topqualität. Du wirst schon sehen!"

„Und dann? Du bietest sonst ja zehn an, oder sogar zwanzig, was man so hört!"

Die Augen des anderen blitzten. Er deutete kurz mit der Hand und plötzlich standen drei Riesen von Männern bei ihnen. Sein Gegenüber deutete nunmehr mit dem Kopf, einer der drei hielt daraufhin plötzlich eine Maske und einen Jutesack in der Hand.

„Aufsetzen!", befahl der andere, dessen schwarze Haare gefärbt schienen. Seine getragene schwarze Lederjacke wirkte irgendwie schmierig und abgetragen, war ihm eigentlich viel zu groß. Sie wirkte ausgebeult. Andy war sich sicher, dass darunter eine Waffe steckte, und keine zu kleine.

„Aufsetzen!", befahl der andere nun forscher.

Andy kam endlich dem Befehl nach und stülpte sich den Sack über den Kopf. Dann folgte die Maske. Er konnte nur schwer darunter atmen und verstand noch immer nicht, was dies sollte. Sie zogen ihn mehr als er selbst dahinstolperte aus dem Raum hinaus vor eine schwarze Limousine, in den sie ihn verfrachteten. Er fiel auf die hintere Sitzbank und roch ihr Leder. Der Motor drehte hoch und das Fahrzeug beschleunigte mit quietschenden Reifen. Schon nach einigen Minuten Fahrt wurde Andy auf ein Boot verfrachtet, dessen gewaltiger Motor für eine stürmische Überfuhr zu einer Insel sorgte. Auch diese

Fahrt währte nur kurz, weiter ging es mit einem Wagen, nur diesmal fand er sich in einem Kofferraum wieder. Endlich dürfte das Ziel dieser ihm aufgedrängten und somit nicht ganz freiwilligen Reise erreicht gewesen sein, zumal man ihn jetzt unsanft herauszerrte und Maske samt Jutesack wieder herunterriss. Das Sonnenlicht blendete ihn vollends. Erst nach einigen Augenblicken hatten sich seine Augen an die wieder erlangte Freiheit samt Sonnenlicht gewöhnt. Er befand sich auf einem parkähnlichen Grundstück, umgeben von einer meterhohen Mauer. Das Gras leuchtete in Sattgrün, Palmen und üppige Pflanzen luden zum Verweilen ein, wie auch aufgestellte Liegestühle und Betten, auf denen sich halbnackte Mädchen in Badeanzügen räkelten. Kellner in schwarzen Hosen und weißen Hemden liefen mit befüllten Gläsern auf Tabletts umher und kredenzten auf Wunsch allerlei Alkoholisches in großen Gläsern samt tropischen Früchten. Ein riesengroßer Swimmingpool mit smaragdblaugrün schimmerndem Wasser und einige daran anschließende Whirlpools verzauberten das Ganze in eine Art Märchenwelt, die allerdings von einigen ernst blickenden Männern in schwarzen Anzügen samt Maschinenpistolen bewacht wurde. Er fühlte plötzlich eine Hand an seiner rechten Schulter.

Es war … ja, er war es. Er lächelte ihn an.

„Das, mein Freund, ist meine Welt. Und da gibt es noch viel mehr von all dem hier. Du bist offenbar erst im Aufbau? Ich soll dir Zwanzig oder Dreißig liefern? Komm mit!"

Er zog ihn wieder an der Schulter, diesmal in Richtung jenes Hauses, dessen Terrasse an den Pool heranreichte. Drei vollkommen nackte Mädchen hockten an einem Tisch und zogen gerade mit goldenen Strohhalmen weißes Pulver in Linien in ihre Nasen auf, die vor ihnen auf silbernen Platten angerichtet waren. Sie lachten laut auf und streckten sich, warfen ihre Arme in die Höhe und forderten mehr. Sein Begleiter

lachte ihnen zu, sie erwiderten und schicken ihm Küsse zu und blinzelten mit ihren großen Augen, in denen die Pupillen zu platzen drohten.

„Das ist meine Welt. Komm mit, ich zeige dir noch mehr!"

Sie gingen über eine massive Marmorstiege in das darunterliegende Stockwerk. Feinster Marmor und ganze Granitblöcke waren an den Böden und Wänden verarbeitet, vor einer Massivholztüre, aus Nuss vermutlich, blieben sie stehen. Mit einem um seinen Hals getragenen Schlüssel sperrte nunmehr sein zukünftiger Geschäftspartner dieses Bollwerk auf und beide traten in den Raum. Reflexartig erstrahlten LED-Lampen, aktiviert durch Bewegungsmelder, die so gut wie nicht erkennbar waren und tauchten den Raum in sattes Licht. Andy erblickte weiße Päckchen wie Sand am Meer, dazwischen Waffen, die fein säuberlich in Glasschränken sortiert waren, daneben eine große Anzahl an Panzergranaten und sogar Maschinengewehre samt Munitionsketten und weiteren Schachteln mit Munition. Andy blickte auf all diese Sachen und konnte es nicht glauben, als er ein Lachen hinter sich vernahm. Eines der nackten Mädchen war ihnen nachgekommen und schmiegte sich nunmehr an seinen Geschäftspartner, der ihr in den Schritt griff und sie gleichzeitig küsste. Dann drückte er die Blondine zur Seite und direkt zu Andy, sodass sie gegen diesen stieß.

„Willst du sie? Da, nimm sie, ich schenke sie dir, als Zeichen meiner Gastfreundschaft und Verbundenheit. Und frage mich nie wieder, ob ich dir Zwanzig oder Dreißig liefern könnte. Ich liefere dir Zweihundert, Dreihundert und auch Vierhundert, in der Woche, schau du lieber darauf, dass dein Geld rechtzeitig da ist."

Er drückte erneut die Blondine zu ihm, die ihn anlächelte und nunmehr begann, ihm den Gürtel seiner Hose zu öffnen.

Die Beamten hatten über Funk erfahren, dass in ihrer Nähe in ein alleinstehendes Haus eingebrochen worden wäre, die Täter sich aber schon aus dem Staub gemacht hätten. Das Fluchtauto wäre weiß. Sofort fuhren sie zur Autobahnauffahrt und sahen dort zufällig einen weißen BMW mit hohem Tempo in die Gegenrichtung fahren, sodass sie sofort die Verfolgung aufnahmen. Erst kurz vor Karlovac konnten sie das Fahrzeug stoppen.

„He Kollegen, ich bin es, Ivan. Was schaut ihr so böse? Ich hatte es eilig, aber sollte das ein Problem sein?", begrüsste der Fahrer die beiden Polizisten, die mit vorgehaltenen Pistolen nunmehr seitlich am Fahrzeug standen.

„Ach, du bist es, wir suchen einen Einbrecher mit einem solchen Fahrzeug. Du wirst es wohl nicht gewesen sein, aber pro forma, mach den Kofferraumdeckel auf!", entgegnete der ältere der beiden Beamten.

„Bist du verrückt? Sicher nicht. Ich habe schon jetzt zu viel Zeit verloren. Ich werde erwartet!"

„Mach keine Probleme!"

„Euer General erwartet mich, wir haben etwas zu erledigen!"

„Du machst jetzt den Deckel auf und wir schauen nach, damit es dann offiziell ist, dass da kein Diebsgut drinnen war", wiederholte nochmals der Ältere, ging nach hinten und drückte den Griff.

Wie im Detail die Geschichte dann weiterging, ist aktenmäßig nicht belegbar. Jedenfalls wurden dreißig Kilogramm Heroin in bester Qualität im Kofferraum vorgefunden, die dann ins Polizeihauptquartier nach Zagreb wanderten und irgendwann auf mysteriöse Weise verschwunden sein sollen. Wasakovsky erinnerte sich beim Einlesen des Aktes daran, dass er dort in Zagreb einst Beweisgegenstände in einem Grazer Raubmordakt, wo

ein Münzhändler mit einem Hammer erschlagen worden war, kurzerhand abholen wollte, weil bei den kroatischen Behörden nichts weiterging. Ein Hammer, eine blutverschmierte Hose und diverse Kleinutensilien wollte er für DNA-Abgleichungen nach Graz holen, die Bewilligungen der Justizministerien beider Länder und auch des kroatischen Gerichtes hatte er in der Tasche, Dolmetscherin und Bodyguard mit in seinem Wagen. Beim Kaffee mit dem Gerichtspräsidenten und dem Polizeichef überbrachte ein Kriminalbeamter die Nachricht, dass die Depositen aus der polizeilichen Verwahrungsabteilung verschwunden und nicht mehr auffindig wären, am Vortag aber sicherlich noch da gewesen waren. Der mutmaßliche Tatverdächtige wurde drei Mal von einem Zagreber Gericht freigesprochen, genauso oft hob der kroatische Oberste Gerichtshof den Freispruch auf. Der in diesem Fall federführende und total engagierte Staatsanwalt, den auch Wasakovsky in einem Vieraugengespräch kennenlernen durfte, starb bei einem sogenannten ungeklärten Verkehrsunfall, bei dem sich der Pkw des Staatsanwaltes auf schnurgerader Straße ausgerechnet in den einzigen Baum im Umkreis von mehreren hundert Metern bohrte und völlig zerschellte.

Einsam läutete die Glocke im Vier-Sekundentakt, als die Bestatter mit dem Sarg auf ihren Schultern im Gleichschritt über den kleinen Friedhof schritten. Ihnen folgte eine kleine Prozession von dunkel gekleideten Menschen. Aber auch sonst gab es heute regen Besuch auf diesem sonst so ruhig gelegenen Ortsfriedhof der Gemeinde St. Veit am Vogau. Man musste aber schon etwas genauer hinsehen. Standen da nicht auffällig viele Personen an Gräbern, obwohl die Novemberfeiertage noch in weiter Ferne waren? Und ein Begräbnis jetzt, kurz vor 19.30 Uhr? Warum stand da einer neben dem riesigen Kastanienbaum? Was hatte der dort zu suchen? An der Friedhofsmauer parkten auffällig

viele Wägen. Gehörten diese alle den Begräbnisteilnehmern? Ein Verschwörungsfanatiker hätte mit diesen Feststellungen und Beobachtungen wahrscheinlich seine hellste Freude gehabt. Aber war da jetzt wirklich etwas im Gange oder war das bloß Einbildung? Jetzt näherten sich noch dazu drei weitere Fahrzeuge langsam dem kleinen Parkplatz. Zwei mit kroatischen, eines mit niederländischem Kennzeichen. Das musste doch etwas bedeuten! Oder?

Der Staatsanwalt trug die Anklage vor, die Verteidiger replizierten nur kurz. Viel gab es auch nicht zu sagen, waren doch alle vier Angeklagten vor Ort bei der Übergabe von Suchtgift und der Übernahme des Kaufpreises verhaftet worden. Ganz richtig war dies jedoch nicht, zumal einer von ihnen etwas abseitsgestanden war, aber direkt zuvor mit einem der Autos gekommen war. Dieser hatte vor der Polizei auch nichts gesagt, während die drei anderen letztlich doch die Faktenlage nicht bestritten. Sie erklärten sich dann auch in der Hauptverhandlung geständig, zwei Kilogramm bestes Kokain an zwei vermeintliche Abnehmer und Kaufinteressenten liefern gewollt zu haben. Ohne jedweden weiteren Kommentar. Zum Viertangeklagten gaben sie keinerlei Erklärung ab, belasteten diesen auch nicht. Eigentlich hätte man das Verfahren gegen die „geständigen" Angeklagten ausscheiden und ein Urteil sprechen können, aber …

„Sie haben Wohnungen, Häuser und auch einige Grundstücke auf Ciovo und Solin?", fragte Wasakovsky.

„Ja, ist das strafbar?", antwortete Ivan mit einem Lächeln.

„Grundsätzlich nicht, nur bei Ihnen könnte es Geldwäsche sein", warf ihm der Richter vor.

„Alles ordnungsgemäß verdient und versteuert!"

„Dann erklären Sie mir dies. Sie haben kaum eine Schulbildung genossen und sollen Ihre Karriere dann 1991 begonnen

haben, als Kroatien aus dem jugoslawischen Staatsverband ausgetreten ist", hielt ihm der Vorsitzende vor.

„Kann schon sein!" Wieder lächelte Ivan.

„Es gibt Fotos von Ihnen im Akt, wo Sie auf militärischen Speedbooten zu sehen sind. Sowohl als Fahrer, als auch als … Gast? Wie kommen Sie dazu?"

„Ist auch nichts Verbotenes!", konstatierte wieder der Angeklagte.

„Den Flugschein haben Sie auch?"

„Man hat, was man braucht!"

„Wozu?"

„Luftveränderung. Kroatien ist viel zu klein."

„Logisch. Wie kommen Sie zu Spezialausweisen der kroatischen Geheimpolizei und des Heeresnachrichtenamtes?"

„Durch Beziehungen. Das ist normal bei uns!"

„Sehr schön. Warum haben Sie zweihundert Panzergranaten bei Ihrem Bruder gelagert?"

„Warum sollen die mir gehören?"

„Weil Ihr Bruder dies gegenüber einem Polizisten gesagt haben soll. Steht im Akt."

„Sowohl der Polizist als auch der Bruder werden von der Verteidigung als Zeugen beantragt, Herr Vorsitzender!", brachte der Verteidiger nunmehr gleich vor.

„Dann werden wir sie uns anhören!", meinte der Vorsitzende im Wissen, dass er im Akt allerdings keine ladungsfähigen Anschriften dieser Zeugen gesehen hatte.

„Ich habe keinen Bruder mehr", erklärte plötzlich der Angeklagte.

„Bitte?"

„Mein Bruder ist für mich gestorben!"

„Kann man so sehen, immerhin hat er Sie belastet", merkte der Richter trocken an.

„Er ist aber nicht nur für mich gestorben, sondern auch für Sie. Für uns alle."

„Bitte?"

„Er ist erschossen worden!", erklärte nunmehr der Angeklagte ebenso trocken wie auch ohne Gemütsregung.

Für den Vorsitzenden, der sich seine Unkenntnis darüber nicht anmerken lassen wollte, kam diese Information tatsächlich mehr als überraschend, mit keiner Zeile war im Akt darüber etwas zu lesen gewesen. Sollte das tatsächlich stimmen oder war es lediglich ein Ablenkmanöver? Dieser Angeklagte war schwer einzuschätzen, auch wenn sein Pokerface samt wiederholtem Lächeln Grundsätzliches über ihn verraten hätte können, aber man soll sich ja bekanntermaßen nicht täuschen.

„Wann, wo, warum?"

Mit dieser trockenen Frage versuchte das Gericht diese Aussage allenfalls verifizieren zu können, wusste doch auch der Verteidiger offenkundig nichts davon, wie sein zuvor gestellter Antrag wohl unmissverständlich dokumentierte. Der Angeklagte ließ sich darauf nur bedingt ein und gab karge Auskunft. Wieder ein Trick oder eine falsche Fährte?

„Schon einige Tage vor meiner Verhaftung. In Karlovac. Der Polizist übrigens auch."

Für Sekundenbruchteile war absolute Stille im Saal, gleich einem unhörbaren Schrei der Verwunderung und des Entsetzens, der immer länger anzudauern schien. Ein Schrei, mit dem versucht wurde, Gedanken zu ordnen und in Reaktion umzusetzen. Wie sollte auf diese Information reagiert werden, mit der der Angeklagte emotionslos um sich zu werfen schien, als wäre sie die natürlichste Sache der Welt? Immerhin wären dann zwei Zeugen gewaltsam zu Tode gekommen, was nicht in jedem Akt, nicht einmal in einem der organisierten Kriminalität, tagtäglich vorkam. Die Register und

Schalteinheiten des Denkzentrums werkten auf Hochtouren, sie funktionierten, konnten auch zeitnah die richtigen Verbindungen herstellen. Fokussiert auf das Geschehen und dessen Informationen wurden die Details bewusst aber auch unbewusst verarbeitet. Soll heißen, als Strafrichter ist man mit derartigen Sachlagen wohl eher konfrontiert, als ein Verkäufer von Damenjeans, und reagiert deshalb – vielleicht und hoffentlich – anders.

„Dann hat sich das mit ihrem Beweisantrag relativiert, Herr Verteidiger, wenn es stimmt, oder?"

Damit war zumindest fürs Erste die sogenannte „komprimierte Luft draußen", der Ball quasi beim Verteidiger, der nunmehr Farbe bekennen musste. Er spielte aber offenbar genauso mit offenen Karten wie das Gericht dies auch tat.

„Mir ist dies ebenso vollkommen unbekannt wie Ihnen!", deponierte der routinierte Anwalt.

„Außerdem sind diese Granaten und sonstige diverse Waffen gar nicht angeklagt, Herr Staatsanwalt?!", meinte nunmehr der Vorsitzende mit Blick zum öffentlichen Ankläger.

Dieser blätterte in seinem Tagebuch und teilte mit, dass es diesbezüglich noch Abklärungen – auch in rechtlicher Hinsicht – geben müsse, zumal die kroatischen Behörden auch gesonderte Verfolgungshandlungen setzen würden.

„Apropos nichtösterreichische Behörden. Waren Sie vor zwei Jahren in der Bundesrepublik Deutschland?", setzte der Vorsitzende sogleich fort.

„Nicht, dass ich wüsste."

„Die Polizei in Frankfurt hat Sie kontrolliert. Das ist aktenkundig. In der Zwischenzeit sind auch die dortigen erkennungsdienstlichen Unterlagen eingetroffen. Und wenn ich diese mir so ansehe, muss ich feststellen, dass die Behauptungen in einem weiteren Polizeibericht somit nicht gänzlich in den Bereich der

Fabeln und Fantasie zu transferieren sind, wenn Sie verstehen, was ich meine."

„Das verstehe ich nicht!"

„Sie sollen sich in Deutschland gegen gutes Geld einer Gesichtsoperation unterzogen haben. Und wenn ich Sie jetzt mit den Bildern der deutschen Polizei von damals vergleiche, übrigens auch mit Ihrem Ausweis der Geheimpolizei, dann stelle ich fest, dass Sie anders aussehen. Eine gewisse Ähnlichkeit ist noch da, aber nur eine gewisse!", stellte der Vorsitzende fest und hielt die Berichte samt den dazugehörenden Bildern in die Höhe.

„Oder wollen Sie mir jetzt erklären, ich täusche mich?"

Der Angeklagte blickte den Vorsitzenden an, keine Regung war seinem Gesicht zu entnehmen.

„Oder sollte es eine Schönheitsoperation gewesen sein? Fettabsaugung bei den Wangen, weil das Gesicht zu rund war, Nase aufrichten, Augenlider straffen, Ohren glätten oder etwas anderes?"

Keine Regung.

„Botox spritzen, Falten glätten, Lippen aufspritzen? War der Herr Ivan mit seinem Gesicht nicht mehr zufrieden? Zahnfehlstellung, zu wenig Bartwuchs?"

Ivan schloss die Augen.

„Also doch eine Schönheits-OP. Fettabsaugen am Bauch, Postraffung?"

Der Vorsitzende hielt kurz inne. Sollte er weiterfragen? Weitere Details dem Angeklagten an den Kopf werfen? Würde dieser sich zu einer Gefühlsregung durchringen, vielleicht auch irgendwie provozieren lassen? Sollte es einen Versuch wert sein?

„Sagen Sie mir jetzt nicht, dass es eine Verlängerung war …?"

Der Vorsitzende hatte sich bei diesem Satz ganz aufgesetzt und regelrecht nach vorne über den Richtertisch gelehnt. Der

Satz war noch nicht einmal fertig ausgesprochen, hatte aber seine Wirkung offenkundig nicht verfehlt. Der Angeklagte starrte mit zugekniffenen, zu Sehschlitzen verkommenen Augen den Vorsitzenden auf der Richterbank an, der immer noch nach vorne gebeugt war. Sein Schnautzbart zuckte, er schien durchzuatmen. Hatte der Richter vor Jahrzehnten als Gendarmerieschüler erfahren, dass in Ausdrucksbewegungen des Menschen dessen seelisch-körperliche Einheit unmittelbar erkennbar wäre, war nunmehr angesichts dieses feindseligen Blickes des Angeklagten eine weitere Reaktion durchaus denkbar. Sie folgte prompt. Ein lautes „Sie" hustete er hervor, bevor er aber sofort wieder leise wurde und sein äußeres Erscheinungsbild quasi neutralisierte. Ganz gelang es ihm aber nicht, musste er doch noch etwas anfügen.

Ganz leise, sich äußerlich offenbar wieder vollkommen unter Kontrolle habend, sagte er dann: „Sie wissen nicht, mit wem ich es zu tun habe! Sie wissen nichts, gar nichts."

„Ich weiß nicht, mit wem ich es zu tun habe", konterte der Richter, „Sind sie ein großer, um nicht zu sagen, *der* große Fisch mit Betonung auf *der* oder sind sie ein kleines Fischchen, ein Spieler, der verloren hat?"

Sie blickten einander an. Wortlos, ohne Regung. Zwei Paar Augen, die sich tief ansahen, auf jede Zuckung und Veränderung des Augapfels des anderen wartend. Sekunden, die für die Agierenden zu Minuten zu werden schienen, ohne jedwede Regung.

„Sie sind ein ganz kleiner Fisch, der irgendwelche oder doch seine eigenen Leute zu einer Übergabe von zwei Kilogramm reinsten Kokains nach St. Veit am Vogau begleitete, damit diese sich nicht mit dem Geld selbständig machen und verflüchtigen. Sie bestreifen einen Friedhof im österreichischen, was sage ich, im steirischen Nirgendwo für 200.000 Dollar. Und das Geld

gehört nicht einmal Ihnen. Sie müssen es abliefern. Warum sollte denn auch der Boss selbst bei so einer Aktion dabei sein? Wäre ja absurd, oder? Drehen Sie sich doch auch mal um und schauen Sie in die Zuschauerreihen. Fünfzig Journalisten aus Ihrer Heimat sitzen da. Die sind wahrscheinlich alle deshalb gekommen, weil ein kleiner kroatischer Fisch in Graz im Netz zappelt, oder? Ob Sie den Balkankrieg mit Kokain finanziert haben, brauchen wir hier und heute gar nicht klären, das haben Sie mit diesen beiden Kilogramm Kokain sogar sicherlich nicht gemacht. Weil das Geld bei der österreichischen Polizei ist. Wenn Sie über Ihre Hintermänner sprechen wollen, bitte gerne. Jederzeit. Strafmildernd wäre es. Oder Sie warten einmal darauf, wie das alles hier ausgeht und sprechen später darüber. Da gibt es in Österreich die Möglichkeit der nachträglichen Strafmilderung. Nur müssten Sie da etwas erzählen, was wir noch nicht wissen. Alles verstanden?"

Ivan nickte, bevor noch die Dolmetscherin alles übersetzt hatte.

Philipp

Homo Oeconomicus.

Werbung muss sein. Weil diese aber allgegenwärtig ist, nimmt sie der anvisierte Konsument zum Leidwesen der Auftraggeber gar nicht mehr so richtig wahr. Die potenziellen Kunden sind nicht so einfach zu ködern, es bedarf schriller Ankündigungen, um zum Inhalt der Geldbörserln zu gelangen. Werbeaktionen überbieten sich mit Preisnachlässen, sodass man annehmen könnte, quasi ein Vollidiot zu sein, auch nur irgendetwas zum Listen- oder Normalpreis zu erstehen, und seien es nur läppische Grundnahrungsmittel wie Milch, Erdäpfel oder Brot. Man müsse doch nur aufs kommende Wochenende warten, da es dann Milchprodukte um ein Viertel billiger gäbe, aber auch danach stehe eine Aktionswoche ins Haus, drei zum Preis von zwei, vier für drei oder Superpreise bei sonstigen Vorteilsmengen. Von Schlussverkäufen, sei es Winter oder Sommer, gar nicht zu reden, dazwischen noch Black Friday, Mid Season Sale, etc. „Sale" fordert auf, zum Schnäppchenjäger zu mutieren, um Dinge zu erwerben, die man längst hat oder gar nicht braucht. Wir alle wissen es, fallen aber dennoch immer wieder darauf rein, weil der Mensch als *Homo Oeconomicus* es sich einfach nicht nehmen lassen kann.

Als in der Landeshauptstadt Graz ein größerer Konzern endlich sein – heute sagt man – „Flagshipstore" eröffnete, noch dazu am Hauptplatz, musste es für die Ankurbelung des Umsatzes

natürlich etwas ganz Besonderes sein. Leider wurde nie geklärt und somit auch nicht publik, welcher Weltmeister der Werbestrategie diese Idee geboren hatte. Die ersten fünfhundert Personen, die am Eröffnungstag einkaufen würden, bekämen einen Betrag von heutzutage umgerechnet wahnwitzigen, um nicht zu sagen lächerlichen, 35 Euro geschenkt bzw. auf den Einkauf gutgeschrieben, wobei es dazu allerdings der Erfüllung einer Grundvoraussetzung bedurfte: Man musste nackt ins Geschäft kommen. Als diese Werbeaktion groß angekündigt wurde, ließ es sich der Autor nicht nehmen, an diesem Tag zu früher Stunde mit dem öffentlichen Verkehrsmittel die Innenstadt zu erkunden, um das Ergebnis des Werbeaufrufes persönlich in Augenschein zu nehmen, was weniger mit Voyeurismus als vielmehr mit der gestellten Frage zu tun hatte, wie viele käufliche Menschen sich doch tatsächlich nicht zu blöd wären, vor acht Uhr morgens im Spätherbst auf die Öffnung der großen Glastüre am Haupteingang des Geschäftes im Adams- bzw. Evakostüm zu warten.

Um es kurz zu machen: jede Menge! Im Ergebnis waren es weit mehr als fünfhundert, wobei die Frauen deutlich in der Minderheit waren. Dreißig Minuten vor acht Uhr war die anstehende Menge dermaßen groß, dass die Straßenbahn die Kurve vor dem Geschäft, nur unter größtmöglichem Gebimmel im mehrfach unterbrochenen Schritttempo nehmen konnte. Was der Autor zu diesem Zeitpunkt noch nicht erahnen konnte, dass er später einige der Nackedeis im Gerichtssaal sehen würde. Immerhin bekleidet.

Philipp war der gefährlichen Drohung und Nötigung angeklagt.

„Also, was war damals los?", wollte Wasakovsky wissen.

„Es hatte alles so schön begonnen. Ich war schon knapp vor sechs Uhr da, hatte mir sogar einen Klappstuhl und meine alte

Thermoskanne mitgenommen gehabt, weil ich schon damit rechnete, dass da vüle Leut' sein werden. Das waren aber nicht nur vüle, also viele, sondern echt viele. Als ich um die Ecke gebogen bin, bin ich praktisch schon in die Menge reingelaufen, die sich da schon um sechs Uhr früh zusammengedrängt hatte. Ich habe mir gedacht, na bravo, jetzt muss ich auch noch die nächsten zwei Stunden stehen, weil es keinen Platz gab, meinen „Klappinger" aufzustellen. Dann habe ich auch erst gesehen, dass die meisten Leute ein Plastiksackerl mit dabeihatten, alles in blau-weiß, eh schon von der Firma. Zunächst habe ich mir auch noch gar nichts dabei gedacht, bis ich dann d'raufgekommen bin, dass die Leute sich ihr G'wand dann da reintun, wenn sie sich ausziehen. Man musste ja nackert rein ins G'schäft. Alles hab' ich mitgehabt, nur ka' Plastiksack'l net. Ich schrei' also zu meinem Freund, der auch mit wor, er soll schnell zwei Sackerln irgendwo besorgen, ich reserviere ihm dawal den Plotz. Er ist auch sofort weg, aber mein Nachbar hat dann zu mir g'sagt, dass es ka Reservieren gibt. Mein Freund hot dann zwa Sackl aufgetrieben, vom Milchstandl dort am Hauptplatz, dafür hat er auch was einkaufen müssen. Er ist aber nicht mehr zu mir hergekommen, weil immer mehr Leute dazugekommen sind. Einer hat dann gerufen, dass die Lichter im G'schäft angegangen sind und schon wer bei der Tür steht, da haben sich dann auch die Restlichen schnell ausgezogen g'habt. Ein paar ganz Eifrige waren schon vorher fast ganz nackert und haben sich jetzt nur mehr die Unterhosen runtergerissen. Ich hab' mich auch ausgezogen, hab' aber immer noch kein Sack'l g'hobt. Ich lehn' meinen Klappstuhl an meine Haxen, die Thermosflasche ist mir eh umgefallen und will mein G'wand auf den Stuhl legen, da schnauzt mich der Nachbar mit dem „Nix Reservieren" an, dass ich mich nicht so breit machen soll und will sich auch noch vorbeidrängen. Der wollt' gemeinsam mit

einer feschen Frau an mir vorbei. Er war ja etwas früher da, aber die Frau sicherlich net. Da hab' ich zu ihm g'sagt, dass er die Katz nicht mitnehmen braucht, weil die gehört weiter hintere, also nach hinten. Er hat sich umgedreht und nur g'meint, dass er die Katz gerne hätte, aber die sei nicht die Seine. Die hat aber so weitergedrängt, dass ich gleich hinter ihr war. Was hätt' ich machen sollen? Ich hätt' sie eh gern' von hinten an den Schultern oder an der Hüften gepackt, aber die war ja auch nockert. Drauf hab' ich mein Hemd g'nommen und hab's ihr schnö um die Hüften geben und sie dann zurückgezogen. Sie hat sich um'draht und hot mi aung'schaut. Die war echt fesch und ich schau sie an, also ich geb'zu, ich hab' ihr auf den Busen g'schaut, weil … so etwas siehst nicht alle Tag. Und dann legt die mir eine auf, dass es richtig g'scheppert hat. Daraufhin locht mich der „Nix Reservieren" voll aus. Es ist nämlich nichts weitergegangen, weil alle bei den Glastüren angestanden sind und die ja bekanntermaßen Fluchttüren san, die nach Außen aufgehen. Also ist nix gegangen. Daraufhin hab' ich zu dem g'sagt, wenn er noch einmal so blöd lacht, dann scheppert's auch bei ihm."

Damit war dann aber auch schon alles geklärt, bestätigten doch auch die Zeugen dieses Geschehen. Diesmal allerdings angezogen.

Das Verfahren endete somit mit einem Freispruch.

Wie auch ein weiteres Verfahren, das sich aus diesem Tag der Geschäftseröffnung ergeben hatte. Allerdings hatte der vermeintliche Täter seinem Opfer nicht die Unterhose heruntergerissen, sondern wieder hinaufgerissen, damit dieses nicht als „nackt" gezählt werden konnte und somit für den Gutschein ausschied. Dass es hierbei um wirtschaftliche und nicht um sexuelle Interessen gegangen sei, schien nachvollziehbar und glaubhaft, wenngleich es sonst immer seitens der Firma hieß:

Geiz ist geil.

Cezweihafünfoha

Der Stoff, aus dem die (Alb-)Träume sind.

Ce-zwei-hafünf-oha, pardon: C2-H5-OH, besser unter dem Begriff „Alkohol" bekannt, stellt wohl weltweit das einzige Suchtmittel dar, zu dessen Konsum wir uns meistens sogar regelmäßig wechselseitig auffordern oder einladen, welches somit gesellschaftlich vollständig etabliert und offenbar auch kaum wegzudenken ist. Dabei ist es wohl das mit den weitreichendsten Folgen verbundene Gift, das Menschenleben und somit die Gesundheit beeinträchtigt und zerstört, aber auch indirekt völlig Unbeteiligte zum „Handkuss" kommen lassen kann. Man denke an die zahlreichen Verkehrsdelikte und deren Auswirkungen. Trotz strenger und strengster Sanktionen wird das Lenken eines Kraftfahrzeuges in alkoholbeeinträchtigtem Zustand gelegentlich in Österreich immer noch als „Kavaliersdelikt" angesehen. Ich vertrete sogar die Ansicht, dass Alkohol, wäre er erst heutzutage entdeckt oder erfunden, deutlich strengere Zugangsbeschränkungen hätte, als es derzeit der Fall ist. In der Einzelrichterzuständigkeit des Gerichtshofes fallen nach meinen Erfahrungen und Aufzeichnungen etwa siebzig Prozent der Fälle in Verbindung mit dem Konsum dieses Suchtmittels an. Alkoholkonsum als Grundlage oder Ursache für gefährliche Drohungen, Nötigungen, Körperverletzungen, sexuelle Übergriffe und andere Gewalthandlungen.

Prost!

Hans
Schachmatt in der Kirche.

„Es wird ein Wein sein, und wir werd'n nimmer sein ...", sang schon Hans Moser in diversen Heimatfilmen. Ein gänzlich anderer Hans Moser, der dem Wein auf seine ganz spezielle Art und Weise ebenfalls huldigte, aber zumeist hierbei deutlich mehr als ein Glas zu viel über den Durst oder Genuss getrunken hatte, wurde an diesem Montagmorgen von zwei Polizeibeamten ins Landesgericht für Strafsachen geleitet, zumal er den Ladungen zuvor nicht freiwillig nachgekommen war. 1957 in Potsdam geboren, nunmehr in der Alpenrepublik ansässig, nahm der Träger einer Art von Seehundbart und eines ausrangiert anmutenden Schlapphutes auf der Anklagebank Platz.

„Den Hut können Sie abnehmen, wir sind nicht im Wirtshaus!", begrüßte ihn Richter Wasakovsky, um gleich zu ergänzen „Wobei im Wirtshaus die Leute eh zumeist den Hut runternehmen, oder?"

„Stimmt!", nickte einer der Polizisten.

„Sie sind deutscher Staatsbürger? Entnehme ich zumindest den Akten!"

„Ostdeutscher."

„Gibt's nicht mehr."

„Passt!"

„Und hier in der Alpenrepublik Österreich machen Sie dann Blödsinnigkeiten, oder?"

„Ja!"

„Warum? Ist ja nicht normal, wenn man den Akt liest." Das Nuscheln des Angeklagten war zunächst sehr schwer zu interpretieren, erst langsam bildeten sich Wortkombinationen, die einen Sinn ergaben und von Pension und nunmehriger Alkoholsucht verbunden mit Depressionen berichteten. Auch ein vollkommenes „Schuldig" war ebenfalls dabei, wie auch die Zusicherung, wonach Derartiges nie wieder vorkommen würde.

„Der Satz ,Es wird nicht mehr vorkommen.' gefällt mir, Herr Angeklagter! Alleine weil Alkohol mit im Spiel ist, glaube ich das nie so recht!"

Was hatte diesen Hans M. vor das Strafgericht gebracht? Nicht sein stetiger Drang, etwas trinken zu müssen, vielmehr seine Aktionen, die daraus resultierten. Wiederholt hatte er in einer weststeirischen Kirche sein Schachbrett aufgebaut, was ja grundsätzlich noch nichts Böses sein musste. Allerdings machte er es einmal knapp vor Beginn des Gottesdienstes, um dann die Besucher des sonntäglichen katholischen Events lautstark aufzufordern, mit ihm eine Partie Schach zu spielen. Darüber hinaus hatte er es sich nicht nehmen lassen, insgesamt zehn Kerzen aus dem Gotteshaus zu stehlen.

„Wegen Störung der Religionsausübung drohen Ihnen theoretisch bis zu drei Jahren Haft! Ist Ihnen das überhaupt klar?", warf der Richter diese Feststellung dem Angeklagten an den Kopf.

Hans wurde blass.

„Also bei uns in der DDR ..."

„Gibt's nicht mehr! Belohnt werden'S dort aber für so etwas wohl auch nicht worden sein, oder?", hakte der Richter nach.

„Neeee!"

„Herr Pfarrer, Sie können sich als Vertreter der Pfarre als Geschädigte dem Verfahren Privatbeteiligter anschließen!", klärte der Richter Hochwürden als Zeugen auf.

„Wir wollen keinen Schadenersatz, die Kerzen können wir verkraften. Ich verzeihe ihm auch gerne, er hat sich zuvor schon schriftlich entschuldigt und Besserung versprochen, wenngleich ich auch nicht alles verstanden habe, was er geschrieben hat", antwortete dieser.

Hans kramte in seiner Umhängetasche, zauberte drei Kerzen hervor und hielt sie Hochwürden hin, der sie dankend zurücknahm. Eine weitere, wesentlich kleinere Kerze kam auch noch zum Vorschein, die der Angeklagte in seiner Hosentasche verwahrt hatte. Auch diese hielt er dem Zeugen hin.

„Die stammt aber nicht aus unserer Kirche", wendete dieser ein.

„Die hab' ich noch von meinen Eltern", erklärte Hans.

„Aus der DDR?"

Die Überraschung des Richters war nicht gespielt, auch der Staatsanwalt blickte ungläubig und fragend.

„Ein Kerzerl anzuzünden, hat noch nie geschadet, egal woher es kommt!", deponierte Hochwürden, „Ich nehme es gerne, es ist sogar etwas Besonderes, dankeschön."

Der befragte Sachbearbeiter der Polizei bestätigte, dass das Hauptproblem beim Angeklagten der Alkohol sei.

„Wenn er etwas getrunken hat, will er jedes Mal mit irgendjemandem Schach spielen. Aber keiner will."

„Na ja, besser b'soffen Schach spielen, als Auto fahren", seufzte nunmehr das Hohe Gericht.

„Wenn er betrunken ist, wählt er auch gelegentlich Notrufnummern", ergänzte der Polizeibeamte, „zuletzt die Telefonseelsorge."

„Weil ich so depressiv bin", klärte Hans unaufgefordert auf.

„Und der Grund dafür?"

Hans brach unvermittelt in Tränen aus.

„Unbescholtenheit in Verbindung mit ordentlichem Lebenswandel, umfassendes und reumütiges Geständnis. So heiß wird bei uns nicht gegessen!", resümierte das Gericht.

„Außerdem Teilschadensgutmachung", ergänzte der Staatsanwalt trocken und meinte damit die retournierten Kerzen.

Eine sehr kurze und auch bedingt nachgesehene Freiheitsstrafe war das Resultat des in Rechtskraft erwachsenen Urteiles, verbunden mit einer Alkoholtherapieweisung.

„Ich zünde für Sie ein Kerzerl an. Sie schaffen das", meinte Hochwürden, der den Ausgang des Verfahrens mitverfolgt hatte.

Die Therapie absolvierte Hans tatsächlich erfolgreich. Ob dies das Resultat einer einzelnen Kerze war, ist nicht bekannt.

Martin
Einen Jux wollt' er sich machen.

Ein Zeltfest ist immer ein Grund, sich einen hinter die Binde zu gießen. Und gäbe es diesen Grund nicht, würde man sich auch ohne Grund einen Schluck genehmigen. Die Gruppe junger Burschen war sicher, keinen Grund zu benötigen, um mal wieder so richtig Gas zu geben; also alkoholmäßig. Nach einigen Flaschen Bier folgten die Spirituosen, weil die wiederholten Konsultationen der WC-Anlage zeitintensiv wurden. Man wollte ja nicht wertvolle Zeit vergeuden. Sepp hatte es sich zusätzlich schon zur Gewohnheit gemacht, den seiner Meinung nach unnötig weiten Weg zur Häuslstation abzukürzen und hatte wiederholt gleich hinter dem Hauptausgang des Festzeltes uriniert, wobei es aber zuletzt einen eher unerfreulichen Kontakt mit einem Security gab, der unmissverständlich zum Ausdruck brachte, dass dies die letzte inoffizielle Entleerungsaktion gewesen wäre. Das nächste Mal bekäme Seppis Entleerungsschlauch einen Knoten! Angesichts dieser Ankündigung, die sich wie ein Lauffeuer im Konsumationstempel verbreitete, ward sodann ein reges Kommen und Gehen zu bemerken, wobei auch Martin den rechten Weg suchte und fand. Da die Zeit im Zelt indes intensiv genutzt wurde, wurde die Strecke zwischen Be- und Enttankung zwar nicht objektiv, aber subjektiv immer um Einiges länger. Als Martin beim vierten oder fünften Entleerungsvorgang gegen die Wand starrte, erblickte er dort einen montierten Feuerlöscher, der für den Fall der Fälle

vorbereitet und auch dem Veranstalter behördlicherseits vorge-
schrieben worden war. Martins Wunsch, etwas Urkomisches zu
inszenieren, wurde unbezwingbar.

„Ich habe ja schon viele Blödheiten in diesem Hause erlebt",
grub Richter Wasakovsky in seinen Erinnerungen, „aber so
etwas? Viel blöder geht wohl nicht mehr!"

„Es gibt leider immer Steigerungen!", mutmaßte Staatsanwalt Jean-Paul.

„Warum? Herr Angeklagter?"

Martin, der siebenundzwanzigjährige Oststeirer mit Schulabschluss, der als Obstbauer seine Brötchen verdiente, längst
wieder nüchtern und wohl auch ernüchtert vom Geschehen und
den denkbaren Folgen, saß zusammengekauert auf der Anklagebank und wusste keine Antwort.

„Warum?", wiederholte der Richter, „erklären Sie mir bitte
die Aktion Feuerlöscher!"

Martin druckste herum. Nach Sekunden des Schweigens
kam endlich ein Satz.

„Eine blöde Idee war das, was soll ich sagen?"

„Wie kann man auf so etwas kommen?"

Das Gericht ließ nicht locker.

„Es war schon spät. Eigentlich früh. Ich glaube, es war vier
Uhr früh, ich war beim Zeltfest, da habe ich diesen Feuerlöscher
hängen gesehen. Ich wollte einen Spaß machen und habe ihn
genommen."

„Nicht nur genommen! Sie haben das Gerät aktiviert, dann
aus Jux ein Mädchen festgehalten, die Düse des Feuerlöschers
Richtung Mund fixiert und abgedrückt", warf der Richter dem
Angeklagten vor.

„Ich habe nicht damit gerechnet, dass der Feuerlöscher
funktioniert", warf der Angeklagte ein.

„Was glauben Sie, wofür so ein Feuerlöscher da ist? Zur Dekoration?", fuhr der Staatsanwalt dazwischen.

„Der muss funktionieren, das wird sogar überprüft!", ergänzte der Richter.

„Ich wollte die Mädchen nur schrecken!"

„Das wäre Ihnen auch gelungen, wenn Sie das aus einiger Entfernung gemacht hätten, Sie haben aber eines der Mädchen sogar festgehalten und dann abgedrückt. Ich wiederhole, die Düse haben Sie sogar gegen den Mund fixiert, wie dies die beiden Mädchen vor der Polizei aussagten. Also erzählen Sie keine Geschichten!"

„Ich gebe es ja zu, es tut mir leid, ich habe mich auch schon entschuldigt. Ich war bei den beiden Mädchen im Spital, am nächsten Tag", stammelte Martin.

„Sind's froh, dass Sie die Mädchen im Spital besuchen konnten und nicht im Leichenschauhaus!", ergänzte der Richter und blickte zur Gerichtsmedizinerin, die neben ihm saß.

„Mit sechs bar Druck bei geöffnetem Druckventil wird das Löschpulver regelrecht in die Lungen geschossen, man schluckt es nicht nur, sondern atmet es auch ein. Das kann absolut tödlich sein, der Druck reicht aus, um die Lungen regelrecht zerplatzen zu lassen. Bei Löschschaum ist es ähnlich, man erstickt dabei aber sogar noch leichter bei weit geringerem Druck", führte diese nur kurz aus. Das Gutachten lag im Akt auf, wie auch eine technische Analyse eines Spezialisten für Feuerlöscher.

„Sogar das zweite Mädchen, das etwas entfernt stand, atmete Löschpulver ein!", hielt der Richter abschließend vor.

„Theoretisch und praktisch hätte es zwei Tote geben können."

Die Schlussfolgerung der Gutachterin brachte es auf den Punkt.

„Und das aus einem Jux heraus. Gratuliere! Danken Sie dem lieben Gott oder sonst wem, dass nicht mehr passiert ist", hielt der Richter fest.

Reinigungs- und Wiederaktivierungskosten für den geleerten Feuerlöscher, Behandlungs- und Krankenhausaufenthaltskosten für die Krankenkasse, dazu Schmerzensgeld für beide Mädchen und eine „gewaschene" Geldstrafe, verbunden mit einer bedingten Freiheitsstrafe waren die Sanktion für diesen feuchtfröhlichen „Jux".

Schluss mit lustig.

Horst-Dieter
Mehr als zu viel.

Blickte man sich Horst-Dieters Vergangenheit genauer an, wurde man auch nicht so richtig schlau aus dem, was er über die Jahre hinweg so gemacht und vielleicht gewollt hatte. Mal dies, mal das. Nichts Fixes, nichts Konkretes. Ohne Schulabschluss Hotel Mama genossen, bis Verwalter Papa ihn aus der Unterkunft und Versorgung warf. Drei Monate Kellner, dann kurz bei der Müllabfuhr, dann wieder Kellner, um nach weiteren fünf Monaten alles hinzuschmeißen. Arbeitslos. Jobangebot in einer Gärtnerei, in der er drei Wochen arbeitete, aus einem Streit heraus den Chef beleidigte und rausflog. Wieder Kellner, wegen Unzuverlässigkeit gekündigt. Erste Alkoholprobleme. Nächster Job als Barkeeper, aber nur kurz. Die Tagesabrechnungen stimmten nicht. Neubeginn. Tagsüber Kellner, nachts Barkeeper. Aus einem einfachen Grund: Um die Fehlbeträge aus den Abendumsätzen an der Bar abdecken zu können, kellnerte er tagsüber, wo die Abrechnungen noch so einigermaßen passten, da Trinkgelder die Fehlbeträge ausglichen. Fehlbeträge? Warum? Weil er an der Bar wahrscheinlich genauso viel trank, wie seine Gäste. Er hatte sogar mit Ausnahme der Spirituosen jede Menge an Freigetränken, goss sich aber das Schnäpschen ins Mineralwasserglas, damit es nicht auffiel. Dazu Unmengen an Weißweinmischungen im Apfelsaftglas. Einerseits durch seine eigene kognitive Einschränkung bei der Verrechnung der Gästekonsumationen, andererseits durch die Entnahmen für

den Eigenkonsum, die dennoch automatisch boniert wurden, ergaben sich tagtäglich bei Barschluss um zwei Uhr morgens namhafte Fehlbestände im Kassastand, die nur mehr mit dem Zusatzjob auszugleichen waren. Horst-Dieter konnte mittlerweile auf seine eigenen Konsumationen des abends und vor allem nachts nicht mehr verzichten. So schloss sich der Kreis der Probleme. Erste – polizeilich protokollierte und sanktionierte – Alkoholautofahrt, dann kamen Alkofahrt Nummer zwei und drei, mehrmonatige Führerscheinabnahme als logische Konsequenz. Dennoch Fahrten zum und vom Arbeitsort. Die nächsten Verwaltungsstrafverfahren folgten auf dem Fuße.

Kurt hatte zu seiner Geburtsfeier alles eingeladen, was in den beiden Ortschaften zwei Beine hatte und die Flasche Bier in einem Zug austrinken konnte. Diese Einschränkung im Flugblatt gab es deshalb, weil es auch einen gewissen Karl gab, der bei Festivitäten regelmäßig mit seiner Kuh auftrat und dort allen Anwesenden unbedingt zeigen musste, wie sein Rindvieh das Bier aus Kübeln soff. Diese mittlerweile überall bekannte Aktion war keine Sensation mehr und rief sogar Kritiker auf den Plan, sodass sich Kurt dies von Haus aus ersparen wollte. Gekübelt wurde dennoch anständig und nicht zu knapp. Auch Horst-Dieter war zugegen, kannte man sich ja bereits aus der Schulzeit und hatte seither zahlreiche Abende bei ländlichen Events regelrecht durchgesoffen. Horst-Dieter, führend beim Feiern und Konsumieren, wollte sich jedoch an diesem Wochenende eigentlich nicht vollkommen abfüllen, weil er immerhin seit drei Wochen einen neuen Job hatte, der ihm grundsätzlich zusagte und damit endlich auch ermöglichte, seine Verwaltungsstrafen bezahlen zu können, die sich mittlerweile angesammelt hatten. Einige Tausend Euro waren es noch, die es abzustottern galt.

Werner war genau das, was man einen äußerst zuverlässigen Kameraden nennen konnte. Er war immer und überall einsatzbereit und erledigte sämtliche Aufgaben und Arbeiten zur vollsten Zufriedenheit seiner Vorgesetzten bei der freiwilligen Feuerwehr, die mehrere kleine Ortschaften im Krisenfall zu betreuen hatte. Gerade eben war er von einem Einsatz nach Hause gekommen und legtesich müde in sein Bett im ersten Stock des Hauses. Seine Frau schlief tief und fest daneben, hatte sein Kommen gar nicht bemerkt. Er deckte sie vorsichtig mit der neuen Daunendecke zu, die er ihr geschenkt hatte. Ihr war immer so leicht kalt, wenngleich er selbst sogar im Winter gerne bei offenem Fenster schlief. Leise öffnete er die beiden Fensterflügel und atmete tief die ihm entgegenströmende Frischluft des Waldes ein. Niemals wäre er in die Stadt gezogen, zu hektisch, zu laut, zu heiß und unpersönlich. Von Großstädten wollte er sowieso nichts wissen. Hier am Land, abseits vom Trubel, fühlte er sich wohl, war zufrieden und glücklich. Mehr brauchte er nicht, er hatte alles, wovon er jemals geträumt hatte.

Ein Geräusch ließ ihn hochfahren. Hatte er geträumt? Für Sekundenbruchteile wusste er nicht, wo er war, konnte sich auch nicht gleich orientieren. Dann erkannte er sein Fenster, das ihm den Blick auf seine heiß geliebten Tannen- und Fichtenbäume freigab. Es war ruhig, absolut still. Kein Lüfterl regte sich. Hatte er sich getäuscht? Da war doch ein Knall gewesen, der in seinen Traum hineingeplatzt war. Die Jahre der Nachtdienste und der Rufbereitschaften hatten ihn entkoppelt vom Tiefschlaf. Seine Frau war deshalb schon in Sorge, weil er fast einem Getriebenen glich, der nicht wirklich zur Ruhe kam. Nur dann, wenn es in langen, grauen Novembertagen kontinuierlich und monoton regnete, fand er echte, innere Ruhe, konnte loslassen vom Alltag. Werner war sich nicht mehr sicher, überhaupt etwas gehört zu haben. Spielte ihm sein Kopf einen Streich? Er versuchte sich

zu erinnern, sich neuerlich dieses Geräusch, diesen regelrechten Knall vorzustellen. Hatte es nicht geklungen, als ob sich Metalle verformt hatten? Dieses typische Zerschellen und Zersplittern fester Substanzen nach Kollisionen? Je länger er versuchte, sich dieses Geräusch in Erinnerung zu rufen, umso überzeugter wurde er, es tatsächlich gehört zu haben. Er erhob sich von seinem Bett und schlich leise aus dem Zimmer, zog sich an und trat vor das Haus. Nach einigen wenigen Blicken war er sich nun sicher, den Lärm von der nahe verlaufenden Landesstraße gehört zu haben. Er stieg in seinen Wagen und fuhr los.

„Ich kann mich an gar nichts erinnern", begann der Angeklagte. „Ich weiß überhaupt nichts mehr von diesem angeblichen Geschehen und dem, was mir da angelastet wird."

„Dann fragen wir so: Woran können Sie sich noch erinnern? Was ist sozusagen das Letzte, was Sie noch von diesem Tag wissen?", versuchte der Vorsitzende behilflich zu sein.

„Ich weiß gar nichts mehr!", deponierte einmal mehr der Angeklagte.

„Wann sind Sie an diesem Samstag aufgestanden, was haben Sie vormittags gemacht?"

„Ganz normal, ich schätze, so gegen acht Uhr werde ich gefrühstückt haben und, ja, jetzt fällt es mir ein, dann habe ich mein Auto gewaschen."

„Dann?"

„War ich kurz bei meiner Mutter, dort habe ich etwas gegessen und dann bin ich mit dem Auto weitergefahren."

„Zu dieser Geburtstagsfeier von diesem Kurt?"

„Genau!"

„Na sehen Sie, es geht ja. Kein Stress, wir haben Zeit. Wann waren Sie dort? Nach dem Essen bei Ihrer Mutter, oder?"

„Ja, ich weiß aber nicht, wie spät es war."

„Auf der Einladung steht 14.30 Uhr, vorher werden Sie wohl nicht dort gewesen sein, oder?"

„Nein, sicherlich nicht!"

„Die anderen waren schon da, oder?"

„Ja."

„Na bitte, geht doch. Was haben Sie dort gemacht?"

„Wir haben uns alle unterhalten."

„Getrunken werden Sie wohl auch was haben?"

„Ja, sicherlich, erst Bier, dann Wein und dann auch einige Schnapserln, zum Anstoßen und so."

„Haben Sie auch etwas gegessen?"

„Ja, ein halbes Grillhenderl und eine Semmel. Und Pommes."

„Und dann?"

„Dann werde ich sicherlich wieder was getrunken haben."

„Was trinken Sie für gewöhnlich, wenn der Abend oder eine Feier schon fortgeschritten ist?"

„Cola-Whiskey oder Wodka, auch ein Zirberl oder Kirscherl."

„Wieviel? War ja gratis, oder?"

„Sicher, da werden wir alle ganz schön was getrunken haben!"

„Der Zeuge Neubauer sagt, dass Sie gegen 22 Uhr schon ganz ordentlich bedient – also betrunken – waren!"

„Kann schon sein, wenn er es sagt, er sauft aber auch nicht schlecht!"

„Das ist ja das Tolle bei solchen Festen, dass gesoffen wird, oder? Um das geht's ja, oder?"

„Eh!"

„Zum Zeugen Kaufmann haben Sie angeblich gesagt, dass Sie sich ansaufen werden, weil Sie eh nicht mit dem Auto heimfahren werden. Stimmt das?"

„Kann schon sein, wenn er es sagt!"

„Warum sollte der lügen?", hakte das Gericht nach.

„Ich sag eh nicht, dass er lügt", fügte der Angeklagte rasch hinzu.

„Aber Sie sind doch mit dem Auto weggefahren, warum? Taxikosten sparen?"

„Ich weiß das nicht mehr."

„Woran können Sie sich dann noch erinnern? An das Fahren?"

„Ich bin nur mitgefahren, weil ich so angetrunken war. Ich bin vom Fest sicherlich erst nach Mitternacht weggefahren, hatte zuvor aber einen Kaffee getrunken. Mit dem Kurtl. Ein Freund ist gefahren, den möchte ich aber nicht bekanntgeben. Ich bin am Beifahrersitz vorne gesessen. Dann weiß ich nichts mehr. Wie ich überhaupt nach Hause gekommen bin, kann ich auch nicht sagen. Zu Hause bin ich dann aufgewacht, weil die Polizei mich geweckt hat. Da habe ich auch erst meine Verletzung bemerkt."

„Sie haben laut Polizeibericht Verletzungen an der linken Hand und am linken Arm gehabt! Wie kam es dazu?"

„Keine Ahnung."

„Die Beamten haben dann auch sofort einen Alkotest gemacht. Sie erinnern sich?"

„Schon."

„Warum geben Sie den angeblichen Fahrer nicht bekannt? Was soll der jetzt noch zu befürchten haben? Dem kann man keine Alkoholfahrt nachweisen!", führte der Vorsitzende an.

„Einen Freund verpfeift man nicht!", beharrte der Angeklagte.

„Das hat nichts mit Verpfeifen zu tun. Nennen Sie mir ihn und wir befragen ihn zum Fest und zur Fahrt, ganz einfach!", wiederholte der Vorsitzende.

Der Angeklagte schwieg. Der Vorsitzende blickte längere Zeit den Angeklagten an, dann forderte er ihn auf, zum Richtertisch vorzukommen. Langsam folgte Horst-Dieter der Aufforderung. Dort angekommen, hielt ihm der Vorsitzende ein Foto aus dem Akt hin.

„Was ist das, Herr Angeklagter?"

Horst-Dieter blickte überrascht den Vorsitzenden an. Was sollte er sagen? Er kannte das Bild, es zeigte ihn am Morgen nach der Weckaktion durch die Polizeibeamten. Gelegentlich sagt ein Foto mehr als tausend Worte. Horst-Dieter blickte wortlos den Vorsitzenden an.

„Das ist ein Foto von Ihnen, Herr Angeklagter. Und was sehen wir da?"

„Mich", antwortete zur Überraschung des Gerichtes doch noch der Angeklagte.

„Danke für den Hinweis. Das meine ich aber nicht. Dass es Sie sind, steht außer Zweifel. Was sehen wir da?", wiederholte der Vorsitzende, um sogleich fortzusetzen.

„Sie sind ein Märchenerzähler, Herr Angeklagter. Wir sehen nicht nur Ihre Verletzungen, sondern auch eine Gurtabdruckspur. Oberhalb ihrer linken Schulter beim Schlüsselbein. Sie sind am Fahrersitz gesessen. Sie sind gefahren und – welch Wunder – aufgrund Ihrer Alkoholisierung sind Sie in einer Rechtskurve nach links geraten, und zwar ganz links. Über die Fahrbahn hinaus, dann kollidierten Sie mit einem Brückengeländer. Sie fuhren aber weiter, Hunderte Meter, erst dann stellten Sie ihr Fahrzeug ab. Und zu allem Überfluss kommt dann auch noch dieser Feuerwehrmann Werner daher, der den Aufprall gehört hat und Ihnen helfen und die Rettung und die Polizei verständigen will. Und weil Sie genau wissen, was das bedeutet, zum wiederholten Male wieder „vollfett" im Auto unterwegs zu sein, reagierten Sie so, wie es der Staatsanwalt in der Anklageschrift dargestellt hat."

Das beschädigte Brückengeländer war mittlerweile auch ausgemittelt worden und passte zu den Beschädigungen linksseitig am Fahrzeug des Angeklagten.

Der Feuerwehrmann Werner schilderte nochmals die dramatischen Vorkommnisse, die er mit dem Angeklagten „erlebt" hatte und die ihm beinahe das Leben gekostet hätten. Wie Horst-Dieter zunächst jedwede Hilfeleistung ablehnte und zunehmend aggressiver wurde, da Werner auf der Verständigung der Rettung beharrte, zumal die Verletzungen seiner Meinung nach unbedingt versorgt werden mussten. Und weil er auch die Polizei informieren wollte, schlug ihm der Angeklagte mit einem Wagenheber auf den Schädel, verfolgte den Fliehenden mit einer Eisenstange und brüllte, dass er ihn erschlagen werde. Zwei Mal holte Horst-Dieter Werner doch tatsächlich ein und streckte diesen beim ersten Mal von hinten mit einem Schlag nieder, dennoch konnte sich dieser aus Umklammerung und mehreren Würgeversuchen befreien. Beim zweiten Mal konnte Werner zunächst den rasenden Angeklagten am Boden fixieren und glaubte dessen Beteuerungen, nichts mehr zu tun, wenn er ihn loslassen werde. Dies brachte ihm einen weiteren Schlag mit der Eisenstange am Kopf ein. Wie durch ein Wunder gelang ihm schlußendlich die Flucht.

Horst-Dieter blieb bei seiner Variante, nichts mitbekommen zu haben. Das Geschworenengericht verhängte eine Freiheitsstrafe von zehn Jahren wegen versuchten Mordes. Das Urteil wurde durch die Instanzen bestätigt.

Der helfende Feuerwehrmann ist noch immer im Einsatz. Er glaubt nämlich auch an das Gute im Menschen.

Nina

Die Hoffnung stirbt zuletzt.

Richter Wasakovsky beeilte sich, aus dem Büro zu kommen. Er eilte nach dem Verlassen des Gerichtsgebäudes in großen Schritten Richtung Süden, wo es nur einige hundert Meter entfernt eine Niederlassung einer Fast-Food-Kette gab, in der er nunmehr seit beinahe zwei Jahren regelmäßig donnerstagnachmittags gemeinsam mit einer Familien-, Sexual- und Suchttherapeutin sowie einem Sicherheitsfachmann kostenlos Beratungsgespräche nicht nur für suchtkranke Personen anbot. Das Projekt hatte für Aufsehen gesorgt und boomte, dass die drei Protagonisten es eigentlich zu ihrer Hauptaufgabe machen hätten können. Jugendliche, aber auch immer mehr Erwachsene, nutzten diese niederschwellige Beratungsmöglichkeit, die auch der Betreiber des Lokals maßgeblich unterstützte, in dem er nicht nur die Berater, sondern zumeist auch die Hilfesuchenden selbst mit Speis und Trank versorgte.

Als Wasakovsky eintraf, war Ronald, der von allen Ronny genannt wurde, schon da. Ein Ehepaar wartete bereits sehnlich auf das Erscheinen des Richters und nahm an der Tischeinheit für die Beratungsgespräche Platz. Das Kaffee- und Kuchenangebot des Filialleiters nahmen sie gerne an, entspannte es doch zusätzlich etwas die Situation, die für Eltern recht belastend ist, wenn es um die eigenen Kinder geht. Heißer Kaffee wurde gerade kredenzt, da kam Karin dazu. Sie reiste immer eigens aus der Oststeiermark oder aus

Niederösterreich an, wo sie Suchtgiftklienten im Zuge von Therapien betreute. Wasakovsky und sie arbeiteten nunmehr seit mehr als zwölf Jahren zusammen, wodurch es gelang, so manchen Straftäter durch Therapie zu einem suchtgiftlosen Leben zu verhelfen. Letztlich sollten es insgesamt mehr als achthundert Klienten werden, die diesen Weg der freiwilligen Therapie gingen, indem sie sich mit ihren wahren Problemen und dem Mißbrauch auseinandersetzten.

„Wo drückt der Schuh?", begann Wasakovsky wie zumeist das Gespräch.

„Es geht um unsere Tochter, die sechzehn Jahre alt ist. Sie bildet sich etwas ein und wir können ihr dies einfach nicht ausreden, es ist zum wahnsinnig werden!", klagte die Mutter, die völlig verzweifelt schien.

„Mit sechzehn haben Teenager schon allerlei im Kopf, das man ihnen nicht auszureden vermag!", stellte Karin locker fest.

„Unsere glaubt allen Ernstes, dass Sie mit dem Leadsänger der Boyband Tokio Hotel E-Mailkontakt hat und dass der auf sie steht. Sie ist jedenfalls Hals über Kopf in den Typen verliebt, als Mutter merkt man das."

„Und was ist da so schlecht daran?", warf Karin ein, „denken Sie doch an Ihre eigene Kindheit zurück, wenn die Schmetterlinge im Bauch flattern, dass es einen fast zerreißt!"

„Schon, wir haben ja auch grundsätzlich Verständnis dafür und nichts gegen derartige Kontakte", ergänzte der Vater, der kreidebleich neben seiner Frau saß.

„Aber?", fragte Wasakovsky.

„Da wird doch noch etwas im Busch sein!", ergänzte Ronny und rührte seinen Kaffee um.

„Genau, da ist einiges im Busch. Sie will sich jetzt mit dem Typen treffen", erzählte die Mutter und war den Tränen nah.

„Na, hören Sie, das ist ja auch nicht das Schlechteste, dann lernt Sie ihn kennen und wird schon merken, ob da etwas dahinter ist oder nicht", meinte lächelnd Karin.

„Sie sagen das so einfach. So einfach ist das aber nicht. Er lädt sie ein, sie soll zu ihm kommen. Für ein Wochenende und sie ist ganz begeistert. Er will sie einladen und sie will unbedingt zu ihm. Sie hat ihn aber noch nie gesehen, kennt ihn nur von Bildern und aus dem Internet. Außerdem kann ich mir nicht vorstellen, dass der das wirklich ist."

„Das wird sie dann beim ersten Zusammentreffen sehen, oder?", meinte Ronny.

„Wo soll dieses Zusammentreffen stattfinden?", fragte Wasakovsky.

„Das ist es ja eben. In Zagreb. Unsere Tochter soll nach Zagreb kommen, er lädt sie dort in ein vornehmes Hotel ein. Ich will mir das alles gar nicht genauer vorstellen, was da alles geschehen könnte!"

Die ersten Tränen kullerten über die Wangen der Frau, die mittlerweile genauso blass war wie ihr Gatte.

„Nach Zagreb? Warum Zagreb?", wollte Wasakovsky wissen.

„Keine Ahnung. Alleine die Anreise und die Grenzen. Und außerhalb von Österreich und auch noch nach Ex-Jugoslawien, hinter diese Ostgrenze. Wenn es von mir aus in Deutschland sein soll, wo sie sich treffen, dann hätte ich ein besseres Gefühl dabei, aber ausgerechnet dort hinunter ... Sie will mit dem Zug fahren und akzeptiert auch nicht, dass wir mitkommen!"

„Welcher Jugendliche will bei seinem ersten Date schon seine Eltern dabeihaben? Das ist wohl logisch, oder?", brachte sich Karin wieder ein.

„Schon. Sehen wir ja auch genau so, aber ausgerechnet nach Zagreb. Da machen wir uns schon sehr große Sorgen, irgendwie nah, aber doch aus der Welt, oder?"

„Sie will unbedingt fahren und sie wird auch fahren. Wir könnten sie nur zu Hause gegen ihren Willen einsperren und nicht rauslassen. Aber das dürfen wir ja eigentlich auch nicht. Eine Lösung ist es wohl auch nicht; außer, dass wir unseren Willen damit durchsetzen, aber dann ist sowieso alles aus. Sie spricht jetzt schon nicht mehr wirklich mit uns, weicht uns aus, sperrt sich in ihrem Zimmer ein; sagt, wir sollten sie in Ruhe lassen. Es ist nicht zum Aushalten!"

„Und sie glaubt allen Ernstes, dass dieser Sänger sich ausgerechnet in sie verliebt hat und sich deshalb mit ihr treffen will?"

„Ja. Sie hängt es nicht an die große Glocke, aber wir haben einmal zufällig so ein E-Mail gefunden. Da ist sie erst langsam damit herausgerückt!"

„Das ist ja eh positiv, dass sie Ihnen zumindest davon erzählt. Es bedeutet, dass sie zumindest immer noch den Kontakt zu ihr haben und sie auch Informationen von ihr bekommen!", erklärte Wasakovsky.

„Wir können sie doch nicht einsperren!"

„Sicher nicht, das bringt auch gar nichts, außerdem kommen damit die nächsten Probleme, rechtlich und menschlich würde ich sagen", ergänzte der Richter.

„Und das Vertrauen verlieren Sie auch, ganz sicher sogar", ergänzte Karin.

„Wissen Sie, wann diese Reise stattfinden soll?"

„Schon. Zumindest hat sie es einmal erwähnt. In ca. drei oder vier Wochen."

„Würde Ihre Tochter mit Ihnen hierher zur Beratung mitkommen?"

„Nein, sicherlich nicht. Vielleicht, wenn es um ein anderes Thema gehen würde, aber nicht wegen dieser Reise oder dieses Treffens."

Wasakovsky stützte seinen Kopf auf seine Arme. Karin und Ronny blickten ihn an. Guter Rat schien teuer. Erst vor kurzem war er dienstlich in Zagreb gewesen und hatte so einiges erlebt. Die Stadt war nett, hatte aber auch wirklich viele dunkle Schatten. Korruption und das organisierte Verbrechen waren nicht zu unterschätzen.

„Also ich brauch' was zwischen meine Zähne!", meinte Ronny, „Ich hole uns was!"

Wasakovsky begleitete ihn.

„Würdest du deine Tochter da alleine fahren lassen?", fragte er im Gehen seinen weitgereisten Freund, der auch als Journalist über mafiöse Strukturen im seinerzeitigen Jugoslawien recherchiert hatte und so manche Hintergründe kannte.

„Ich? Niemals. Und wie ich dich kenne, du auch nicht, zumindest nicht unter diesen Umständen. Soll ich erzählen, dass du deine älteste Tochter mit fünfzehn Jahren alleine für ein Jahr nach Amerika geschickt hast? Dann fallen die beiden in Ohnmacht, oder? Scherz beiseite. Wir wissen einfach zu viel, was da geschehen könnte, oder? Wie naiv muss man außerdem sein, um das zu glauben, dass man Kontakt mit einem Sänger dieser Gruppe hat, oder?"

„Diese Sache stinkt, hundertprozentig! Auch wenn wir das Fräulein Tochter nicht persönlich kennen, trotzdem oder gerade deswegen müssen wir den Eltern helfen, ich weiß nur noch nicht wie", grübelte Wasakovsky.

Nina hatte das Bahnhofsgebäude verlassen und ging Richtung Innenstadt. Ihr Herz pochte, Aufregung und Vorfreude beschleunigten ihre Schritte. Sie blickte auf ihre Uhr. Einige Minuten Verspätung hatte der Zug gehabt, dennoch war sie im Zeitplan, um ja rechtzeitig am Treffpunkt zu sein. Endlich hatte sie das Hotel in der Hebrangova Ulica erreicht. Es begann leicht

zu regen. Unweigerlich musste Nina 'an die Debütsingle ihres heißgeliebten Schatzes denken. *Durch den Monsum*, sie begann leise die Melodie zu summen und sah das Video vor sich, wo sie Bill zum ersten Mal gesehen hatte. Für sie war es Liebe auf den ersten Blick gewesen und jetzt konnte sie ihr Glück gar nicht fassen, dass sie ihn endlich sehen werde können, wie er ihr dies geschrieben hatte. Treffpunkt war dieses Hotel, wo sie sich soeben an der Rezeption anstellte. Draußen zogen schwarze Wolken auf und es begann plötzlich stark zu regnen. „Irgendwann laufen wir durch den Monsun …" Ninas Gedanken hingen am Lied, das auch die Situation wiederzugeben schien.

„Ich weiß, dass ich dich finden kann."

„Bitte?", meinte ein etwas überraschter Mitvierziger im grauen Anzug.

„Entschuldigung, Sie sprechen Deutsch, Englisch?"

„Sicher", der Hotelbedienstete an der Rezeption lächelte.

„Mein Name ist Nina, auf meinem Namen ist ein Zimmer reserviert."

„Einen Moment, ich sehe gleich nach. Nina, da finde ich jetzt nichts … einen Moment noch, ja, da habe ich eine Nina, Ihr Familienname ist da wahrscheinlich nicht richtig geschrieben. Zimmer 505, nicht hier im Haus, sondern in unserer Dependance. Durch den Hinterhof ins Nachbarhaus."

„Benötigen Sie einen Ausweis?"

„Nein, nicht nötig. Ist schon alles ausgefüllt und erledigt. Hier – die Zimmerschlüssel. Ich wünsche einen angenehmen Aufenthalt, mein Fräulein."

Nina übernahm das Schlüsselpaar, der Portier zwinkerte ihr zu. Wortlos eilte Nina durch die Hotelhalle, sie war froh, den Typen hinter sich gelassen zu haben, er wirkte irgendwie schmierig in seinem abgetragenen Anzug. In ihrer Fantasie hatte sie sich alles etwas anders vorgestellt, schöner, feudaler, romantischer

jedenfalls, wenngleich das Hotel nicht schlecht aussah. Die Türe zum Hinterhof raunzte und war kaum zu öffnen. Kein Personal weit und breit. Sie stemmte sich regelrecht gegen dieses schwere Hindernis, das den Zutritt zu verhindern scheinen wollte. Endlich reichten Ninas Kräfte, dieses Monstrum von Türe in Bewegung zu setzen, um in den besagten Hinterhof zu gelangen. Die gegenüberliegende Türe machte keine Anstalten, Ninas Zutritt zu erschweren. Mit dem Lift gelangte sie in den fünften Stock, rasch hatte sie ihre Zimmertüre gefunden und öffnete diese erwartungsvoll. Ein betörender Duft von Rosen drang in ihre Nase, ihre Hand tappte nach dem Lichtschalter, der gedämpftes Licht in rosa und roten Farbtönen freigab. Handtücher und ein Bademantel lagen am großen Doppelbett, um das Rosen gestreut waren, aus dem Badezimmer klang leise Musik. Eine ins Eis gesteckte Flasche Sekt ragte aus einem silbrig glänzenden Eimer, in dem auch Erdbeeren lagen. Nina bemerkte ein weißes Kuvert, das mit einer roten Rose neben dem Bademantel lag. Neugierig öffnete sie es. Ihre Augen glänzten. Sekunden später verschwand sie im Badezimmer, in dem die Wanne mit duftendem Wasser und darin schwimmenden Rosenblättern bereitstand. Sie entledigte sich ihrer Kleidungsstücke, den mitgebrachten Rucksack mit ihren sonstigen Habseligkeiten hatte sie schon im kleinen Vorraum des Hotelzimmers abgelegt. Dann tauchte sie ein ins wärmende Nass, während sich im Freien der Regen wieder verstärkte, der nun mit Vehemenz gegen die Fenster schlug, als ob er Einlass begehrte. Nina schloss ihre Augen. Gut, dass sie gefahren war. Gegen den Willen ihrer Eltern. Selbst ihre Freundin, die sie zuletzt eingeweiht hatte, hatte ihr von der Reise abgeraten. Ha! Wenn sie sie jetzt und hier sehen könnte, sie würde vor Neid und Eifersucht wohl platzen …

Ein Geräusch schreckte sie plötzlich aus ihren Gedanken, war das die Zimmertüre gewesen? Scheinbar wegen eines

Windhauchs flackerten die Kerzenlichter … Trotz des warmen Wassers fröstelte Nina und sie bekam Gänsehaut. Würde gleich ihr Angebeteter eintreten und sie mit einem leidenschaftlichen Kuss begrüßen? Sich zu ihrer Nacktheit gesellen und die Nacht zu dem machen, was sie sich so lange erträumt hatte? Mit leichtem Schaudern blickte sie zur Badezimmertür, die sich langsam zu öffnen begann. Ein Schrei entfuhr ihrer Kehle …

Wasakovsky erhob sich als Vorsitzender des Schöffensenates und blickte die Angeklagten an. Dann begann er.

„Wenn Sie sich bitte erheben. Vernehmen Sie das Urteil."

Im Namen der Republik.
Die beiden Angeklagten
Vladimir C., geboren am …1967 in Sizag in Kroatien, ledig, zuletzt Hilfsarbeiter, wohnhaft gewesen in Zagreb, zuletzt in Untersuchungshaft in der Justizanstalt Graz Jakomini
und
Antonija K., geboren am …1987 in Osijek, ebenfalls Kroatien, verheiratet, Selbständige, wohnhaft gewesen in Zagreb, zuletzt in Untersuchungshaft in der Justizanstalt Graz Jakomini,
sind schuldig,
sie haben zu nachgenannten Zeiten und Orten vorschriftswidrig Suchtgift,
und zwar
am 8.8.20.. beide gemeinsam als Mittäter 998 Gramm Kokain mit einem Reinheitsgehalt von durchschnittlich 85 %, entspricht 848 Gramm Reinsubstanz Kokain, sohin Suchtgift in einer die Grenzmenge (§ 28b SMG) 25-fach übersteigenden Menge, von Zagreb in Kroatien über Slowenien aus- und nach Österreich in Richtung Graz eingeführt, indem sie es in einem Fahrzeug versteckt transportierten, wobei Antonija mit dem PKW und

dem darin versteckten Suchtgift fuhr und Vladimir sie bei dieser Transportfahrt mit einem gesonderten Fahrzeug begleitete;

am 8.8.20.. beide in Seiersberg bei Graz gemeinsam als Mittäter versucht, 998 Gramm Kokain mit einem Reinheitsgehalt von durchschnittlich 85 % (entspricht 848 Gramm Reinsubstanz Kokain), sohin Suchtgift in einer die Grenzmenge (§ 28b SMG) 25fach übersteigenden Menge, an einen verdeckten Ermittler des Bundeskriminalamtes zu verkaufen und somit einem anderen zu überlassen, wobei die Tat aufgrund ihrer Festnahme durch die Kriminalpolizei beim Versuch geblieben ist;

sowie

Vladimir C. alleine am 2.6.20.. in Zagreb in Kroatien 100 Gramm Kokain mit einem Reinheitsgehalt von 69 %, entspricht 69 Gramm Reinsubstanz an Kokain, sohin Suchtgift in einer die Grenzmenge (§ 28b SMG) mehrfach übersteigenden Menge, an einen verdeckten Ermittler des Bundeskriminalamtes um Euro 5.500,- verkauft und somit einem anderen überlassen, wobei Vladimir C. es ernstlich für möglich hielt und sich damit abfand, dass dieses Suchtgift nach Österreich transportiert werden wird.

Es haben hiedurch

Vladimir C. zu 1) das Verbrechen des Suchtgifthandels nach § 28a Absatz 1 zweiter und dritter Fall, Absatz 4 Z 3 SMG, zu 2) und 3) das Verbrechen des Suchtgifthandels nach § 28a Absatz 1 fünfter Fall, Absatz 4 Z 3 SMG in Verbindung mit § 15 Absatz 1 StGB,

Antonija K. zu 1) das Verbrechen des Suchtgifthandels nach § 28a Absatz 1 zweiter und dritter Fall, Absatz 4 Z 3 SMG und zu 2) das Verbrechen des Suchgifthandels nach § 28a Absatz 1 fünfter Fall, Absatz 4 Z 3 SMG in Verbindung mit § 15 Absatz 1 StGB begangen

und werden die genannten Angeklagten dafür, jeweils unter

Bedachtnahme und somit unter Anwendung des § 28 Absatz 1
StGB nach § 28a Absatz 4 SMG
und zwar
Vladimir C. zu einer Freiheitsstrafe im Ausmaße von 7,5 Jahren
sowie
Antonija K. zu einer Freiheitsstrafe im Ausmaße von 30 Monaten,
wobei 22 Monate unter Probezeitsetzung von 3 Jahren bedingt
nachgesehen werden,
sowie beide Angeklagten gemäß § 389 StPO zum Ersatz der Kosten
des Verfahrens verurteilt.

Gemäß § 20 Absatz 1 StGB werden die beim Angeklagten Vladimir
C. sichergestellten Bargeldbeträge in der Höhe von Euro 165,- und
Euro 335,- für verfallen erklärt.
Gemäß § 19a Absatz 1 StGB wird das Mobiltelefon der Marke
Blackberry mit der Seriennummer ersichtlich aus Ordnungsnummer
vier, Aktenseite 3 des Angeklagten Vladimir C. konfisziert.
Gemäß § 34 SMG werden die sichergestellten Suchtgifte eingezogen.
Gemäß § 38 Absatz 1 StGB werden bei beiden Angeklagten die
jeweils erlittenen Vorhaften ab 8. August 20.., 14.05 Uhr bis zum
Zeitpunkt des Endes der Hauptverhandlung auf die Strafe jeweils
angerechnet.

Nehmen Sie bitte wieder Platz. Kurz zu den Entscheidungsgrün-
den. Aufgrund des abgeführten Beweisverfahrens und der umfassend geständigen Verantwortung der Zweitangeklagten Antonija
kommt das Schöffengericht zu dem Schluss, dass …"

Wasakovsky umriss die Überlegungen des Schöffengerichtes,
weshalb es zu dieser Entscheidung gekommen war, erwähnte
ausführlichst sodann die Strafzumessungsgründe und erteilte
die Rechtsmittelbelehrung. Beide Angeklagten erbaten sich drei

Tage Bedenkzeit. Der Staatsanwalt gab keine Erklärung ab, somit konnte die Verhandlung um 20.45 Uhr geschlossen werden. Wasakovsky entließ die beiden Schöffen, packte die Akten zusammen und deponierte sie sodann in seiner Kanzlei, um noch rasch das aufgenommene Hauptverhandlungsprotokoll vom Diktiergerät auf den Computer zu übertragen und den Übertragungszettel handschriftlich auszufüllen, damit die Schreibabteilung während der nächsten Tage das Hauptverhandlungsprotokoll verfassen konnte. Für gewöhnlich diktierte Wasakovsky sodann auch noch zumindest Teile des Urteils, heute war er dafür aber zu müde und trachtete danach, so rasch wie möglich nach Hause zu kommen, um endlich etwas essen zu können. Während der Heimfahrt realisierte er, dass auch dieser Fall, wie so viele, in Zagreb seinen Anfang genommen hatte. War denn heute nicht auch jener Tag, an dem eine gewisse Nina sich dort aufhalten würde? Das Mädchen tauchte spontan in seinen Gedanken auf, obwohl er es noch nie zu Gesicht bekommen hatte.

Er hatte bereits seine Kontakte genutzt, Himmel und Hölle in Bewegung gesetzt, damit in Zagreb ja nichts schiefgehen konnte. Sepp nämlich, den er schon ewig vom Fussballspielen noch von Gendarmeriezeiten her kannte, hatte ihm im Brustton der Überzeugung versichert, alles Menschenmögliche unternommen zu haben. Der Gedanke an ihn beruhigte ihn, bis dato hatte er sich immer auf ihn verlassen können. Als er an diesem Abend endlich zu Bett ging, läutete sein privates Mobiltelefon.

„Ja? Servus, … Alles klar. Danke für die Information. Ihr haltet mich auf dem Laufenden? Danke. Gute Nacht!"

Als Wasakovsky die Woche darauf wieder zum Fast-Food-Restaurant eilte, dachte er aufgrund zahlreicher weiterer Fälle zunächst gar nicht mehr an diese Geschichte, bis er wiederum

die Eltern zwischen den Wartenden für die Beratung entdeckte. Erst nach einer gefühlten Ewigkeit konnte er sich ihnen widmen. Diesmal wirkten sie jedoch entspannter und trugen auch nicht mehr diese Blässe im Gesicht.

„Herr Doktor!", begrüßte ihn die Mutter freudestrahlend, „Besten Dank für Ihre Bemühungen. Nina ist wieder wohlbehalten zurückgekommen, es geht ihr gut, obwohl sie ihren Liebsten nicht getroffen hat. Sie will darüber im Detail auch gar nicht sprechen, was wir natürlich verstehen und akzeptieren. Dürfen wir Sie auf eine Stärkung einladen? Sie haben heute ja auch verhandelt, wie in den Nachrichten zu hören war."

Wasakovsky erklärte gerade den Eltern, dass er auch hier keinerlei Zuwendungen oder Geschenke annehmen könne, als Karin, seine Mitstreiterin für Hilfesuchende, ins Lokal kam. Sie hatte länger in der Therapiegruppe zu tun gehabt, weil es Rückfälle bei einigen Drogenkonsumenten gegeben hatte. Einer hatte sogar versucht, Cannabis in die Drogenstation zu schmuggeln.

„Hömut", rief sie auf ihre unverwechselbare Art, „da hat noch jemand nach dir gefragt", und zeigte auf ein zartes, junges Wesen, das hinter ihr ins Lokal nachgekommen war.

„Nina! Was tust du denn hier?", riefen überrascht die Eltern beinahe im Chor.

„Ich möchte mit dem Herrn Doktor Wasakovsky sprechen", antwortete das Mädchen, das kreidebleich war.

„Nina! Du schaust ja furchtbar aus, geht es dir gut?", rief sichtlich erschrocken die Mutter und sprang von ihrem Stuhl auf.

„Es geht mir gut, lass nur. Ich möchte nur mit dem Herrn Doktor sprechen", wiederholte das Mädchen.

„Bitte, kommen Sie mit. Wir gehen an einen anderen Tisch", meinte Wasakovsky und begleitete Nina weg, um ungestört mit

ihr alleine sprechen zu können. Sekunden später blickte er in große, angstvoll wirkende Augen.

„Kaffee? Oder sonst etwas?"

„Nein, danke, ich will mich nur bei Ihnen persönlich bedanken!"

„Danke, nicht notwendig. In Wirklichkeit müssten Sie sich bei meinem guten Bekannten bedanken. Er hat alles vor Ort in die Wege geleitet."

„Sie müssen nicht *Sie* zu mir sagen", meinte das Mädchen und blickte weiterhin mit ihren großen Augen den Richter an. Langsam kehrte etwas Farbe in das Gesicht dieses zarten und bildhübschen Mädchens zurück.

„Okay. Du weißt schon, wie das ausgehen hätte können?", flüsterte Wasakovsky.

„Ja. Mir ist das erst jetzt so richtig bewusst geworden."

„Darf ich offen sprechen?"

„Ja."

„Wenn deine Eltern nicht gekommen wären und mein guter Bekannter und Freund Sepp, der einer der Chefs der Drogenfahndung bzw. der verdeckten Ermittler ist, mir nicht geholfen hätte, wärst du jetzt nicht hier! Ist dir das klar?"

Die Worte des Richters wirkten eindringlich und direkt. Nina sagte nichts, ihr Kopf senkte sich.

„Muss schlimm gewesen sein, oder?"

„Ja!"

„Sepp hat mir berichtet. Du weißt, was du deinen Eltern verdankst?"

„Ja!"

Auch dieses „Ja" war nur ein leiser Hauch.

„Weißt du, wo du sonst wärst? Ich sage es dir. In irgendeinem Puff, entschuldige, Bordell, irgendwo im Niemandsland. Oder auf der Straße, vielleicht im Kosovo, in Serbien, Albanien oder

so ähnlich. Das waren Profis, die dich verschleppt, angejunkt und verkauft hätten. Und zuvor noch mehrfach missbraucht, wenn du verstehst, was ich meine. Das sind skrupellose Leute, denen es nur ums Geschäft geht. Du bist eine Ware, ein Stück Fleisch und sonst gar nichts. Alles klar oder muss ich noch deutlicher werden?"

„Nein. Alles klar!", hauchte das Mädchen.

„Und bitte nicht so naiv sein, dass sich ein Bill Kaulitz oder wie der heißen mag, für dich interessiert. Ich gewinne auch täglich Millionen in der spanischen Lotterie. Oder muss irgendwelchen Leuten helfen, die angeblich mit mir verwandt sind und einen Unfall erlitten. Okay?"

„Ja!"

„Magst du mir vielleicht noch was erzählen, kann befreiend wirken …", wollte sich Wasakovsky versichern.

Nina berichtete noch von ein paar Details damals in Zagreb, die er aber bereits von Sepp kannte. Wie sie in der Wanne gelegen war, auf ihren Schwarm gewartet hatte, der sich aber als Zuhälter einer international tätigen Gruppierung entpuppt hatte, die groß im Menschenhandel, Drogen- und Waffengeschäft agierte. Und dass ihr Schrei rasch von den Polizeikräften übertönt worden war – rechtzeitig – als diese sich auf ihren Peiniger warfen und diesen verhafteten.

„Und jetzt essen wir einen fetten Burger, zur Feier des Tages, mit oder ohne Pommes?", fragte lachend Wasakovsky.

„Mit!", lächelte Nina.

Es war ein befreiendes Lächeln.

Endlich.

Internationale Zusammenarbeit stellt schon grundsätzlich ein Problem dar, weil der Faktor Zeit von immanenter Bedeutung ist. Strafverfolgungsbehörden sind ausnahmslos immer einige

Schritte den Kriminellen hinten nach, unterschiedlichste Rechtssysteme und Rechtsnormen sorgen zumeist dafür, dass die Verfolgungshandlungen noch zusätzlich erschwert werden, da die Beachtung des Grundsatzes der Rechtsstaatlichkeit auch gelegentlich sehr viel Extrazeit in Anspruch nimmt. Wenngleich auch „Vurschrift ist Vurschrift" einzuhalten ist, hängt zumeist sehr viel vom persönlichen Einsatz der involvierten Behördenvertreter ab. Allen Unkenrufen hinsichtlich Bürokratismus zum Trotz.

Ewald

Ordnung muss sein, Freispruch auch.

Der Angeklagte atmete tief durch.

„Also, Herr Rat, was sag' ich Ihnen jetzt? Grundsätzlich vielleicht schon schuldig, aber im Ergebnis nicht. Ich muss Ihnen das erklären!"

„Ja, bitte, tun Sie das!", forderte der Richter den Sechzigjährigen auf.

„Also, ich sitz' in meinem Bürgerkäfig, also in meiner Autokraxn, wenn Sie verstehen, was ich mein', und ärgere mich, dass ich nicht mit dem Radl gefahren bin, weil es sich wieder staut, wie nur was. Aber das ist immer so, vor allem dann, wenn es wie aus Kübeln schüttet. Ich sitz' und schau' nach vorne, da kurbelt der Fahrer des Wagens vor mir seine Seitenscheibe runter und schmeißt seinen Tschickstummel raus. Trotz Regens war dies klar ersichtlich. Ich denk' mir noch, es stimmt wirklich, wenn die Leute sagen, dass die meisten Raucher echte Schweindln sind. Im Sommer war ich in Italien, da siehst keine Tschickstummel mehr am Strand. Der Charly, ein Hawara von mir, hat einmal seinen Tschick in den Sand g'steckt. Das war's dann. Die Carabinieri waren plötzlich da und obwohl die meistens sehr locker und nett sind, haben sie mit dem Charly kein Erbarmen gehabt. Der hat gebrannt wie ein Luster. Also ich ärgere mich wirklich und denke mir, so a Sau. Ehrlich. Dann geht's in der Kolonne endlich ein Stückl weiter, aber dann stehen wir schon wieder und was geschieht? Jetzt schmeißt der Beifahrer auch seinen Tschick aus dem Auto, der macht die

Tür' auf und schmeißt den auf den Gehsteig. Ich schau aufs Kennzeichen und sehe GU. Graz Umgebung. Der kommt von auswärts und schmeißt uns hier in der Landeshauptstadt seinen Dreck her, mehr brauchst nicht. Graz ist ja eh schon so dreckig, überall picken die Kaugummi. Grauslich. Aber das war's noch gar nicht. Die Kolonne fährt bis zur nächsten Kreuzung, wieder rot, eh klar, in Graz funktioniert das Grüne-Welle-Ampel-Projekt nicht, trotz millionenteurer Computer, ich steh' immer, an jeder Kreuzung. Also ich steh' und plötzlich schmeißt der vor mir seinen Müll aus dem Wagen auf die Straß 'n. Einen Papierbecher und eine Tüte, wo die Pommes sonst drinnen sind. Also mehr brauchst nicht. Der Regen hat schon aufgehört gehabt, die Kolonne ist g'standen, also bin ich raus aus meiner Kraxn. Ich bin zu dem dann hin und hab' ihn g'fragt, ob er a bissl an Schuss hat. Er hat dann g'meint, dass ich gleich Schuss bekommen werd', wenn ich mich nicht verzieh'. Der hat mir definitiv gedroht. Ich hab'mich dann vor sein Auto gestellt und hab' g'sagt, das möcht' ich sehen, der ist aber nicht ausgestiegen, sondern hat nur Gas gegeben, zuerst ohne eingelegten Gang, dann hat es gekracht beim Gangeinlegen und dann ist er losgefahren. Ich bin da aber eh gleich zur Seite und der ist dann weitergefahren. Gestreift hat er mich aber schon. Ich hab' dies dann alles bei einer Polizeiinspektion angezeigt. Und was passiert dann? Der Magistrat bestraft mich, weil ich unzulässigerweise auf der Straße gewesen sei, nicht weitergefahren wäre und den Verkehr gefährdet und behindert hätte. Ja mehr bauchst nicht. Ich mach' einen Einspruch oder wie das heißt und krieg recht, einen Freispruch und die Einstellung des Verfahrens. Und was geschieht? Ein paar Wochen später krieg' ich wieder so einen Strafbescheid vom Magistrat, die strafen mich doch glatt noch mal wegen der gleichen Sache, schreiben nur einen anderen Paragrafen dazu. Wieder das Gleiche, Einspruch und Rechtsmittel von mir, volles Programm. Wissens, Herr Rat, ich hab' auch einmal Jus studiert, nur drei Semester, aber

die Grundsätze des Rechts sind mir schon noch in Erinnerung, und das geht nicht, was der Magistrat da gemacht hat. Bis zum Landesverwaltungsgericht ist es wieder gegangen, der Vorsitzende dort war sich zuerst auch nicht sicher, weil er voll in der Sache verhandelt hat, dabei hätt' der das gleich erledigen können. Lange Rede, kurzer Sinn: wieder gewonnen. Freispruch und Einstellung. Und damit nicht noch was passiert, bin ich dann dort gleich zur Referentin im Magistrat. Freundlich war ich nicht, stimmt. Aber, dass der Scheißladen dort nichts wert ist, stimmt doch, oder? Was sind das dort für Juristen? Das fragt man sich schon, oder? Das habe ich auch gesagt, vielleicht war es auch beleidigend. Gedroht habe ich aber nicht, was hätte ich zu drohen gehabt? Gar nichts, ich habe ja immer und alles gewonnen gehabt. Wissen Sie, wem ich drohen hätte können? Dem Oberstaatsanwalt, der hat nämlich die Anklage gegen den GU-ler wegen Nötigung und gefährlicher Drohung zurückgezogen. Da hätt' ich narrisch werden können, weil ich es nicht verstanden hab'. Der schmeißt seinen Dreck raus, ich red' ihn an, der droht mir und fährt auf mich los und der kommt damit davon? Na, mehr brauchst nicht. Und jetzt hab' ich noch die Anklage wegen Beamtenbeleidigung und Nötigung. Mehr brauchst nicht. Dabei hab' ich nichts getan."

Gelegentlich ist es durchaus zweckmäßig, den Angeklagten einfach ohne Zwischenfragen reden zu lassen, so wie es im Grunde genommen auch in der Strafprozessordnung steht, wenn von einer „zusammenhängenden Darstellung" die Rede ist.

Nach Beischaffung sämtlicher sonstiger Akten bestätigte sich vollinhaltlich das vom Angeklagten geschilderte Geschehen. Auch in allen Randfacetten, daher:

Freispruch!

Die sonstigen Unzulänglichkeiten wie unpassende Ampelphasen und Straßenverschmutzung fallen nicht in den Zuständigkeitsbereich des Straflandesgerichtes.

Das Treffen

Zwei wirtschaftskriminelle Akademiker treffen sich zufällig im Stadtpark. Sie kennen sich, neiden dem anderen aber jeweils alles. Beide heben ihre Hüte und grüßen sich.

„Gott zum Gruß! Noch auf freiem Fuß?"

„Gott sei Dank! Wer weiß, wie lang!"

Nachwort

Richter Wasakovsky hatte sich nach 43 Jahren und 7.774 Fällen in seinen hoffentlich wohlverdienten Ruhestand zurückgezogen. Es dauerte aber nur zwanzig Monate, bis er wieder Post erhielt, die eingeschrieben aufgegeben und somit persönlich zu übernehmen war. Der Magistrat Graz teilte ihm mit, dass er als Schöffe und Geschworener ausgewählt worden sei und für dieses Amt als Laienrichter beim Landesgericht für Strafsachen Graz zur Verfügung stehen müsse.

Na dann!

Bibliografische Information der Deutschen Nationalbibliothek
Die Deutsche Nationalbibliothek verzeichnet diese Publikation in der Deutschen
Nationalbibliografie; detaillierte bibliografische Daten sind im Internet über
http://dnb.d-nb.de abrufbar.

1. Auflage 2024
© 2024 by Braumüller GmbH
Servitengasse 5, A-1090 Wien
www.braumueller.at

Lektorat: Alexandra Dostal
Foto Umschlag: © AdobeStock/Franz, © AdobeStock/dop
Umschlag innen: © AdobeStock/Yingko, © AdobeStock/Sikov
Druck: Florjancic Tisk d.o.o, Perhavceva ulica 44, SI-2000 Maribor
ISBN 978-3-99200-377-8